*Gewidmet allen Suchenden und Irrenden
und allen Wanderern zwischen den Welten*

Aber weh! es wandelt in Nacht, es wohnt, wie im Orkus,
Ohne Göttliches unser Geschlecht. Ans eigene Treiben
Sind sie geschmiedet allein und sich in der tosenden Werkstatt
Höret jeglicher nur und viel arbeiten die Wilden
Mit gewaltigem Arm, rastlos, doch immer und immer
Unfruchtbar, wie die Furien, bleibt die Mühe der Armen.
Bis erwacht vom ängstigen Traum, die Seele den Menschen ...

Aber du, unsterblich, wenn auch der Griechengesang schon
Dich nicht feiert, wie sonst, aus deinen Wogen, o Meergott!
Töne mir in die Seele noch oft, daß über den Wassern
Furchtlosrege der Geist, dem Schwimmer gleich, in der Starken
Frischem Glücke sich üb' und die Göttersprache das Wechseln
Und das Werden versteh' und wenn die reißende Zeit mir
Zu gewaltig das Haupt ergreift und die Not und das Irrsal
Unter Sterblichen mir mein sterblich Leben erschüttert,
Laß der Stille mich dann in deiner Tiefe gedenken.

Friedrich Hölderlin: Archipelagos

IM GARTEN DER STILLE

Hölderlin im Gespräch mit
Zenmeister Dōgen

Gedanken zur reißenden Zeit und der Stille
im Abendland und in Japan

von

Gerhardt Staufenbiel

© 2015   Autor: Gerhardt Staufenbiel

Verlag: tredition GmbH

www.tredition.de

Printed in Germany

ISBN:

978-3-8495-7887-9 (Paperback)

978-3-7323-3252-6 (Hardcover)

978-3-7323-3253-3 (e-Book)

Printed in Germany

Das Werk, einschließlich seiner Teile, ist urheberrechtlich geschützt.
Jede Verwertung ist ohne Zustimmung des Verlages und des Autors unzulässig.
Dies gilt insbesondere für die elektronische oder sonstige Vervielfältigung, Übersetzung, Verbreitung und öffentliche Zugänglichmachung.

Viel hat erfahren der Mensch,
der Himmlischen viele genannt,
seit ein Gespräch wir sind
und hören können voneinander.

Die Gesetze aber,
die unter den Liebenden gelten,
die schönausgleichenden sie sind dann allgeltend
von der Erde bis hoch in den Himmel.

Friedrich Hölderlin.

Titelbild: Garten des Myōshin-An

Vorwort: Zenmeisterin Doris Zölls, Benediktushof

Inhaltsverzeichnis

1. Vorwort 10
2. Einleitung 13
   2.1   Die reißende Zeit und die Stille 13

Teil I

ABENDLAND 18

3. Hölderlin: Die Apriorität des Individuellen 19
4. Die Vergänglichkeit 24
   4.1   Hyperions Schicksalslied 24
5. Das Irrsal und die »reißende Zeit« 28
   5.1   Der Archipelagos 28
   5.2   Der Traum vom goldenen Zeitalter 36
   5.3   Der Fehl 42
   5.4   Der Tod Gottes 49
   5.5   Stille und das »rasende Handeln« 55
   5.6   Der Schritt zurück und die Stille 67
6. Die bleierne Zeit - Mut 71
   6.1   Hofmeister Hölderlin 72
   6.2   Die bleierne Zeit 74
   6.3   Der Geist der Schwere 75
   6.4   Der Wunsch und das Ver-Wünschen 78
   6.5   Der Gang aufs Land 81
   6.6   Das Fest 82
   6.7   Das menschenfreundliche Mailicht 84
   6.8   Das Mahl im Angesicht Gottes 85
   6.9   Götter im Gasthaus 87

TEIL II

JAPAN UND DER ZEN 92
   6.10   Jittoku shigetsu 93

7. Mujō - Die Vergänglichkeit der Dinge 94
7.1 Das Iroha 95
7.2 Farbe und Leidenschaft 98
7.2.1 Mono no aware und Ukiyo 104
7.2.2 Entstehen und Vergehen: Samsara 108
7.2.3 Die Sala-Blüte 113
7.2.4 Das Erwachen und der Traum 115
8. Leben und Handeln im Jetzt. 118
8.1 Konnichi-an: Heute - Hütte 118
8.2 Jōshū und die Reisschale 123
8.3 Zeit und Gegenwart 125
8.3.1 Zeitlichkeit in unseren Vorstellungen 128
8.3.2 Wahrheit und Täuschung 129
8.3.3 Heidegger: Dasein und Zeitlichkeit - Die Sorge 132
8.3.4 Kairos: der rechte Zeitpunkt 136
9. Zen-Meister Dōgen und das Üben der Zeit. 138
9.1 Dōgen und die Zeit: U-JI 139
9.1.1 Die Zeit: Üben der Zwölf Stunden 142
9.1.2 Das Üben - Theorie 142
9.1.3 Eigenschaften der Tageszeiten 144
9.1.4 Üben des Alltags 146
9.2 U-Ji - Das Gedicht 146
9.2.1 Klarheit und das Wälzen im Grase 147
9.2.2 Ohne Tor: Hin- und Hergehen 149
9.2.3 Erweisen durch die Dinge 150
9.2.4 Die Zypresse im Garten. 152
9.3 Exkurs: Heidegger - Das Ding 155
9.3.1 Das dingende Ding 161
9.4 Dōgen: Sich Selbst erlernen 162
9.4.1 Hinz und Kunz und die „übernatürlichen Kräfte" 165
9.4.2 Die weite Erde und der leere Himmel 170
9.4.3 Das Üben der Leere: der Atem 171

Teil III

Das Üben	175
9.5 Das Erwachen und der Mond	176
9.5.1 Hakuin: Lobpreisung des Zazen	176
9.6 Verwirklichung der Buddhanatur	178
9.6.1 Mit Leib und Geist üben	184
9.6.2 Der Herzgeist	189
9.6.3 Shittashin - der bewusste Geist	190
9.6.4 Karidashin - Geist der Gräser und Bäume	192
10. Praxis des Übens	**197**
10.1 Das Üben der Leere	198
10.1.1 Üben im Sitzen	198
10.1.2 Üben im Liegen	204
10.1.3 Das Hören der Stille	206
10.2 Philosophie und Zen - oder: Was ist Zen?	210
10.3 Dōgen: Biografie	215
11. Anhang - Ein Gespräch über Hölderlin	**219**
11.1 In lieblicher Bläue	219
11.2 Denken in Bildern – Denken in Begriffen	223
11.3 Herudaarin: akarui aosora no naka ni	228
11.4 Wohlgebaute Stege	230
11.4.1 Hölderlin: Der Frühling	238
11.5 Danksagung	239
12. Literaturverzeichnis	**240**

West-östlicher Archipelagos (für GS)

Meisterschaft ist jene Unbekümmertheit,
die schwer erreichbar zwar, jedoch am Ende
bedenkenlos sich selbst verschenkt,
alles mit allem fügend.

Das Meer, die Wellen, Sonnenglitzern,
Dionysos, die Zeit, als wir noch Götter waren.
Denn zuerst tanzten wir, dann beteten die Stirnen
zu den Göttern, dann trennten sich die Wege
der Rasenden von jenen, die im Gefolge des Theiresias,
auf dem Abfallhaufen Thebens bis heute Flöte spielen.

Hölderlin und Dogen! Das Meer der Griechen und der tote Gott!
Eins kann das andere sein. Ein Buch sei wie ein Garten,
nach dem wir Sehnsucht haben, heißt es,
und unsere Übung heißt: Die Zeit erlösen! Uns!
Abschreiten die Pfade zwischen Meeresinseln,
Steinen, Pflanzen, Wasserbrunnen und Gedichten!

Ich kenn' ein Haus, durch dessen Dach es regnet,
ein Mahl, bei dem der Hunger bleibt,
und Einen – flötenspielend abends, schreibend,
der in dem Garten wohnt.
Das Buch des Meisters zeigt den Mond.

RK

1. Vorwort

Als Mahatma Gandhi nach England kam, lernte er dort Theosophen kennen, die sich mit ihm über die Bagavathgita austauschen wollten. Mit Beschämung musste er zugeben, dass er sie nicht wirklich kannte. Dieses Erlebnis befeuerte ihn, sich mit seiner Kultur „im Ausland" auseinanderzusetzen. Mahatma Gandhi ist keine Ausnahme. Oft müssen wir auswandern, um das Eigene zu finden. Anscheinend begegnen wir uns selbst in der größten Entfernung.

Dieses Buch zeigt den Weg auf, im Fremden das Eigene zu finden und umgekehrt im Eigenen das Fremde zu entdecken. Es ist der Weg in den Osten, auf den sich der Buchautor aufgemacht und das Terrain des Zen im Tee Weg betreten hat, doch nicht nur das, er machte sich dort auch heimisch. Dieser Aufbruch in eine andere kulturelle Welt führte ihn jedoch nicht weg von sich selbst und seiner Kultur, im Gegenteil. Das Fremde ließ ihn seine eigene Kultur neu entdecken.

Das Buch zeigt wunderbar auf, der Mut neue Wege zu beschreiten, entfaltet eine neue Freiheit mit unerwarteten Fähigkeiten und Möglichkeiten. Der Weg führte zur Entdeckung des Dichters Hölderlin und mit ihm der Schätze der eigenen Kultur.

Auf einmal tauchen in Zusammenhang mit Zen neben Hölderlin Namen auf, wie Schopenhauer, Heidegger, Rilke, Nietzsche u.a., deren Schriften von Erfahrungen erzählen und mit feinen Worten das andeuten, was im Zen und in seinen Wegen bewusst praktiziert und ausgedrückt wird, nämlich im Augenblick ohne unterscheidenden Geist ganz bei den Dingen des Alltags zu sein. Denn, so heißt es im Zen, dann können wir die große Freiheit des Geistes finden. Diesen großen Geist entdeckte der Buchautor ebenso in der westlichen Poesie und Philosophie. Sie spiegeln nach ihm die Erfahrungen wider, von denen Dogen Zenji schreibt.

Zen, als die Kultur der Stille ruft uns Menschen auf, aus dem hektischen Getriebe des Machen-müssens zurückzutreten. In der Stille, so zeigt Zen auf, erwachsen "übernatürliche" Kräfte, die nichts anderes sind als die alltäglichsten Handlungen, doch mit wachem Bewusstsein in jedem Augenblick neu.

Dass diese Kultur nicht nur dem Osten vorbehalten ist, zeigt dieses Buch anhand von Gedichten Hölderlins, Rilkes, philosophischen Texten von Heidegger, Nietzsche, Schelling und anderen. Ihre Texte können Brücken sein, die scheinbar die sich gegenüberstehenden Kulturen Ost und West zusammenführen, doch nicht nur dies. Die Erfahrungen der Menschen, die in der Stille verweilen, scheinen sich sehr zu gleichen. Die Ausdrucksformen, die Interpretationen der Erfahrungen mögen unterschiedlich und unvereinbar sein. Doch blicken wir auf die Erfahrungen, dann können sie zum Boden des gegenseitigen Verstehens und der Begegnung werden.

So kennen z. B. alle Menschen auf dieser Erde das Erleben der Trauer über die Vergänglichkeit allen Seins. Mag sie in der einen Kultur zur Weltverneinung führen, kann sie auf einem anderen Boden zur Entfaltung einer Kultur der Freude über die Schönheit des Augenblicks führen. Das Erleben der Vergänglichkeit ist jedoch beiden zu eigen und darüber ist ein Verstehen des jeweiligen Ausdrucks des anderen möglich. So ist der Untergang des Alten für Hölderlin ein notwendiger Prozess der Erneuerung, ja, ein Prozess, der uns aus dem Gewohnten, das zum Gewöhnlichen geworden ist, herausreißt. Natürlich kommt zunächst der Schmerz, aber das ist ein Schmerz, der uns erwachen lässt und der uns zwingt, wach und offen dem Neuen zu begegnen. Erlebe ich in mir diesen Schmerz des Untergangs, verstehe ich die Sorge des anderen, sich absichern zu wollen.

In dem Verstehen des Anderen spielt die Wahrnehmung eine entscheidende Rolle.

So wird in der Meditation und in den Übungswegen, wie dem Teeweg versucht, das Herz zu reinigen, damit wir die Dinge so wahrnehmen, wie sie sind. Unser Geist soll zu einem klaren Spiegel werden, der die Welt so wiedergibt, wie sie ist.

In diesem Buch wird sehr deutlich, dass sinnliche Erfahrungen nicht ohne Empfindungen wie Freude, Wohlbefinden oder Kummer und Schmerz gemacht werden können. Sie sind der Schlüssel zum

1. Vorwort

Verständnis des Allgemeinen und Ganzen. Die Menschen schreiben ihr Erlebtes in Geschichte und diese wiederum prägt die Menschen. So geht einerseits dem Allgemeinen das Individuelle voraus und gleichzeitig findet sich das Allgemeine im Individuellen. Nur so ist es möglich, dass sich die Menschen unterschiedlicher Kulturen begegnen und verstehen können. Weil wir selbst empfindende Wesen sind, können wir in anderen deren Empfindungen nachvollziehen. Zugleich üben wir unser Mitgefühl mit anderen und uns selbst, wenn wir fremden Ereignissen in uns selbst nachspüren.

Bei all dem geht es in diesem Buch nicht um Schöngeisterei, einer Beschäftigung mit dem Ästhetischen als Zeitvertreib, sondern das Ästhetisch wird zum entscheidenden Faktor des Weltverständnisses und damit des eigenen Lebens. So wie Schelling es beschreibt, werden dann erst die Kräfte des Menschlichen voll ausgebildet.

Dieses Buch gibt uns daher nicht nur einen Einblick in Hölderlins Dichtkunst und der Philosophie Dogen Zenjis, es ist nicht nur eine Beschreibung der Zen-Praxis, wie sie auf dem Tee Weg geübt wird, sondern es ist ein Beitrag zum Verständnis von östlicher und westlicher Kultur, die in ihrem Erleben verbunden sind, nicht nur durch einen Steg, sondern durch die Innigkeit des Erlebens werden sie zu einem Miteinander, wo die Menschen um das Begreifen der Wirklichkeit ringen.

Doris Zölls

Anmerkung zur Rechtschreibung:

In diesem Buch wird bei deutschen Zitaten durchgehend die originale Rechtschreibung der Handschriften oder der Erstausgaben verwendet, die z.T. erheblich von der modernen Rechtschreibung abweicht. Damit soll versucht werden, die Atmosphäre der alten Texte möglichst getreu wiederzugeben.

2. Einleitung

2.1 Die reißende Zeit und die Stille

Manchmal reißen uns die Ereignisse mit schrecklichen Veränderungen aus der scheinbaren Sicherheit und Geborgenheit unseres gewohnten Lebens. Sei es, dass wir den Arbeitsplatz verlieren, dass die Partnerschaft scheitert, ein Unfall das Leben ganz plötzlich verändert oder eine unheilbare Krankheit auftritt. Dann fragen wir uns ganz verstört: »Warum gerade ich?« Aber die Zeit kennt kein Mitleid, sie zieht niemanden vor oder benachteiligt andere. Im Daodejing[1] heißt es:

Himmel und Erde sind unparteiisch.
Strohhunde sind ihnen alle Dinge.

Strohhunde wurden im alten China bei bestimmten Opferritualen verwendet. Die Stroh-Hunde oder vielleicht Hunde aus geschnittenem Gras wurden im alten China als Opfertiere genommen. Im Buch des Zhuangzi [2] wird berichtet, das einmal Meister Kong (Konfuzius) in das Land Wey wandern wollte. Der Musikmeister Jin sagt voraus, dass diese Reise zum Scheitern verurteilt sein würde und er erzählt das Gleichnis von den Strohhunden:

Die Strohhunde sind, wenn die Zeit für die Opfer - offenbar Opfer für die Toten - gekommen sind, so heilig und wichtig, dass selbst die Priester und derjenige, der bei den Riten die Toten repräsentiert - sich reinigen und fasten müssen, um sich ihnen zu nähern. Aber wenn die Zeit der Riten vorbei ist, tritt man achtlos auf die Überreste, kehrt sie zusammen und verbrennt sie. Würde man sie weiterhin hochhalten und verehren, so würden Alpträume entstehen. Der Musikmeister Jin wirf Konfuzius vor, dass er an den alten Bildern der alten Zeiten festhält.

Genauso hat euer Meister die von früheren Königen zur Schau gestellten Strohhunde aufgesammelt und trägt sie ständig bei

---

[1] Daodejing, Nr.: 5 Himmel und Erde sind unparteiisch. Strohhunde sind ihnen alle Dinge. Der Edle ist unparteiisch; Strohhunde sind ihm alle Menschen.
[2] Zhuangzi, das klassische Buch der chinesischen daoistischen Weisheit, Kapitel 14.4

2. Einleitung

sich, während er durch fremde Länder wandert, zu Hause bleibt und im Kreise seiner versammelten Schüler schläft.

Die Strohhunde sind die Bilder und Ideale einer Zeit, die längst vorbei ist. Hält man an ihnen fest, nachdem ihre Zeit vorüber ist, erzeugen sie nur noch Alpträume. Die 10.000 Dinge haben ebenso wie die Geschlechter der Menschen ihre Zeit. Wenn die Zeit vorbei ist, lässt sie der Weise ziehen, ohne weiter an ihnen festzuhalten. Würde er am Vergangenen festhalten, so würden die Dinge der Vergangenheit nur noch schlechte Träume erzeugen.

»Ehe die Strohhunde auf dem Altar dargeboten werden«, antwortete Musikmeister Jin, »werden sie in Bambuskästen verschlossen gehalten, unter einer Hülle von Brokat. Sie sind so heilig, dass der Totenknabe und der Beschwörer sich erst durch Fasten und Enthaltsamkeit reinigen müssen, ehe sie die Hunde anfassen dürfen. Sind sie aber dargeboten worden, so vernichtet ein Tempeldiener sie und tritt darauf, die Straßenkehrer fegen alles zusammen und verbrennen sie, so sind sie für alle Zeiten dahin. Denn man weiß, dass, wenn sie nach ihrer Weihe in den Kasten zurückgelegt würden, unter die Hülle aus Brokat, so würde jeder, der in ihrer Gegenwart wohnte oder schliefe, fortgesetzt von Dämonen besessen sein, statt die erwünschten Träume zu erlangen.

Was sind die alten Könige, denen dein Meister Beifall zollt, anderes als Strohhunde, die ihre Rolle ausgespielt haben?

Wir können nicht an den Strohhunden vergangener Zeiten festhalten, das würde nur schlechte Träume und einen betrübten Geist erzeugen. So bleibt uns nur, in der reißenden Zeit die Gelassenheit und Kraft zu finden, unseren Lebensweg weiter zu gehen, unabhängig davon, wie schwierig oder tiefgreifend die Veränderungen waren.

Nur die Stille tief in unserem Inneren kann da oft helfen. Wir wollen in diesem Buch versuchen, diese Stille zu hören.

2.1 Die reißende Zeit und die Stille

Eigentlich hätte es ein stilles und häusliches »Jahr des Hasen«[1] werden sollen. Aber dann kam das seit langem befürchtete Erdbeben in Japan

Abb. 1 Tsunami - Japan 13. Jh.

und der Tsunami. Und zu allem Überfluss auch noch der Super - GAU in Fukushima, der Region, die ironischerweise wörtlich „Glücksinsel" - Fuku shima - heißt.

Das Entsetzen über die schrecklichen Vorgänge hat uns lange stumm gemacht vor Schmerz. Unser ganzes Mitgefühl galt und gilt noch den Menschen in den Katastrophengebieten, die alles verloren und nur ihr

---

[1] Das Jahr des Hasen (2011) nach dem chinesischen Kalender soll nach der chinesischen Astrologie eher häuslich und friedlich verlaufen. Aber es war anders als erwartet durchaus von einigen Katastrophen gekennzeichnet. Schon Anfang März gab es das große Erdbeben in der japanischen Tohoku Region mit den nachfolgenden Katastrophen des Tsunami und der atomaren Unfälle in Fukushima.
Der Grundstock für die Texte in diesem Band wurde in diesem Jahr des Hasen, geschrieben, dem Jahr das so viele Veränderungen gebracht hat.

2. Einleitung

eigenes Leben gerettet haben. Weihnachten 2013 habe ich einen Bericht von einem befreundeten Musiker bekommen, der für die Menschen in den radioaktiv verseuchten Gebieten ein Konzert gegeben hat. Die Menschen hoffen heute noch auf eine baldige Rückkehr in ihre Heimat und ihre Häuser. Sie verstehen nicht, dass ihre Heimat vermutlich für lange Zeit unbewohnbar bleiben wird.

Vielleicht aber - so kann man nur hoffen - haben die Ereignisse von Fukushima die Welt auf Dauer verändert: Atomkraft kann nicht mehr als sichere Energie gelten. So können manchmal schreckliche Ereignisse die künftigen Zeiten verändern.

Kürzlich habe ich von einer Gruppe von Bauern aus der Gegend von Fukushima erfahren. Niemand kauft mehr das dort traditionell angebaute Gemüse, obwohl es nicht mehr als radioaktiv belastet gilt. Jetzt haben die Bauern auf den Anbau von Baumwolle umgestellt, die sogar das Bio-Siegel bekommen hat. Sie fertigen daraus T-Shirts und versuchen, einen neuen Markt zu finden. Mit Schulkindern basteln die Menschen dort mit primitiven Mitteln Windräder und kleine Solaranlagen, um den Strom aus erneuerbaren Energien zu gewinnen. Vor der Katastrophe war in Japan völlig unbefragt die Atomkraft die einzige Energiequelle. So erwachsen aus der Katastrophe eine neue Besinnung und eine ungeheure Kraft der Veränderung zum Positiven.

Die japanische Kultur ist tief geprägt von der Vergänglichkeit der Dinge. Diese Vergänglichkeit ist nicht nur eine schmerzliche Erfahrung, aus ihr entspringt die Schönheit des Augenblicks. Vermutlich stammt diese Einstellung zu Zeit und Vergänglichkeit in Japan nicht nur aus dem Buddhismus. Auch die Natur Japans mit den Vulkanausbrüchen, Taifunen und Erdbeben konfrontiert die Menschen ständig mit der Vergänglichkeit. So hat das Volk schon von jeher gelernt, mit Katastrophen und gewaltsamen Veränderungen zu leben.

Hier im Myōshinan[1] pflegen wir die Begegnung der Kulturen und das

---

[1] Myōshinan: 妙心庵　Myō: Geheimnis, Shin: Herz, Geist, An: Hütte. Myōshin bezeichnet im Buddhismus das Herz des Geheimnisses, den innersten Kern der Lehre. An ist die typische Untertreibung des Zen: Es ist nur eine kleine Hütte, nicht Großes. Das Myōshinan ist ein Zentrum der japanischen Teezeremonie, der Meditation und der Philosophie. Homepage: www.teeweg.de

2.1 Die reißende Zeit und die Stille

Gespräch zwischen Ost und West. Das spiegelt sich in diesem Buch. Es werden nicht nur abendländische Texte wie Werke von Hölderlin besprochen, sondern auch Texte aus dem Buddhismus und der japanischen Kultur. Einen Schwerpunkt bildet dabei die Philosophie des Zen - Meisters Dōgen (*1200). Dōgen ist einer der wichtigsten Denker Japans und - wenn auch im Westen weithin unbekannt - einer der größten Denker der Menschheit. Weil Dōgen außer in den entsprechenden Kreisen der Zen-Übenden recht unbekannt ist, sind einige Erläuterungen hinzugefügt, die den Umkreis von Dōgen's Denken erhellen mögen.

Manche der Texte in diesem Buch sind aus konkretem Anlass entstanden, z.B. dem Tsunami in Nordjapan und dem anschließenden Atomunfall in Fukushima. Aber es sind keine Texte, die nur an eine bestimmte Situation geknüpft wären. Sie befassen sich mit der Vergänglichkeit und dem menschlichen Leiden daran. Aber es wäre keine Beschäftigung mit dem Buddhismus, wenn nicht auch die Lösung aus diesem Leiden angedacht wäre.

Beginnen wir den für unsere Zeit unbedingt nötigen Dialog der Welten mit einer Diskussion über die Vergänglichkeit der Zeit. Im Untertitel dieser Überlegungen heißt es: Hölderlin im Gespräch mit Zen-Meister Dōgen. Dōgen hat im 13. Jh. gelebt und Hölderlin im 18. Jh. Sie sind durch eine lange Zeit getrennt und sie haben in vollkommen anderen Kulturen gelebt. Aber beim Studium von Hölderlins Texten hatte ich immer wieder den Eindruck, dass der durch und durch deutsche Dichter Erfahrungen gemacht hat, die sich mit den Erfahrungen der Zen-Meister vergleichen lassen. Der Schwerpunkt dieser Untersuchung wird sich mit dem Denken der Zeit in den beiden Kulturkreisen in Deutschland und in Japan befassen. Eine ausführliche Untersuchung zu Hölderlins Dichtung wird an anderer Stelle vorgelegt.[1] Der Schwerpunkt der Auseinandersetzung mit Dōgens Denken liegt in diesem Buch auf der Interpretation seiner wohl ‚philosophischsten' Schrift U-Ji 有時 - ‚Sein - Zeit'.

---

[1] Hälfte des Lebens, Auf der Suche nach der Ganzheit. Untersuchungen zu Hölderlins Dichtung; geplant Frühjahr 2015

2. Einleitung

Teil I
ABENDLAND

   Denn immer lebt
die Natur. Wo aber allzu sehr sich
Das Ungebundene zum Tode sehnet,
Himmlisches einschläft, und die Treue Gottes,
Das Verständige fehlt.

Aber wie der Reigen
zur Hochzeit,
zu Geringem auch kann kommen
Großer Anfang

             Friedrich Hölderlin - Griechenland

3. Hölderlin: Die Apriorität des Individuellen

Das Wort von der reißenden Zeit entstammt Hölderlins Gesang ‚Der Archipelagos'.

In einem Gespräch mit D. E. Sattler, dem Herausgeber der großen Frankfurter Hölderlinausgabe sagte mir Sattler einmal, ‚Der Archipelagos' habe lediglich ein rein historisches Thema. Zwar spricht Hölderlin in diesem Gesang vom historischen Untergang des antiken Griechenland. Aber damit verbunden ist das Verschwinden des Heiligen, die Orientierungslosigkeit des modernen Menschen und die Erfahrung des Fehls [1] wie Hölderlin sagt. Das ist keineswegs nur ein historisches Thema, es spiegelt die individuelle Erfahrung eines jeden Menschen, dass einstmals große Zeiten zerbrechen und nur noch die Trümmer übrig bleiben.

Im Gesang über das Griechenmeer spricht Hölderlin in historischen Zusammenhängen. Die alte Kultur Griechenlands ist vergangen. Was bleibt, sind nur noch Erinnerungen an die einstige Größe wie Träume. Aber es ist sein Traum, dass die deutsche Kultur und das deutsche Geistesleben aus dem Geist des Griechentums wieder neu erwachen werden. Diese Hoffnung betraf damals nicht nur das Individuum Hölderlin, sondern eine ganze Generation. Es ist ein ganz persönliches Leiden und Hoffen, das nicht nur intellektuell erlebt wird. Es ist die Hoffnung, dass es künftig wieder Menschen geben würde in einer unmenschlich gewordenen Zeit. Wie sagte Hyperion von den Deutschen?

(Sie sind) Barbaren von alters her, durch Fleiß und Wissenschaft und selbst durch Religion barbarisch geworden, tiefunfähig jedes göttlichen Gefühls.

Handwerker siehst du aber keine Menschen, Denker, aber keine Menschen, Priester, aber keine Menschen, Herrn und Knechte, junge und gesetzte Leute, aber keine Menschen.

---

[1] Der Fehl Gottes, Dichterberuf

3. Hölderlin: Die Apriorität des Individuellen

Es ist nicht die Rede von einem individuellen Geschick, sondern vom geschichtlichen Geschick des Abendlandes. Aber geschichtliche Ereignisse prägen immer auch das individuelle Leben. Wir sind keine geschichtslosen Wesen. Die jeweilige Epoche prägt das Geschick ganzer Generationen. So ist das allgemeine Geschick immer auch ein individuelles. Ja, vielleicht ist es sogar umgekehrt: Wir erfahren immer zuerst unser Individuelles und erkennen erst danach, dass wir in einem allgemeinen verwurzelt sind.

In einem fragmentarischen Gedichtentwurf »Vom Abgrund nämlich haben wir angefangen« steht ganz oben auf der Seite wie ein Motto oder eine Überschrift der Satz:

Die Apriorität des Individuellen
über das Ganze [1]

Das Wort von der Apriorität stammt aus der Philosophie Kants. Das Apriori ist dasjenige, das jeder Erfahrung vorausgeht.

Die Apriorität des Individuellen über das Ganze heißt, dass zunächst jedes Individuum für sich sich selbst erfährt. Erst dann kann aus dieser Erfahrung des Individuellen das Allgemeine oder das Ganzen gewonnen werden. Die sinnliche Erfahrung des Individuums in seinem persönlichen Umfeld lässt später die Erkenntnis reifen, dass das Individuelle eingebettet ist in das Ganze. Mein persönliches Schicksal ist zugleich das Schicksal des Volkes, der Nation, der Epoche. Viele oder sogar alle Individuen einer Epoche haben ein gleiches oder ähnliches Schicksal. Mein individuelles Schicksal ist nicht unabhängig von dem Land oder der Zeit, in die ich hineingeboren werde. Aber als Erstes erfahre ich mein ganz persönliches Schicksal, erst später lerne ich, dass eine ganze Generation Ähnliches erlebt oder erleidet. Das Erste aber ist immer das eigene Erleben.

Geschichte kann nur verstanden werden aus dem eigenen Erleben, dem eigenen Erleiden oder dem individuellen Glück. In einem Papier,

---

[1] Anmerkung zur Rechtschreibung: Hölderlins Texte sind in der Schreibweise Hölderlins wiedergegeben, die häufig von der modernen Rechtschreibung abweicht.

das man als den Systementwurf des deutschen Idealismus [1] bezeichnet und in dem viele Ideen Hölderlins enthalten sind, heißt es:

> Absolute Freiheit aller Geister, die die intellektuelle Welt in sich tragen und weder Gott noch Unsterblichkeit außer sich suchen dürfen.

Weder Gott noch die Unsterblichkeit sind außerhalb des Menschen zu suchen. Gott ist nach diesem Papier nicht etwas außerhalb von uns selbst, er entspringt der absoluten Freiheit der Geister, der denkenden und fühlenden Wesen.

In feuriger Rede fährt das Papier fort, dass ohne die Idee der Schönheit und ohne Ästhetik kein wirkliches Denken möglich ist. Ästhetik ist dabei nicht die Lehre von der Schönheit und den ästhetischen Gesetzen. Das Wort ist im ursprünglich griechischen Sinne gemeint und gedacht. Aisthesis αἴσθησις ist die sinnliche Wahrnehmung. Schönheit ist das Erscheinen der Dinge in ihrem eigenen Licht. Schönheit ist das von sich aus Scheinende, das deshalb in der Wahrnehmung aufschienen kann. Ohne die Sinne kann nichts erscheinen. Deshalb ist die Sinnlichkeit zugleich die Schönheit, die Ästhetik.

> Zuletzt die Idee, die alle vereinigt, die Idee der Schönheit, das Wort in höherem platonischen Sinne genommen. Ich bin nun überzeugt, daß der höchste Akt der Vernunft, der, indem sie alle Ideen umfaßt, ein ästhetischer Akt ist und daß Wahrheit und Güte nur in der Schönheit verschwistert sind. Der Philosoph muß ebensoviel ästhetische Kraft besitzen als der Dichter. Die Menschen ohne ästhetischen Sinn sind unsere Buchstabenphilosophen.

Die ‚Buchstabenphilosophen' denken nur aus dem Verstand ohne sinnliche Erfahrung. Die neue Philosophie, die in diesem Papier

---

[1] Das Papier wurde in den Schriften Hegels gefunden und ist in Hegels Handschrift geschrieben. Aber viele Ideen in diesem Papier sind eindeutig Schellings Gedanken. Der letzte Teil propagiert die ‚Poesie als Lehrerin der Menschheit', d.h. der Menschlichkeit und ist eindeutig auf Hölderlin zurückzuführen. Möglicherweise haben die drei Freunde zusammengesessen und einen Entwurf ihrer künftigen Aufgaben geplant. Der begeisterte Ton des Papiers deutet daraufhin, dass Hegel eine feurige Rede Schellings niedergeschrieben hat.

3. Hölderlin: Die Apriorität des Individuellen

deklariert wird, darf und kann nicht ohne sinnliche Erfahrung sein. Die unmittelbare sinnliche Erfahrung enthält nicht nur sinnliche Wahrnehmungen wie Hören oder Sehen. Sinnliche Erfahrung kann nicht sein ohne Empfindungen wie Freude, Wohlbefinden oder Kummer und Schmerz. Sie sind der Schlüssel zum Verständnis des Allgemeinen und Ganzen.

In der modernen Hirnforschung wurden durch einen Zufall die Spiegelneuronen entdeckt. Der Italiener Giacomo Rizzolatti und seine Mitarbeiter entdeckten bei einem Schimpansen, dass bestimmte Hirnregionen so auf äußere Reize reagieren, als würde der Affe selbst die Tätigkeit ausführen. Die Hirnregion, die für das Ergreifen von Erdnüssen zuständig war, reagierte auch, wenn einer der Mitarbeiter eine Erdnuss nahm. Die Reaktion trat sogar dann auf, wenn der Affe das Geräusch von geöffneten Erdnüssen hörte. Auch wir Menschen reagieren auf Handlungen oder sogar nur Gesichtsausdrücke von Anderen, indem wir die Empfindungen der Anderen in uns selbst spüren. Wenn andere Kleinkinder weinen, reagieren Säuglinge, indem sie selbst in Weinen ausbrechen. Wenn wir bei stürmischem Wetter auf einem Schiff fahren und sehen, wie es anderen Mitreisenden übel wird, stellt sich fast sicher bei uns selbst ebenfalls die Übelkeit ein.

Sogar wenn wir von traurigen Ereignissen nur hören oder lesen, empfinden wir Trauer in uns selbst. Darum weinen so viele Menschen bei traurigen Filmen. Für Aristoteles leitet dieses Mit-Leiden eine Katharsis, eine Reinigung ein, die unser eigenes Leiden lösen kann. Das Mit-Leiden muss aber so sein, dass die Katastrophe auf der Bühne unabwendbar ist und dass wir in eben derselben Situation auch nicht anders handeln könnten. Die Situation des Oidipus, der seine eigene Mutter heiratet, ohne es zu wissen, ist auch ein allgemeines Schicksal, mindestens der Möglichkeit nach. Wenn das Schicksal der Leidenden auf der Bühne dergestalt ist, dass der Zuschauer sagt: »Das geschieht

ihm recht!«, dann stellt sich nur ‚Philanthropie' - Menschenliebe aber keine Katharsis ein. [1]
Weil wir selbst empfindende Wesen sind, können wir in Anderen deren Empfindungen nachvollziehen. Zugleich üben wir unser Mitgefühl mit Anderen und uns selbst, wenn wir fremden Ereignissen in uns selbst nachspüren.

Wenn darum im Folgenden oft von Geschichtlichem die Rede ist, dann kann die Geschichte nur verstanden werden aus dem eigenen sinnlichen Erleben. Umgekehrt kann auch die Geschichte das eigene Empfinden und die eigene sinnliche Erfahrung deuten helfen, indem unser eigenes Empfinden in einen größeren Zusammenhang gestellt wird.

---

[1] Aristoteles, Poetik Kap. 6, 1449b24ff. *Eleos* ἔλεος ist das Mit-Leiden, Jammer, Klage. Dies erzeugt *phobos*, φόβος Furcht und Schrecken. Phobos ist die panische Flucht, aber man kann nicht entfliehen, muss also den ganzen Schrecken mit leiden.

4. Die Vergänglichkeit

4.1 Hyperions Schicksalslied

In Hölderlins Briefroman Hyperion findet sich das berühmte Schicksalslied, in dem die Vergänglichkeit des Menschen beklagt wird.

> Ihr wandelt droben im Licht
> Auf weichem Boden, selige Genien!
> Glänzende Götterlüfte
> Rühren euch leicht,
> Wie die Finger der Künstlerin
> Heilige Saiten.
>
> Schicksallos, wie der schlafende
> Säugling, atmen die Himmlischen;
> Keusch bewahrt
> In bescheidener Knospe,
> Blühet ewig
> Ihnen der Geist,
> Und die seligen Augen
> Blicken in stiller
> Ewiger Klarheit.
>
> Doch uns ist gegeben,
> Auf keiner Stätte zu ruhn,
> Es schwinden, es fallen
> Die leidenden Menschen
> Blindlings von einer
> Stunde zur andern,
> Wie Wasser von Klippe
> Zu Klippe geworfen,
> Jahr lang ins Ungewisse hinab.

In den ersten beiden Strophen zeichnet Hölderlin ein idealisches Bild der himmlischen Genien, die schicksalslos wie schlafende Säuglinge immer auf weichem Boden im Licht wandeln. Die Menschen dagegen haben ein Schicksal, schwinden und fallen ruhelos wie Wasser von Klippe zu Klippe.

Die Genien sind namenlose Geister, die im ewigen Licht leben. Hölderlin nennt in diesem Lied keine Namen der griechischen oder römischen antiken Götter und auch nicht den christlichen Gott. Vielleicht deshalb, weil ihre Zeit vorbei ist, und sie nur noch wie ein Traum in unserem Geist weilen. In der Hymne Heimkunft heißt es:

> Schweigen müssen wir oft; es fehlen heilige Namen,
> Herzen schlagen und doch bleibet die Rede zurück.

Hölderlins Hyperion lebt zur Zeit der Freiheitskämpfe von der türkischen Besatzung Griechenlands. Er leidet daran, dass die Zeit des klassischen Athen mit seiner vorbildhaften Hochkultur schon längst vergangen ist. Zur Zeit Hyperions gibt es nur ein klägliches Abbild längst vergangener Größe. Er kämpft auf der Seite der Russen gegen die Türken in der Seeschlacht von Cesme und kommt nur mit Mühe mit dem Leben davon. Desillusioniert wendet er sich von den Freiheitskriegen ab. Schließlich erfährt er, dass seine Geliebte Diotima schwermütig gestorben ist, weil sie vermutete, Hyperion sei in der Schlacht getötet worden. Als er schließlich nach Deutschland kommt, um sich weiterzubilden, findet er dort nur »Barbaren von alters her, durch Fleiß und Wissenschaft und selbst durch Religion barbarisch geworden, tiefunfähig jedes göttlichen Gefühls«.

> Handwerker siehst du aber keine Menschen, Denker, aber keine Menschen, Priester, aber keine Menschen, Herrn und Knechte, junge und gesetzte Leute, aber keine Menschen.

Alle Ideale sind ihm zu Strohhunden geworden und enttäuscht sucht er seine Ruhe in der Natur.

> O du, so dachte ich, mit deinen Göttern, Natur! ich hab ihn ausgeträumt, von Menschendingen den Traum und sage, nur du lebst, und was die Friedlosen erzwungen, erdacht, es schmilzt, wie Perlen von Wachs.

4. Die Vergänglichkeit

Die leidenden Menschen fallen, so heißt es im Schicksalslied, blindlings von einer Stunde zur anderen. Sie fallen blindlings, weil das Schicksal nicht auswählt, ob einer gut oder schlecht ist. Himmel und Erde sind unparteiisch, wie es im Daodejing heißt. Ereilt uns das Schicksal der Veränderung unversehens und gegen jede Vorausplanung, kann man sich zwar fragen: warum gerade ich! Aber man wird auf diese Frage keine Antwort bekommen. Die Menschen fallen wie Wasser von einer Klippe zur anderen geworfen ins Ungewisse. Da helfen keine Lebensversicherungen oder andere Absicherungen. Wenn die Zeit da ist, ereilt uns das Schicksal.

Rilke nimmt in einem späten Gedicht das Bild Hölderlins in einer sehr dichten Sprache auf. Das Gedicht ist überschrieben: An Hölderlin

An Hölderlin
VERWEILUNG, auch am Vertrautesten nicht,
ist uns gegeben; aus den erfüllten
Bildern stürzt der Geist zu plötzlich zu füllenden; Seeen
sind erst im Ewigen. Hier ist Fallen
das Tüchtigste. Aus dem gekonnten Gefühl
überfallen hinab ins geahndete, weiter.

Verweilung ist uns Menschen nicht gegeben. Auch das Vertrauteste endet plötzlich und unerwartet. Kaum hat sich der Geist auf eine Situation, ein Bild eingestellt, das er ganz erfüllt und in der er sich bequem eingerichtet hat, stürzen plötzlich neue Bilder und Situationen auf uns ein, die es nun wieder zu füllen gilt. Es ist wie das Wasser in Hyperions Schicksalslied, das ohne Rast von einem zum nächsten Felsen stürzt. Kaum meint man, sich in einer Situation eingerichtet zu haben und endlich Ruhe finden zu können, stürzt man schon wieder hinunter zur nächsten Klippe des Lebens. Das Wasser unseres Lebensschicksals sammelt sich niemals in Seeen, die still in sich ruhen.

Das Bild des Sees, der in sich ruht, hat Rilke neu in das Bild des stürzenden Wassers eingefügt. Es ist, als würde hier plötzlich mitten im tosenden Stürzen die Stille eines gestillten und in sich ruhenden Lebens aufscheinen. Rilke meint, dass diese Stille erst im Ewigen sein kann. Aber vielleicht ist es ja gerade die Fähigkeit der Meditation, mitten im

4.1 Hyperions Schicksalslied

Fallen und Stürzen innezuhalten und die Stille in uns selbst zu erleben. Aber das bedeutet nicht, dass wir den steten Wandel unseres Lebens damit aufhalten können. Es ist ein Innehalten und Vernehmen der Stille, um selbst still zu werden. Dies Innehalten gibt uns die Möglichkeit, zurückzutreten aus dem rasenden Machen - Müssen und wieder zum inneren Frieden zu finden.

Eine Veränderung des Fallens ist mit der Besinnung auf den stillen See dennoch geschehen. Zunächst stürzt der Geist von einem Bild zum anderen. Aber nun hat sich das Stürzen in ein Fallen verwandelt, das gekonnt ist:

> Hier (im Gegensatz zum Ewigen) ist Fallen
> das Tüchtigste. Aus dem gekonnten Gefühl
> überfallen hinab ins geahndete, weiter.

Fallen ist das Tüchtigste. Es ist ein Los-lassen des Gewohnten und ein Zu-lassen des Neuen. Eine Verweigerung der Veränderung würde bedeuten, dass wir die alten Strohhunde weiter benutzen, die schon längst nicht mehr zeitgemäß sind und die nur noch Alpträume erzeugen.

Im Zen gibt es die Geschichte eines Mönchs, der in einem gewaltigen Baum hängt und sich mit den Zähnen verzweifelt an einem Ast festhält. Er kann weder mit den Armen noch den Beinen irgendeinen anderen Teil des Baumes erreichen. Da kommt ein anderer Mönch unten am Baum vorbei und fragt unseren Mönch, der mit den Zähnen am Ast festhängt nach dem Sinn des Kommens von Bodhidharma in den Osten.[1] Bodhidharma war von Indien nach China gekommen, um den Menschen das Los-lassen zu lehren, ein Los-Lassen, das zu sich selbst führt. Die Frage in unserer Geschichte ist nun, ob der Mönch im Baum antworten soll oder nicht.

Antwortet er nicht, so weiß man nicht, was weiter mit ihm geschehen wird.

Aber es ist völlig unhöflich, auf eine Frage nicht zu antworten. Er kann ohnehin nicht auf Dauer mit den Zähnen am Ast angeklammert

---

[1] Bodhidharma hat der Legende nach den Zen von Indien nach China gebracht. Die Geschichte wird ausführlich erläutert in meinem Buch: Mukshai mukashi, Seite 183. Zu Bodhidharma oder japanisch Daruma ebd. ab Seite 190

verweilen, irgendwann stürzt er ab oder er verhungert. Ihm bleibt nur das Los-lassen. Dann aber stürzt er mit Sicherheit. Es ist nur die Frage, wohin er stürzt. Vermutlich nur auf den Boden, auf dem er leben kann, der sogar unmittelbar unter seinen Füßen liegt, den er aber vorher nicht sehen konnte, weil er vor lauter Anklammern nicht auf den Boden schauen konnte. Das Festhalten und Verweilen dagegen würde seinen sicheren Tod bedeuten.

Aber wie oft klammern wir uns an eine Situation, die unhaltbar ist. Nur weil wir die Situation kennen und weil das Neue unbekannt ist und Angst macht. So fallen wir aus dem ‚gekonnten Gefühl' hinab in das ‚geahndete'. Das geahndete' Gefühl ist noch nicht gekonnt, nur geahnt. Wir kennen die neue Situation noch nicht, wir können nur ahnen, wie sie sein wird. Aber allmählich richten wir uns in der neuen Situation ein und unser Gefühl für diese Situation wird allmählich ‚gekonnt'. Bis eine neue Wende in unserem Schicksal eintritt, die wieder ins Offene und Unbekannte führt.

Georg Christoph Lichtenberg hat es einmal in einem unnachahmlichen Bonmot gesagt:

> Ich weiss nicht, ob es besser wird, wenn es anders wird. Aber es muss anders werden, wenn es besser werden soll.

5. Das Irrsal und die »reißende Zeit«

5.1 Der Archipelagos

... Aber weh! es wandelt in Nacht, es wohnt, wie im Orkus,
ohne Göttliches unser Geschlecht. Ans eigene Treiben
sind sie geschmiedet allein und sich in der tosenden Werkstatt
Höret jeglicher nur und viel arbeiten die Wilden
Mit gewaltigem Arm, rastlos, doch immer und immer
Unfruchtbar, wie die Furien, bleibt die Mühe der Armen.
Bis erwacht vom ängstigen Traum, die Seele den Menschen ...

Aber du, unsterblich, wenn auch der Griechengesang schon

5.1 Der Archipelagos

> Dich nicht feiert, wie sonst, aus deinen Wogen, o Meergott!
> Töne mir in die Seele noch oft, daß über den Wassern
> Furchtlosrege der Geist, dem Schwimmer gleich, in der Starken
> Frischem Glücke sich üb' und die Göttersprache das Wechseln
> Und das Werden versteh' und wenn die reißende Zeit mir
> Zu gewaltig das Haupt ergreift und die Not und das Irrsal
> Unter Sterblichen mir mein sterblich Leben erschüttert,
> Laß der Stille mich dann in deiner Tiefe gedenken.

»Unser Geschlecht«, die Sterblichen, ist in den Zeiten des Wandels und des „Wechsels in der Not und dem Irrsal", wie Hölderlin schreibt. Die "reißende Zeit" ist ein Wort Hölderlins. Im Hymnus an den Archipelagos, das Meer der Griechen, spricht Hölderlin das Griechenmeer an:

> Töne mir in die Seele noch oft, daß über den Wassern
> Furchtlosrege der Geist, dem Schwimmer gleich, in der Starken
> Frischem Glücke sich üb, und die Göttersprache, das Wechseln
> Und das Werden versteh

Das Wechseln und das Werden in der Zeit reißt alles weg und bringt Neues hervor, ob wir es wollen oder nicht. Der Schwimmer kennt die Gefahren über dem Abgrund und er genießt das Glück des Wechselns und Werdens, wir anderen haben oft Angst vor der unbekannten Tiefe, die alles verschlingt.

Die Dichtung »Archipelagos« ist vermutlich um 1800 entstanden, also in einer Zeit, in der die Französische Revolution die alte Welt der Aristokratie hinweg gerafft hatte und in der Napoleon das Erbe der Revolution, die in Blut untergegangen war, übernahm. Für Hölderlin und seine Freunde waren damit die Hoffnungen auf die Erneuerungen im politischen Leben zerbrochen.

Dennoch lebte er in der Erwartung einer positiven Veränderung. Das zeigen schon die Anfangszeilen des Archipelagos:

> Kehren die Kraniche wieder zu dir, und suchen zu deinen
> Ufern wieder die Schiffe den Lauf, umatmen erwünschte
> Lüfte dir die beruhigte Flut, und sonnet der Delphin
> Aus der Tiefe gelockt am neuen Lichte den Rücken?

5. Das Irrsal und die »reißende Zeit«

> Blüht Ionien? ists die Zeit? denn immer im Frühling,
> Wenn den Lebenden sich das Herz erneut und die erste
> Liebe den Menschen erwacht und goldner Zeiten Erinnerung,
> Komm ich zu dir und grüß' in deiner Stille dich, Alter!

Der »Alte« ist der Archipelagos, das Meer der Griechen. Archipelagos ist kein antiker Name für dieses Meer von Ionien im Westen bis Kleinasien im Osten. Zur Zeit der Kreuzzüge kamen italienische Kreuzritter nach Griechenland und sie hatten einen festen Sitz in Naxos, der größten Kykladeninsel. Naxos war der Sitz des venezianischen Herzogtums Archipelagos. Marco Sanudo[1], ein Neffe des venezianischen Dgen Dandario hatte während des vierten Kreuzzuges

Abb. 2 Dionysos und Ariadne auf Naxos
auf einer schwarzfigurigen attischen Vase

unerlaubt mit einer geliehenen Flotte Naxos erobert und dort eine feste Burg errichtet. Von hier aus beherrschten die Italiener das Herzogtum Archipelagos mit der gesamten Inselgruppe der Kykladen.

---

[1] Marco Sanudo + 1227. Er regierte von 1207 - 1227 als Herzog Marcos I auf den Kykladen Inseln, das Herzogtum Archipelagos.

5.1 Der Archipelagos

Noch heute spürt man auf Naxos den italienischen Einfluss. Der italienische Adel auf Naxos baute und verzierte seine Häuser mit denselben Zinnen, wie man sie in Venetien findet. Noch Kaiser Wilhelm hatte einen der letzten Nachkommen von Marco Sanudo auf Naxos in seinem Landsitz auf Naxos besucht. Eine Zeitlang spielte ich mit der Idee, einen der alten italienischen Landsitze zu kaufen und zu restaurieren. Es war eine Mühle in einem Bachbett. Der Bach wird von starken Quellen gespeist und hat das ganze Jahr über Wasser. Die tiefen Fenster des Hauses hatten wie in alten italienischen Häusern zu beiden Seiten steinerne Sitze, so dass man hier bequem sitzen und den Ausblick genießen konnte. Draußen lärmten die Nachtigallen und etwas oberhalb des Hauses blühten und dufteten die Orangenbäume. Es war eine lärmende aber absolut heilig-tiefe Stille.

Im Hauptort Chōra, oben auf der Burg, ist der Sitz eines katholischen Bischhofs mit der Kirche des heiligen Antonius von Padua, also einem italienischen und keinem griechisch orthodoxen Heiligen. In der Kirche haben wir einmal die alte Mutter des Bischofs getroffen. Sie sprach einen merkwürdigen Dialekt aus einer Mischung von einem altertümlichen Italienisch und Neugriechisch. Verächtlich sagte sie, dass »die da unten«, also die orthodoxen Griechen im Ort, Ostern ganz falsch feiern, weil sie keine Ahnung vom rechten Glauben haben. Es ist, als wäre hier in der Oberstadt die Zeit stehen geblieben.

Unbehelligt von der katholischen Hoheit lebte die Bevölkerung ihre alten Traditionen. Einer der wichtigsten Heiligen der Inseln ist der Heilige Bachumios, der als Einsiedler in Ägypten gelebt hatte. Aber die Naxioten sprechen seinen Namen als Agios Vachys - der heilige Bakchos - aus. Bacchos aber ist ein anderer Name des Dionysos.

Naxos ist im griechischen Mythos die Insel des Dionysos und der Ariadne. Dort leben sie innig vereint wie auf einer Insel der Seligen. Theseus hatte Ariadne aus dem kretischen Labyrinth entführt und er machte auf Naxos einen Zwischenhalt, bevor er weiter nach Athen zurückkreisen wollte. In der Nacht erschien ihm Dionysos und meldete seinen festen Anspruch auf Ariadne an. Diese Geschichte spiegelt sicher den alten Kulturtransfer wieder, der von Ägypten über Kreta, Naxos bis

5. Das Irrsal und die »reißende Zeit«

nach Athen reichte. Aber Naxos war auch eine Brücke nach Kleinasien. Die ältesten Skulpturen des Abendlandes aus Marmor sind hier unter dem Einfluss von Kleinasien entstanden.

Aber Hölderlin erwähnt nichts von diesen historischen Zusammenhängen. Er kannte Griechenland nur aus Reisebeschreibungen. Vor allem der Engländer Richard Chandler, ‚Doktor der Gottesgelahrtheit, Mitglied des Magdalenenkollegiums zu Oxford und der Gesellschaft der Altherthümer zu London' hatte mit seinen Reisebeschreibungen großen Einfluss auf Hölderlin. Aber Chandler hatte keine Beschreibung von Naxos und dem eigentlichen Archipelagos niedergeschrieben. Er bezeichnet das Meer der Griechen insgesamt als Archipelagos. Im dritten Kapitel seiner Beschreibungen von Kleinasien[1] beschreibt er die Schiffsfahrt von Livorno ‚nach dem Archipelagos' und weiter nach Sunion.

Die Einfahrt in das Mittelmeer an der Straße von Gibraltar, wie sie Chandler schildert, spiegelt sich in Hölderlins Gedicht Archipelagos wieder.

> Seevögel flogen, und zu allen Seiten bewegte sich eine Menge kleiner Schiffchen hin und her. Wir hatten ein sanftes Lüftchen, alle Segel beygesetzt ... In diesem war das Wasser unruhig, und es machte ein Geräusch wie ein sanfter Bach, der über Kiesel hinrollt, da in den Gegenströmen es eben und glatt war, wie in einem Mühlenteiche, außer wo Albikoren, Delphine und andere Seeungeheuer, die zahllos um uns herumspielten, es in Bewegung setzten. Ihre glatten Seiten warfen die Strahlen der Sonne zurück, die an einem malerischen Himmel von hellem Blau, durch flockige, dünne Wolken gemildert, glänzte, und den Wellen, die uns anzulächeln schienen, ihre Heiterkeit mittheilte.

---

[1] Richard Chandler, Reisen in klein Asien unternommen auf Kosten der Dilettanti und beschrieben von Richard Chandler, Leipzig 1776
Richard Chandler, Reisen in Griechenland unternommen auf Kosten der Gesellschaft der Dilettanti und beschrieben von Richard Chandler, Leipzig 1777
online: http://digi.ub.uni-heidelberg.de/diglit/chandler1777

5.1 Der Archipelagos

Zu den beiden ‚Seeungeheuern' ist in der deutschen Ausgabe von 1776 angemerkt: Albikoren: Thynnus oder Tonfisch und Delphine - Porpus, Delphinus phocaena. Die ‚Seeungeheur' sind also Delphine, die »aus der Tiefe gelockt am neuen Lichte den Rücken« sonnen.

Diese Schilderung hat Hölderlin offenbar tief beeindruckt, denn das Bild der Einfahrt in das Mittelmeer findet sich fast wörtlich im Archipelagos wieder. Aber ach, wie viel schöner sagt das doch der Dichter Hölderlin:

Kehren die Kraniche wieder zu dir, und suchen zu deinen
Ufern wieder die Schiffe den Lauf, umatmen erwünschte
Lüfte dir die beruhigte Flut, und sonnet der Delphin
Aus der Tiefe gelockt am neuen Lichte den Rücken?

Die Schilderung Chandlers ist eine Reisebeschreibung, aber die Verse Hölderlin bekommen eine völlig andere Bedeutung. Sie schildern einen Neuanfang, einen Frühling nach einem langen, historischen Winter. Die Kraniche kehren, wie schon seit den Zeiten der Antike wieder zu dem lange vergessenen Meer der Griechen und künden einen neuen Frühling an. Aber für Hölderlin ist es nicht nur der Frühling des Jahres, sondern ein Frühling der Geschichte.

D.E. Sattler, der Herausgeber der historisch kritischen Frankfurter Hölderlin Ausgabe meinte Sattler, dass dieser Hymnus „nur" historisch sei. Historisch ist er insofern, als er die Vergänglichkeit und die „reißende Zeit" am Beispiel des antiken Griechenland schildert, die alles Bestehende wegreißt. Aber das Thema ist nicht nur historisch, es beschreibt die Not der reißenden Zeit. Im letzten Teil des Gedichtes gestaltet Hölderlin eine visionäre Lösung des Leidens an der reißenden Zeit aus der Stille in der Tiefe.

Genau genommen bezeichnet ja »Archipelagos« nur die Gruppe der griechischen Inseln vor der kleinasiatischen Küste. Aber Hölderlin gebraucht den Namen für das gesamte Griechenmeer. Der Archipelagos ist für Hölderlin wie für Chandler das Meer der Griechen, nicht eine bestimmte Region wie das Herzogtum Archipelagos. Die Herkunft des

5. Das Irrsal und die »reißende Zeit«

Namens ist unbekannt, aber Hölderlin hat die alte Bedeutung des Wortes πέλαγος Pelagos für das offene Meer gekannt. ἀρχή archē ist der Ursprung, der Anfang. Archipelagos meint dann das Meer, das der Ursprung von allem ist. Erst seit dem 13. Jhdt. wird das Wort für ein Meer mit vielen Inseln gebraucht.

Der Name Archipelagos ist aus zwei Bestandteilen gebildet: ‚Archē' ist die Herrschaft, ‚Pelagos' das Meer als das, was sich stetig bewegt und verändert. Das altertümliche griechische Verb πελωρ - pelōr meint ein ständig ruheloses in sich Kreisen. Der Ὠρίων πελωριον - Orion pelōrion ist der gewaltig große Jäger Orion, der sich nahezu über den gesamten Sternenhimmel erstreckt und der ruhelos und in stetigem Kreisen seine ungeheure Keule zur Jagd schwingt. Archipelagos ist die gewaltige Herrschaft der ständigen Veränderung und des Wechsels. Thema der Hymne Archipelagos ist die ständige Veränderung, das Entstehen und der Untergang, nicht nur einzelner Menschen, sondern ganzer Kulturen. Hölderlin bezeichnet im Archipelagos das „Wechseln und Werden" als die »Sprache der Götter«. Im Gegensatz dazu wird in der christlichen Theologie und in der theologisch geprägten abendländischen Philosophie das Göttliche als das stets Unveränderliche und Ewige gedacht.

Das Gedicht beginnt nicht mit dem Untergang, sondern mit der Hoffnung auf den neuen Frühling und das erneute lebendig Werden der alten Blüte. Der Archipelagos, das Griechenmeer mit all seinen untergegangenen Orten und der antiken Kultur ist der Ursprung des Abend-Landes. In einem ersten Entwurf zum Hyperion schreibt Hölderlin:

> In süßer Trunkenheit lag ich am Ufer des Archipelagos, und mein Auge waidete sich an ihm, wie er so freundlich und still mir zulächelte, und der rosenfarbene Nebel über ihm wie wohlmeinend die Ferne verbarg, wo du lebst, und weiterhin unsere Helden. ... Erschöpft von glühenden Phantasien, griff ich endlich zu meinem Homer ...

5.1 Der Archipelagos

Gerade in der Goethe Zeit entdeckten die Deutschen die Griechen neu. Die griechische Dichtung galt als Vorbild der deutschen Dichtung, die gerade dabei war, sich zu erneuern. Kaum jemand außer den Spezialisten kennt heute noch die deutsche Literatur vor der Zeit Goethes. Wer hat den Simplizissimus gelesen, wer kennt noch den Wigalois? In der Zeit Goethes, so kann man durchaus sagen, wurde nicht die deutsche Dichtung reformiert, sie wurde aus der Begegnung mit den Griechen neu erfunden. Was heute als deutsche Literatur gilt, ist aus der Begegnung mit dem alten Griechenland gezeugt. Goethe vermählt sogar seinen Faust mit der schönen Helena, die Faust am Hofe des Menelaos in Sparta trifft. Ihr gemeinsamer Sohn Euphorion steht für die Geburt der deutschen Poesie aus der Vermählung des antiken griechischen mit dem deutschen Geist.

Die Aneignung der griechischen Literatur durch deutsche Dichter ging so weit, dass ein Heinrich von Kleist seinen Dorfrichter Adam im zerbrochenen Krug ganz genau nach dem König Ödipus von Sophokles gestaltete, bis hin zur genauen Folge der einzelnen Szenen. Der antike Stoff aber ist dabei vollständig deutsch geworden. So deutsch, dass niemand mehr das antike Vorbild hinter dem Stoff vermuten würde.

In dieser Zeit lernten die deutschen Dichter am Studium der Griechen die antiken Versmaße kennen und versuchten, sie in die deutsche Dichtung zu übertragen. Erst 1781 war die Übersetzung von Homers Odyssee von Johann Heinrich Voss erschienen, vollkommen in Hexameter übertragen. Noch kurze Zeit vorher hatte man vermutet, dass man in der deutschen Sprache keine Hexameter verfassen könne. Hölderlin legte mit dem Archipelagos eine perfekte Aneignung dieses urgriechischen Versmaßes in der deutschen Sprache vor. Aber auch andere deutsche Dichter schrieben Werke in Hexametern, allen voran der Dichterfürst Goethe. Sein Reinecke Fuchs beginnt mit den berühmten Versen:

> Pfingsten, das liebliche Fest, war gekommen! es grünten und blühten
> Feld und Wald; auf Hügeln und Höhn, in Büschen und Hecken
> Übten ein fröhliches Lied die neuermunterten Vögel;

5. Das Irrsal und die »reißende Zeit«

Jede Wiese sproßte von Blumen in duftenden Gründen,
Festlich heiter glänzte der Himmel und farbig die Erde.

Der Archipelagos als Meer der Griechen birgt für Hölderlin die Hoffnung auf einen Neuanfang, einen Frühling der Kultur, in der die Menschlichkeit voll zur Blüte gelangen würde.

5.2 Der Traum vom goldenen Zeitalter

Aber die Blütezeit der Griechen war längst wie ein flüchtiger Traum vergangen. Griechenland war fest in türkischer Hand und es war nur wagemutigen Abenteurern möglich, das Land zu bereisen und seine Ruinen zu besuchen, von denen nur noch wenig zu sehen war. Das einst prächtige Athen war ein armseliges türkisches Dorf mit niedrigen Häusern, die sich eng aneinander gedrängt unter dem Felsen der Akropolis lagen. Noch heute kann man die Überreste dieses kleinen Dorfes mit winzigen Häusern sehen, die eng an den Akropolisfelsen geduckt daliegen und ein romantisches Bild eines kleinen, verträumten Dorfes bieten. Aber von der stillen Einfalt und der edlen Größe des antiken Griechenland ist dort keine Spur zu finden. Die Bauten der alten griechischen Agora lagen noch unter der Erde und wurden erst durch Zufall beim Bau der Bahnlinie nach Piräus bei den Erdarbeiten entdeckt. Ja, es wurde sogar vermutet, dass all die Pracht des antiken Griechenland nur eine Erfindung der griechischen Dichter gewesen sein könnte, die sich die Größe einer Nation geträumt hatten. Waren nicht alle die Geschichten von der glückseligen Zeit und dem unmittelbaren Umgang der Götter mit den Menschen allzu romantisch verklärt? Aber Chandler, der als einer der Ersten das Land bereisen konnte, allerdings erst, nachdem er in Konstantinopel die Erlaubnis des türkischen Sultans zum Besuch Griechenlands erbeten hatte, bestätigte mindestens die einstige Pracht der Ruinen:

> Aber dieser Schmaus der Sinne, wenn ich den Ausdruck brauchen darf, ist längst weggeräumt und neu geworden, wie das Märchen eines Gesichts. Mit Bedauern sieht der Zuschauer die marmornen Ruinen mit armseligen flachdachigen Hütten

5.2 Der Traum vom goldenen Zeitalter

untermischt, und zwischen Steinhaufen hervorragend, traurige Andenken eines edlen Volks, die aber doch, da sie von See sichtbar sind, früher die Aufmerksamkeit auf das neue Athen sollten gezogen haben. Diejenigen, die es nur für ein kleines Dorf ausgegeben, müssen in der That die Akropolis durch das verkehrte Ende ihrer Teleskope angesehen haben.

Die Ruinen der Akropolis waren so ziemlich das einzige Zeugnis der einstigen Größe. Und der einstige Tempel der Athena war nichts anderes als der Harem des Sultans und zugleich Waffenlager der türkischen Krieger. Offenbar hatte es großartige Bauten gegeben, aber waren all die Geschichten von der einstigen Größe möglicherweise Erfindungen der antiken Dichter?

Träumt Hölderlin und mit ihm die Dichter der deutschen Klassik von einer Wiedergeburt der griechischen Kultur, die es so nie gegeben hat? Träumen sie den Traum von einem goldenen Zeitalter, das als Illusion dennoch Vorbild für eine neue Zeit werden soll?

Offenbar träumen sich die Menschen schon immer ein goldenes Zeitalter, in dem alles besser war als heute. Schon der griechische Dichter Hesiod beschreibt um 800 v. Chr. ein Menschengeschlecht, das weder Krankheit noch Tod kannte und das unmittelbar mit den Göttern verkehrte.

> Denn wohl lebten zuvor auf Erden die Stämme der Menschen
> Jeglichem Leiden entrückt und entflohn mühseliger Arbeit,
> fern von der Krankheit Weh, das Tod bringt sterblichen Männern.[1]

Dieses Menschengeschlecht war göttergleich und verkehrte unmittelbar mit den Göttern. Erst in einem Streit, in dem Prometheus die

---

[1] Hesiod *Erga kai Himera*, Werke und Tage, 90 ff

5. Das Irrsal und die »reißende Zeit«

Partei der Menschen ergriff, trennten sich Götter und Menschen.[1] Erst in der Folge entstanden Krankheit, Leid und Tod.

Aber dieses göttergleiche Menschengeschlecht ist längst vergangen und die Götter schufen ein schwächeres, ihnen unterlegenes Geschlecht der Menschen. Hesiod erzählt weiter, wie Kronos noch vor der Herrschaft des Zeus ein schwächeres, aber noch das goldene Menschengeschlecht schuf, das sorglos und in Freuden lebte.

Diese nun lebten wie Götter, von Sorgen befreit das Gemüt,
Fern von Mühen und fern von Trübsal; lastendes Alter
Traf sie nimmer; an Händen und Füßen. Die Nämlichen immer,
Freuten sie sich bei Gelagen, entrückt stets jeglichem Übel.
Wie vom Schlummer bezwungen verschieden sie;
keines der Güter / Missten sie; Frucht gab ihnen das nahrungsspendende Saatland
Gern von selbst und in Hülle und Fülle;

Nach einer langen und glücklichen Lebenszeit schliefen diese Menschen ohne vorher krank gewesen zu sein einfach ein. Arbeit kannten sie nicht, denn das Feld gab ihnen seine Güter freiwillig und ohne Mühe. Dieses Menschengeschlecht ist nicht vollständig verschwunden. Es wacht über die heutigen Menschen als freundliche Dämonen.[2]

Bis heute gibt es in Ostasien bis hin nach Japan die Vorstellung, dass frühere Meschen als ‚Ahnengeister' oder japanisch ‚Kami' über die Menschen wachen. In aller Regel sind die ‚Ahnen' keine unmittelbaren Vorfahren, sie sind unbekannte Wesen, so wie das verschwundene ‚goldene Geschlecht'. Niemand kennt ihre Identität.

---

[1] Hesiod, Theogonie 535 ff: καὶ γὰρ ὅτ' ἐκρίνοντο θεοὶ θνητοί τ' ἄνθρωποι Μηκώνῃ, τότ' ἔπειτα μέγαν βοῦν πρόφρονι θυμῷ δασσάμενος προύθηκε, Διὸς νόον ἐξαπαφίσκων. Denn als einst sich verglichen die Götter und sterblichen Menschen dort zu Mekone, da legt' er (Prometheus), den mächtigen Stier mit Berechnung teilend, die Stücke zurecht, um den Sinn des Zeus zu berücken.
Das Verb ἐκρίνοντο - sich unterscheiden, trennen stammt aus der Gerichtssprache. Es bezeichnet die Unterscheidung zweier gleichberechtigter aber streitender Parteien. Eins waren also wohl Götter und Menschen gleich. Erst durch den Opferbetrug des Prometheus entsteht das Leiden.

[2] Erga, 122 f: τοὶ μὲν δαίμονες ἁγνοὶ ἐπιχθόνιοι τελέθουσιν ἐσθλοί, ἐπιχθόνιοι, φύλακες θνητῶν ἀνθρώπων.

Nachdem das goldene Geschlecht verschwunden war und nur noch ‚verborgen von Luft' als Daimonen existiert, schufen die Götter ein weit geringeres Geschlecht, das ‚silberne Geschlecht. Ihre Kindheit dauerte über einhundert Jahre. Aber sobald sie erwachsen waren, begannen sie zu freveln, verweigerten den Göttern ihre Gaben und stritten miteinander, und so hatten sie nur noch kurze Zeit um in Leid und Krankheit ihr Leben fristeten.

Das nächste Geschlecht ist nur noch ein ‚bronzenes Geschlecht'[1], das sich furchtbar und mitleidlos nur den Taten des Ares widmet:

> Drohend mit eschenen Lanzen und stärkebegabt, das des Ares
> Düsteren Kampf sich erkor und Gewaltsinn; Früchte des Halmes
> Aßen sie nicht, ihr starres Gemüt war hart wie der Diamant, unnahbar; ....
> Diese besaßen nur Waffen von Erz, nur eherne Häuser,
> Schafften auch alles mit Erz; noch gab's kein schwärzliches Eisen.
> So denn stiegen sie auch, von den eigenen Händen erschlagen,
> nieder zuletzt in das modrige Haus des entsetzlichen Hades
> ruhmlos;

Nach diesem ruhmlosen und furchtbaren Geschlecht, bei dem offenbar alles aus Bronze war - auch ihre Herzen - kommt immerhin noch einmal ein edleres Geschlecht, das der Heroen, von denen die Heldensagen der Griechen berichten und die im Trojanischen Krieg oder vor den sieben Toren Theben gekämpft haben. Viele von ihnen galten als Halbgötter und sie hatten eine große Gesinnung und fürchteten und ehrten die Götter.

Aber auch dieses Geschlecht der Heroen ist verschwunden, nun lebt nur noch das eiserne Geschlecht auf Erden. Dieses Geschlecht sind die Zeitgenossen Hesiods, und er kann nichts Rühmliches über sie berichten:

> Einig sind nicht mit dem Vater die Kinder, nicht dieser mit jenen;

---

[1] Hesiod, Erge, 143: γένος μερόπων ἀνθρώπων χάλκειον

5. Das Irrsal und die »reißende Zeit«

nicht mit dem Wirte der Gast, der Gefährte nicht mit dem Gefährten;
nicht wird teuer der Bruder noch sein, wie einst er's gewesen.
Bald missachten sie auch die Erzeuger, die altersgebeugten,
Schmähen die armen sogar, mit kränkender Rede sie tadelnd,
frevelnd und nimmer gedenk des Gerichtes der Götter; sie lohnen
Niemals wohl den Eltern, den alternden, Pflege der Kindheit;
Faustrecht waltet; die Stadt will einer dem andern verwüsten.
Nicht ist gerne gesehn, wer wahr schwört, nicht der Gerechte
Oder der Tüchtige, sondern den Unheilstifter, den Frevler
Ehren sie lieber; die Hand weiß nichts von der heiligen Zucht mehr,
Nichts vom Recht; es verletzet den edleren Mann der Verworfne,
Ihn durch tückische Worte verstrickend, und schwört noch den Meineid.

Diese eisernen Menschen, die weder Ehrfurcht vor den Eltern noch den Geschwistern oder untereinander haben und die auch die Götter nicht mehr achten, werden sicher auch einstmals von Zeus vernichtet werden, denn ihre Untaten schreien zum Himmel. Hesiod kann nur klagen, dass er verurteilt ist, in diesem Zeitalter und mit diesen verdorbenen Menschen zu leben:

O dass nimmer ich dann mit dem fünften Geschlechte noch lebte, / Dass ich wäre gestorben zuvor, dass später geboren!

Wenn er wünscht, dass er doch später geboren wäre, dann heißt es, dass er vermutet, dass die Zukunft wieder besser werden kann, als die Gegenwart.

Auch im altindischen Mythos kennt man die verschiedenen Zeitalter, die mit einem goldenen Zeitalter beginnen, die aber immer mehr verfallen, bis die heutige Zeit des Untergangs und Verfalls erreicht wird. Das erste der vier Zeitalter ist das *Satya-Yuga*, das Zeitalter der Vollkommenheit und Wahrheit. Die Könige sind vollkommen und Weise, die Priester würdig und wahr und auch das Volk ist ehrfürchtig, aufrecht und echt. Aber mehr und mehr verfallen die Sitten und die Ehrfurcht, bis schließ-

5.2 Der Traum vom goldenen Zeitalter

lich das Letzte, das *Kali-Yuga* erreicht ist. Im *Kali-Yuga* herrschen nur Krieg, Neid und Streit. Schließlich sind die Dinge derart unerträglich geworden, dass ein neuer Heilslehrer oder ein neuer Buddha erscheinen muss, der die Welt wieder in den heilen Zustand des *Satya-Yuga* führt.

Auch im Buddhismus und in Japan kennt man die Lehre vom Verfall der Zeiten. Mit dem Erscheinen des Buddha, der die wahre Lehre verbreitet, bricht ein neues und gutes Zeitalter an. Aber immer mehr gerät die wahre Lehre in Vergessenheit, bis schließlich nur noch Verwirrung und Irrungen herrschen. Dieses Letzte der Zeitalter heißt in Japan das *mappo* 末法, das Ende der Lehre Buddhas. Um das Jahr 1000 bis etwa 1200 war man in Japan überzeugt, am Ende des *mappo* zu leben. Überall sah man Verfall und geistige Leere. Die Menschen hatte das wahre Gesetz Buddhas von der Befreiung vom Leiden vergessen und es herrschte nur noch Chaos und Verderben. Der furchtbare Genpei Krieg[1] zerstörte das gesamte Land, die Städte und Paläste wurden zerstört und Leichen lagen auf den Straßen.

Aber am Ende dieser Zeit traten neue Weisheitslehrer auf und das religiöse Leben wurde erneuert. Einer der wichtigsten Gestalten der damaligen Zeit war der Zenmeister Dōgen (1200 - 1250).

So ist in Indien und im fernöstlichen Buddhismus die Überzeugung verbreitet, dass am Ende der Verfallszeiten das neue, gute Zeitalter kommen wird.

So ist es oft, auch in unserem persönlichen Leben. Manchmal muss erst alles in die Brüche gehen, damit Raum für das Neue frei wird.

Lessing hat in seinem Essay über das Marionettentheater geschrieben, dass wir, seit wir vom Baum der Erkenntnis gegessen haben, aus dem Paradies vertrieben worden sind. Wir können nicht wieder den Weg zurück in das verlorene Paradies nehmen:

---

[1] Der Genpei Krieg 源平合戦 1180 - 1185 war ein Krieg zwischen den Sippen der Genji (Gen) und der Heike (Hei, gelesen in der Zusammensetzung als Pei) um die Vorherrschaft im Land. Geschichten aus dem Genpei - Krieg in meinem Buch Mukashi mukashi.

5. Das Irrsal und die »reißende Zeit«

Doch das Paradies ist verriegelt und der Cherub hinter uns; wir müssen die Reise um die Welt machen, und sehen, ob es vielleicht von hinten irgendwo wieder offen ist.

Aber gerade in solchen Zeiten des Umbruchs und der Not müssen wir wach bleiben und nicht vorschnell Trost oder Erlösung von falschen Propheten erhoffen. Auch ein Hitler hat ebenso wie falsche Gurus von dem Versprechen auf das Heil profitiert.

5.3 Der Fehl

Für Hölderlin lag das Paradies des Abendlandes im antiken Griechenland. Hier war die Welt vollkommen, die Menschen edel und rein und sie verkehrten unmittelbar mit den Göttern. In der Hymne ‚Brot und Wein' heißt es:

Seliges Griechenland! du Haus der Himmlischen alle,
also ist wahr, was einst wir in der Jugend gehört?
Festlicher Saal! der Boden ist Meer! und Tische die Berge,
wahrlich zu einzigem Brauche vor alters gebaut!

Das gesamte Griechenland war ein einziger Festsaal, ein Haus der Himmlischen. Dort lebten sie glückselig zusammen mit den Menschen, ihre Tische für das Festmahl waren die heiligen Berge Griechenlands.

Ist es eine romantische Rückbesinnung auf das antike Griechenland und eine jugendliche Schwärmerei und Verklärung der Vergangenheit des Dichters? Es scheint, als würde der Dichter in Erinnerungen an eine große Zeit der Fülle schwelgen und darüber die Wirklichkeit verträumen. Seine Erinnerungen an Griechenland klingen wie die Klage, die wir oft hören oder selber aussprechen: „Ja, früher, da war alles gut!"

Aber wohin ist das antike Griechenland mit den großen Städten Athen, Korinth oder Sparta, wohin ist das sprechende Orakel Delphis, das den Willen der Götter verkündete, wo sind die griechischen Götter wie Zeus oder Hera, wohin all die antiken Helden, die „gemeinsam mit den Göttern" an den Tafeln saßen und speisten? Auch Götter haben ihre

Zeiten, in denen sie vergehen! Nach dem schwärmerischen Lobgesang auf die alten Zeiten kommt sofort die Klage:

> Aber die Thronen, wo? die Tempel, und wo die Gefäße,
> > wo mit Nektar gefüllt, Göttern zu Lust der Gesang?
> Wo, wo leuchten sie denn, die fernhintreffenden Sprüche?
> > Delphi schlummert und wo tönet das große Geschick?

Die Götter sind längst schon verschwunden und mit ihnen das Heilige.

> Aber Freund! wir kommen zu spät. Zwar leben die Götter,
> > aber über dem Haupt droben in anderer Welt.
> Endlos wirken sie da und scheinens wenig zu achten,
> > Ob wir leben, so sehr schonen die Himmlischen uns.

Es mag zwar sein, dass die Götter noch ‚leben', aber sie haben sich so sehr zurückgezogen, dass es scheint, als seien sie vollends verschwunden. Sie sind nur noch ein Traum der Dichter, die längst Vergangenem nachträumen. Aber manchmal - so sagt Hölderlin - verlässt uns die Kraft, der Himmlischen zu gedenken.

> Indessen dünket mir öfters
> > besser zu schlafen, wie so ohne Genossen zu sein,
> so zu harren und was zu tun indes und zu sagen,
> > Weiß ich nicht

Einmal hatte ich mich intensiv mit dem griechischen Mythos und den Göttern beschäftigt. Ich hatte darüber nachgedacht, wie die Götter Griechenlands in ihren Landschaften verwurzelt sind. Artemistempel finden sich immer in sumpfigen Gegenden, Apollon wird immer unterhalb von hohen Gipfeln verehrt. Man kann mit einiger Übung bei Wanderungen in Griechenland erkennen, welcher Gott in dieser bestimmten Landschaft verehrt worden ist. Noch tief in Gedanken fuhr ich mit dem Auto in den ‚Euro Industriepark' in München, um ein elektronisches Gerät zu kaufen. Rings um mich hektische Autofahrer, es stank nach Benzin und die Sonne brannte gnadenlos auf dem Asphalt und dem Beton. Ganz plötzlich wachte ich wie aus einem Traum auf und es wurde mir schockartig klar: Die griechischen Götter sind nichts als ein sinnloser Traum. Die Realität ist dieser Industriepark mit all seiner Hektik und seinem Gestank. Eine götterlose Welt des hektischen Kommerz!

5. Das Irrsal und die »reißende Zeit«

Das ist unsere heutige Realität. Wie soll den Menschen da noch irgendetwas als heilig erscheinen? Das Träumen vom Heiligen ist nichts als ein sinnloses Geschwätz von längst vergangenen Dingen! Und so singt Hölderlin beinahe resigniert:

> und wozu Dichter in dürftiger Zeit?

In Einkaufszentren und Industrieparks jedenfalls ist kein Platz für weltfremde Träumer, hier zählt nur die harte Realität!

Schon Hölderlin klagt, dass die alten heiligen Orte verschwunden sind und mit ihnen die Feste für die alten Götter:

> Aber wo sind sie? wo blühn die Bekannten, die Kronen des Festes?
> Thebe welkt und Athen; rauschen die Waffen nicht mehr
> In Olympia, nicht die goldnen Wagen des Kampfspiels,
> und bekränzen sich denn nimmer die Schiffe Korinths?
> Warum schweigen auch sie, die alten heil'gen Theater?
> Warum freuet sich denn nicht der geweihete Tanz?

Zwar spricht Hölderlin im Archipelagos die Hoffnung aus, dass dereinst die Menschen wieder zurückkehren und die alten Götter verehren. Er will zurückkehren in das alte Griechenland, an die alten heiligen Orte

> denn oft ergreifet das Irrsal
> Unter den Sternen mir, wie schaurige Lüfte den Busen,
> Dass ich spähe nach Rat und lang schon reden sie nimmer
> Trost den Bedürftigen zu, die prophetischen Haine Dodonas,
> stumm ist der delphische Gott und einsam liegen und öde
> Längst die Pfade, wo einst, von Hoffnungen leise geleitet,
> fragend der Mann zur Stadt des redlichen Sehers heraufstieg.

Früher, als ich mich intensiv mit dem griechischen Mythos auseinandergesetzt habe, hatte einer unserer griechischen Freunde gemeint, ich müsse wieder Altäre für Zeus und die anderen Götter bauen und das geistige Leben in Griechenland erneuern. Aber erstens bin ich kein Grieche, zweitens sind die Zeiten der antiken Götter längst vorbei. Wir können nicht mehr die antiken Götter verehren, ihre Zeit ist endgültig vorüber. Der letzte der antiken Götter, so sagt Hölderlin, war der Mann aus Nazareth, der ‚Sohn Gottes'. Aber er ist nach dem antiken Bild der Göttersöhne Herakles oder Dionysos geformt. Heute gilt es, ganz anderes zu lernen.

Die Menschen sind nicht bereit, die Ankunft der Götter zu feiern und so resigniert denn auch der Dichter:

> Aber weh! es wandelt in Nacht, es wohnt, wie im Orkus,
> ohne Göttliches unser Geschlecht. Ans eigene Treiben
> sind sie geschmiedet allein und sich in der tosenden Werkstatt
> Höret jeglicher nur und viel arbeiten die Wilden
> Mit gewaltigem Arm, rastlos, doch immer und immer
> Unfruchtbar,

Und warum endete die Zeit des großen, alten Griechenland? Für Hölderlin ist das Ende der alten romantischen Zeit eine geschichtliche und für uns Menschen eine existenzielle Notwendigkeit. Diese Zeit musste enden, weil sich die Menschen in der alltäglichen Behaglichkeit eingerichtet hatten:

> gewohnt werden die Menschen des Glücks
> Und des Tags und zu schaun die Offenbaren, das Antlitz
> derer, welche schon längst Eines und Alles genannt.

So geht es uns eigentlich immer. Wenn die Zeit des Glückes da ist, wird das Glück allmählich zum Gewohnten und damit zum Gewöhnlichen. Das Gewöhnliche aber nehmen wir überhaupt nicht mehr wahr. Es wird „unempfunden", weil wir in den alltäglichen Trott des gleichmäßig ablaufenden Tages verfallen, und meinen, alles bleibt selbstverständlich immer so, wie es ist und wie es war. Das Glück stumpft ab zum schopenhauerischen »Behagen« oder gar zu einem nicht empfundenen Zustand oder gar der - Langeweile. Damit stumpfen wir ab und verfallen in den Alltagstrott, aus dem wir erst herausgerissen werden, wenn ein Unglück, eine Trennung oder ein Todesfall eintritt:

> So ist der Mensch; wenn da ist das Gut, und es sorget mit Gaben
>   Selber ein Gott für ihn, kennet und sieht er es nicht
> Tragen muß er, zuvor;

5. Das Irrsal und die »reißende Zeit«

Tragen muss der Mensch das Glück und das Leid, so wie Hölderlin an anderer Stelle sagt: »auf den Schultern aber wie eine Last von Scheitern.« Die Last sind nicht nur Holzscheite, es ist das Scheitern in unserem Schicksal, das wir tragen müssen. Auch Atlas[1] trägt auf seinen Schultern die Last des gesamten Himmels, aber er ist ein Titan. Für uns Sterbliche ist oft die Last, die wir tragen müssen zu groß, so dass sich unsere Schultern beugen, der Blick zu Boden geht und wir die offene Weite des Himmels nicht mehr erkennen können. Wir Menschen sind auch ein wenig wie Atlas: Unsere Wirbelsäule muss den Körper aufrecht tragen zwischen Iliosakralgelenk am Becken und dem »Atlasgelenk«, das den Kopf trägt. Wird die Last, die wir zu tragen haben zu groß, beugt sich der Kopf nach unten und unter der Last sinken die Schultern ein. So wird der Blick voller Schwere auf dem Boden fixiert und wir können nicht mehr frei atmen oder zum Himmel aufschauen. Gerade, wenn die Last zu schwer zu werden droht, kann ein Blick zum Himmel helfen, der die offene Weite zeigt. In dem Fragment ‚In lieblicher Bläue heißt es:

> Darf, wenn lauter Mühe ein Leben, ein Mensch aufschauen, und sagen: So will ich auch sein? Ja. Solange die Freundlichkeit noch am Herzen, die Reine, dauert, misset nicht unglücklich der Mensch sich mit der Gottheit.

So tragen wir jeden Tag unser Geschick, aber dieses Tragen wird erst deutlich, wenn uns die Last zu schwer wird und uns niederbeugt. Im alltäglichen Dahinbringen unseres Daseins wird oft noch nicht einmal das Lasthafte bewusst, es bleibt nur ein unbestimmtes Empfinden von Ungenügen und Leere. Der Blick bleibt an den Boden geheftet und es gibt kein Aufschaun in die Freiheit mehr. Wir treiben einfach von einem Schweren zum anderen, ohne dass wir überhaupt noch wissen, dass es ein Leben in Hoffnung, Freiheit und Freude geben kann.

In Hölderlins Philosophie ist das Erwachen aus dem Traum und das Durchleben des „Fehls" ein notwendiger Vorgang, der uns dazu bringt, wieder wach und stark zu werden:

---

[1] Atlas ist der überaus Tragende. Das Alpha am Wortanfang ist eine Verstärkung der Silbe *tlao - tragen.

> Aber das Irrsal
> hilft, wie Schlummer und stark machet die Not und die Nacht,
> bis dass Helden genug in der ehernen Wiege gewachsen,
> Herzen an Kraft

Wenn der Schmerz aufbricht, kann auch der Schlaf Linderung bringen. Die Schwachen können sich in den Schlaf weinen, wie Kinder. Der Schlaf lindert. Aber oft ist der Schmerz zu groß und er verweigert uns den tröstenden Schlaf. Nur die Starken bleiben wach in der Nacht, um den Schmerz auszutragen und das Neue zu erwarten. Aber das ist auch ein schmerzliches Leiden und ein Aushalten der Angst vor dem unbekannten Neuen.

Der Untergang des Alten ist für Hölderlin ein notwendiger Prozess der Erneuerung, ja, ein Prozess, der uns aus dem Gewohnten, das zum Gewöhnlichen geworden ist, herausreißt. Dann kommt zunächst der Schmerz, aber das ist ein Schmerz, der uns erwachen lässt und der uns zwingt, wach und offen dem Neuen zu begegnen. Das Neue sind nicht mehr die alten Werte oder die alten Götter.

In einem späten Gedichtentwurf, der mit ‚Griechenland' überschrieben ist, dichtet Hölderlin:

> Alltag aber wunderbar zu lieb den Menschen
> Gott an hat ein Gewand.
> Und Erkentnissen verberget sich sein Angesicht
> und deket die Lüfte mit Kunst.
> Und Luft und Zeit dekt
> Den Schröklichen, daß zu sehr nicht eins
> ihn liebet mit Gebeten oder
> die Seele. Denn lange schon steht offen
> Wie Blätter, zu lernen, oder Linien und Winkel
> Die Natur

Das Wort Alltag ist doppeldeutig: Es ist der Alltag im Gegensatz zum Feiertag und es ist Alle-Tage, also immer. Alltag hat Gott ein Gewand an. Das Gewand der Göttin Artemis in Ephesus wurde von den Priesterinnen gewebt und an besonderen Feiertagen wurde das neue Gewand über die Götterstatue gehängt. Dieses Gewand hieß in der

5. Das Irrsal und die »reißende Zeit«

altgriechischen Sprache *kosmos* - Schmuck. Für die Griechen konnte nur schön sein, was wohlgeordnet ist. Daher wurde Kosmos später zur Bezeichnung für die kosmische Ordnung der Himmelskörper. Die ursprüngliche Bedeutung als Schmuck klingt noch in dem Wort *kosmima* κόσμημα für Schmuck. Im heutigen Griechenland wird in Läden, an denen *Kosmimata* Κόσμηματα steht, Schmuck verkauft.

Dieser Kosmos als der Schmuck-Mantel der Göttin Schmuck macht zwar die Götterstatue schön, er verbirgt aber zugleich auch die Göttin selbst. Schauen die Menschen zu sehr auf die Schönheit des Kosmos, vergessen sie das Göttliche. Je schöner und glänzender der Schmuck den Blick fesselt, desto hartnäckiger verbirgt sich das Un-scheinbare und Heilige.

Hölderlin sagt allerdings, dass Gott Alltag ein Gewand anhat, weil er sich den Erkenntnissen verbergen will. In der Handschrift von ‚Griechenland' hatte Hölderlin zunächst geschrieben: ‚Gott decket die Lider'. Er deckt die Augen zu, womit er sich dem Anblick entzieht. Dann aber hat Hölderlin das Wort Lider durch ‚Lüfte' ersetzt.[1] Im Englischen gebraucht man die Wendung ‚dünne Luft' - thin air, um das Auftauchen oder das Verschwinden im Nichts zu bezeichnen. *To vanish into thin air* heißt, dass sich etwas in Luft auflöst. Man könnte sagen, Gott verschwindet in dünner Luft. Die ‚dünne Luft' sind die Anblicke des Himmels, in die sich Gott fügt und damit unsichtbar wird.

Gott verbirgt sich nicht aus Boshaftigkeit, er tut das, um die Menschen davon abzuhalten, ihn zu sehr mit Gebeten oder der Seele zu lieben. Denn der Anblick Gottes hält den Menschen fest im Althergebrachten. Gott ist fast wie der Kosmos, der Mantel der Artemis, denn er verbirgt das weit Wichtigere, das es nun zu lernen gilt: die Natur. Die Natur steht lange schon ‚offen wie ein Buch'. Aber der Blick, der unfrei an Gott fixiert ist, kann nicht frei werden, um die Natur selbst zu sehen.

Im Hymnenentwurf '.. wie wenn am Feiertage' singt Hölderlin die Natur, die nun erwacht ist:

> Denn sie, sie selbst, die älter denn die Zeiten

---

[1] In der Handschrift erkennt man das durchgestrichene Wort Lider. Darüber ist Lüfte geschrieben. Diesen Hinweis verdanke ich D.E. Sattler.

> und über die Götter des Abends und Orients ist,
> die Natur ist jetzt mit Waffenklang erwacht,

Die Natur ist älter als die Zeiten und die Götter. Die Götter haben lediglich in ‚Knechtsgestalt' das Feld gebaut:

> Und die uns lächelnd den Acker gebauet,
> In Knechtsgestalt, sie sind erkannt,
> die Allebendigen, die Kräfte der Götter.

Das Verschwinden Gottes und der Götter ist Not-wendig, damit der Mensch endlich zum Eigentlichen findet, zur Erkenntnis der Natur. Natur ist nicht nur die Landschaft, die Berge und Täler und der Himmel. Natur ist dasjenige, das auch die Götter aus sich heraus entlassen hat.

So geht es auch oft im menschlichen Leben: Wir halten an einer Situation fest, weil wir meinen, sie sei die einzige Möglichkeit für ein gutes Leben. Erst wenn wir los-gelassen haben, zeigt sich das Neue, das vielleicht das Eigentliche ist.

5.4 Der Tod Gottes

Hölderlin denkt die Götter als lebendig, wenn auch unerkannt und unerkennbar:

> zwar leben die Götter,
> aber über dem Haupt droben in anderer Welt.
> Endlos wirken sie da und scheinens wenig zu achten,
> Ob wir leben

Nietzsche, der ja ein wenig näher an unsere Zeit gelebt hat als Hölderlin, denkt bereits den Tod Gottes. Der Tod Gottes ist die Vollendung des Nihilismus. Nihilismus ist für Nietzsche nicht eine Glaubensrichtung derer, die nicht an Gott glauben und damit eine Denk-und Glaubensrichtung unter anderen. Nihilismus ist das Geschick des gesamten Abendlandes. Nihilismus ist der geschichtliche Prozess, in dem sich die Werte entwerten. Werte sind eine Orientierung für unser

5. Das Irrsal und die »reißende Zeit«

Leben. Wenn sich die Werte entwerten, dann heißt das, dass wir unsere Orientierung verlieren und an der Richtungslosigkeit leiden.

Wir versuchen zwar immer wieder, neue Werte zu setzen, aber allmählich reift die Erkenntnis, dass sich auch die neuen Werte entwerten. Je mehr wir spüren, dass dieser Prozess immer wieder geschieht, desto aggressiver klammern wir an den Werten, die noch verblieben sind. Aber auch diese Werte werden in der Zeit ihren Wert verlieren. [1]

In der ‚Fröhlichen Wissenschaft' steht der berühmte Text vom tollen Menschen, der Gott sucht.[2] Er ist am helllichten Vormittag auf dem Markt mit einer brennenden Laterne und schreit unaufhörlich: Ich suche Gott! Ich suche Gott!« Der Marktplatz ist nicht gerade der Ort, an dem man Menschen findet, die Gott oder das Heilige suchen. Es ist der Ort des alltäglichen Geschäftes, das ohne Frage nach dem Sinn betrieben wird. Je geschäftiger das Leben auf dem Markt verläuft, desto weniger fragen die Menschen dort nach einem Sinn. Wichtig sind nur die Geschäfte, die emsig betrieben werden. Vielleicht wird das Getriebe auf dem Markt umso emsiger, desto mehr der eigentliche Sinn fehlt.

Schließlich springt der tolle Mensch mitten in die Menge und schreit:

> »Wohin ist Gott?«, rief er, »ich will es euch sagen! Wir haben ihn getötet - ihr und ich! Wir sind seine Mörder! Aber wie haben wir das gemacht? Wie vermochten wir das Meer auszutrinken? Wer gab uns den Schwamm, um den ganzen Horizont wegzuwischen? Was taten wir, als wir diese Erde von ihrer Sonne losketteten? Wohin bewegt sie sich nun?
>
> Wohin bewegen wir uns? Fort von allen Sonnen? Stürzen wir nicht fortwährend? Und rückwärts, seitwärts, vorwärts, nach allen Seiten? Gibt es noch ein Oben und ein Unten? Irren wir nicht durch ein unendliches Nichts? Haucht uns nicht der leere

---

[1] Dieses aggressive Klammern an vermeintlichen Werten kann man derzeit gut bei den radikalen Islamisten beobachten. Weil es scheinbar keine Werte mehr gibt, die dem Leben Orientierung verleihen, klammert man sich aggressiv an vermeintlich traditionelle Werte.

[2] Fröhliche Wissenschaft, Aphorismus 125

Raum an? Ist es nicht kälter geworden? Kommt nicht immerfort die Nacht und mehr Nacht?

Der Gott, den der tolle Mensch sucht, war das Maß, an dem alles gemessen wurde und das alles Tun und Empfinden des Menschen orientierte. Hölderlin sagt:

> Ist unbekannt Gott? Ist er offenbar wie die Himmel?
> Dieses glaub' ich eher. Des Menschen Maaß ist's. [1]

Im Hinaufschauen zum Himmel hatte der Mensch bisher sein Maß, seine Grenze gefunden. Ein paar Zeilen später fragt Hölderlin:

> Giebt es auf Erden ein Maaß?
> Es giebt keines.

Nietzsches toller Mensch stellt denn auch nur Fragen über Fragen: Wer gab uns den Schwamm, den Horizont wegzuwischen? Was taten wir, als wir die Erde von der Sonne losketteten? Der Horizont ist die Grenze, von der aus die Mitte ausgemessen werden kann. Im mythischen Weltbild der Griechen war der Horizont begrenzt durch den Okeanos, den gewaltigen Strom, der mit seinem steten Fließen die Grenzen der bewohnbaren Erde bildete. Die Grenzen sind die *Peirata* πείρατα, von denen aus Zeus seine beiden Adler schickte. Dort, wo sie zusammentrafen, war der Nabel der Erde, der Mittelpunkt der Lebenswelt. Das Wort *peirata* leitet sich ab von πεῖρα *peira*, Untersuchung. Davon stammt das Wort Empirie. Die Piraten, die πειρατής sind diejenigen, die immer wieder die Grenzen austesten und möglicherweise auch Neues entdecken, weil sie die Grenzen ausweiten. Grenzen geben uns Sicherheit, weil wir wissen, was MAN tun oder auch nicht tun kann oder darf.

Grenzen geben Sicherheit, aber sie engen auch ein und machen unfrei. Manchmal ist es nötig, die zu eng gewordenen Grenzen wie die Piraten zu durchbrechen und zu neuen Ufern den Weg zu nehmen.

Unmittelbar vor dem Stück über den tollen Menschen steht ein kleiner Aphorismus, der vom unendlichen Horizont handelt, der Freiheit geben kann.

---

[1] Hölderlin: In lieblicher Bläue

5. Das Irrsal und die »reißende Zeit«

> Im Horizont des Unendlichen.
> Wir haben das Land verlassen und sind zu Schiff gegangen! Wir haben die Brücke hinter uns, mehr noch, wir haben das Land hinter uns abgebrochen! Nun, Schifflein! sieh' dich vor! Neben dir liegt der Ocean, es ist wahr, er brüllt nicht immer, und mitunter liegt er da, wie Seide und Gold und Träumerei der Güte. Aber es kommen Stunden, wo du erkennen wirst, dass er unendlich ist und dass es nichts Furchtbareres giebt, als Unendlichkeit. Oh des armen Vogels, der sich frei gefühlt hat und nun an die Wände dieses Käfigs stösst! Wehe, wenn das Land-Heimweh dich befällt, als ob dort mehr Freiheit gewesen wäre, — und es giebt kein „Land" mehr!

Bei diesem Aphorismus hat Nietzsche an Kolumbus gedacht, dem die Alte Welt zu eng geworden war. Einmal stand ich oben in den Hügeln oberhalb von Genua. Die Stadt liegt auf einer Landzunge, die sich weit ins offene Meer hinzieht. Draußen aber sind scheinbar keine Grenzen mehr vorhanden, das Meer weitet sich scheinbar unendlich. War es dieser Blick, der den Genueser Kolumbus ins Offene gezogene hat?

Im November 1882 hatte Nietzsche für seine geliebte Lou von Salomé eine Widmung geschrieben:

> Freundin — sprach Kolumbus — traue
> keinem Genueser mehr!
> Immer starrt er in das Blaue,
> Fernstes zieht ihn allzusehr!
>
> wen er liebt, den lockt er gerne
> Weit hinaus in Raum und Zeit — —
> über uns glänzt Stern bei Sterne,
> Um uns braust die Ewigkeit.

Einer der Genueser, vor denen Kolumbus in dieser Widmung warnt, ist sicher Nietzsche selbst, der 1880 den Winter in Genua verbracht hatte. »Wen er liebt, den lockt er gerne weit hinaus in Raum und Zeit!« Auch Kolumbus war aus der alten Enge aufgebrochen in Weite. Aber seine Matrosen waren von Angst besessen. Die alte Enge war auch eine Sicherheit gewesen. Nun war nur noch offene Weite. Vielleicht gab es

5.4 Der Tod Gottes

überhaupt kein Land mehr? Und würde nicht der Magnetberg irgendwann alle Nägel aus dem Schiff ziehen und sie elendiglich untergehen? Oder würde nicht das Schiff, wenn man am Rand des Meeres angelangt war, einfach hinunterfallen und für immer verschwinden?

Neue und unbekannte Situationen machen Angst. Wie oft kann man Menschen sehen, die in einer unhaltbaren und unglücklichen Beziehung leben. Aber das ist immer noch besser, als sich in das Unbekannte und Offene zu begeben. Niemand weiß, was dort auf uns zu kommt. Der tolle Mensch schildert diese Angst vor dem Unbekannten:

> Wohin bewegen wir uns? Fort von allen Sonnen? Stürzen wir nicht fortwährend? Und rückwärts, seitwärts, vorwärts, nach allen Seiten? Gibt es noch ein Oben und ein Unten? Irren wir nicht durch ein unendliches Nichts? Haucht uns nicht der leere Raum an? Ist es nicht kälter geworden? Kommt nicht immerfort die Nacht und mehr Nacht?

Wenn es die engen Grenzen nicht mehr gibt, dann ist auch keine Orientierung und kein Halt mehr. Das macht einerseits Angst, aber andererseits bietet es auch die große Chance für eine vollkommene Veränderung. Wenn es keinen Gott mehr gibt, der einengt und Grenzen vorgibt, müssen wir neue Orientierungen suchen. Aber wenn es nur noch das offene Meer gibt? Der tolle Mensch fragt denn auch: »Müssen wir nicht selber zu Göttern werden ...?«

Wir müssen keine Götter der alten Art werden, aber wir müssen lernen, in der weiten Freiheit zu leben und wir selbst zu werden. Sicher ist der Aufbruch in die Freiheit eine schwere Entscheidung und es braucht Mut.[1] Aber wenn es gelingt, dann kann die neue Freiheit unerwartete Fähigkeiten und Möglichkeiten freisetzen.

Im letzten Teil von Nietzsches Zarathustra findet sich als Abschluss des ganzen Buches das Stück ‚Die Sieben Siegel - oder das Ja-und-Amen-Lied. ‚Die Sieben Siegel' bezieht sich auf die Offenbarung des Johannes, die Apokalypse. Im fünften Buch schildert der Verfasser

---

[1] Über den Mut vergl.: 6. Die bleierne Zeit - Mut auf Seite 71

5. Das Irrsal und die »reißende Zeit«

des Textes,[1] wie dem Lamm eine Schriftrolle mit sieben Siegeln überreicht wurde. Beim Öffnen der ersten Siegel erscheinen zuerst die apokalyptischen Reiter. Nach dem Öffnen des siebten Siegels herrscht zunächst eine tiefe Stille, dann künden die sieben Posaunen der Engel den Untergang der alten Welt an.

Aber in Nietzsches Lied klingt es ganz anders:

> Wenn ich je stille Himmel über mir ausspannte und mit eignen Flügeln in eigne Himmel flog:
> Wenn ich spielend in tiefen Licht-Fernen schwamm, und meiner Freiheit Vogel-Weisheit kam: —
> — so aber spricht Vogel-Weisheit: „Siehe, es giebt kein Oben, kein Unten! Wirf dich umher, hinaus, zurück, du Leichter! Singe! sprich nicht mehr!
> — „Sind alle Worte nicht für die Schweren gemacht? Lügen dem Leichten nicht alle Worte! Singe! sprich nicht mehr!" —

Das klingt wie der Adler, der Vogel, der Zarathustra stets begleitete, wenn er zuhause in seinen Bergen war. Der Adler schwingt sich in die Weite des stillen Himmels und genießt die Freiheit. Es gibt kein oben und kein unten. Die schweren Worte des tollen Menschen haben sich verwandelt. Zunächst war es ein verzweifelter Schrei über den Verlust der Orientierung. Nun ist es der Jubel des frei fliegenden Vogels, der die unbegrenzte und offene Weite des Himmels genießt. Nun ist keine Zeit mehr für die einfache Rede, Worte sind nur für die Schweren gemacht. Nun kann nur noch der Gesang gemäß sein.

In der zehnten, der letzten der Duineser Elegien schreibt Rilke:

> Daß ich dereinst, an dem Ausgang der grimmigen Einsicht,
> Jubel und Ruhm aufsinge zustimmenden Engeln.
> Dass von den klar geschlagenen Hämmern des Herzens
> keiner versage an weichen, zweifelnden oder reißenden Saiten.

---

[1] In der Tradition wurde der Text dem Johannes, dem Lieblingsjünger Jesu zugeschrieben. Aber in der antiken Tradition, in der viele apokalyptische Schriften verfasst wurden, blieb der Verfasser immer anonym. Allerdings versteckten sie ihre Identität hinter sehr viel älteren Personen, die vorgeblich Verfasser dieser Schriften sein sollten.

Der Ausgang der grimmigen Einsicht ist ein Rückbezug auf den Anfang der ersten Elegie:

> Wer, wenn ich schriee, hörte mich denn aus der
> Engel Ordnungen?

Der Schrei der Verzweiflung kommt aus der Enge der gegenwärtigen Situation. Aber Rilke weiß, dass es nutzlos ist, bei den Engeln um Hilfe zu schreien. Einerseits wären sie viel zu gewaltig, andererseits sind sie nicht in der Lage, den Menschen in seinem konkreten Da-Sein zu verstehen. Engel stehen zwar für die offene Weite, aber ihnen fehlt die Konkretion in den Dingen und den menschlichen Bezügen. Es gibt keine Hilfe für den Menschen von außerhalb. Wir müssen unser Leben aus uns selbst bestehen.

> Und so verhalt ich mich denn und verschlucke den Lockruf
> dunkelen Schluchzens.

Was uns bleibt in den Zeiten der Not und des Selbstzweifels sind - so die Antwort Rilkes - die konkreten Dinge. Der Baum am Abhang, die Geige, die sich am offenen Fenster hingab. Wenn wir gelernt haben, ganz im Augenblick und ganz bei den Dingen des Alltags zu sein, dann können wir in die große Freiheit des Geistes finden. Das ist dann der ‚Ausgang der grimmigen Einsicht' oder das Ergebnis eines langen Klärungsprozesses, in dem das Leiden überwunden wurde. Das Herz schlägt dann wie die Hämmer des Klaviers auf die Saiten und der Jubel über die Freiheit wird zum Lied der Freude.

5.5 Stille und das »rasende Handeln«

Der japanische Zen Meister und Philosoph Dōgen schreibt:

> Da der Buddhaweg ursprünglich über den Unterschied von Fülle und Kargheit hinausgeht, gibt es Leben, Geburt und Entstehen und gibt es Sterben und Vergehen, gibt es Erwachen und Irren, gibt es leidende Wesen und Buddhas.[1] Die

---

[1] Ein Buddha ist in der Philosophie Dōgen's jeder Mensch und jedes Lebewesen, sofern es sich selbst in der Übung verwirklicht.

5. Das Irrsal und die »reißende Zeit«

> Blütenblätter fallen nur in unseren Neigungen und das Gras wuchert nur in unserem Ärger!"

Gut, wenn wir uns ärgern, wenn die Blütenblätter fallen oder das Gras wuchert, sind wir selber schuld. Karl Valentin hat einmal gesagt: »Wenn es regnet, freue ich mich. Denn wenn ich mich nicht freue, regnet es trotzdem!« So macht es keinen Sinn, sich über Dinge zu ärgern, die ohnehin geschehen oder sich verändern. Sie verändern sich, ob ich mich darüber gräme oder nicht.

Aber manchmal sind die Veränderungen schon etwas heftiger und die Zeit ist eben doch reißend, so dass "die Not und das Irrsal unter den Menschen" zu groß werden und das Haupt ergreifen.

> Wenn die reißende Zeit mir
> Zu gewaltig das Haupt ergreift und die Not und das Irrsal
> Unter Sterblichen mir mein sterblich Leben erschüttert,
> Lass der Stille mich dann in deiner Tiefe gedenken.

Die Stille von der Hölderlin im Gesang Archipelagos meint, ist die Stille in der Tiefe des Griechenmeeres. Oben toben die Stürme und reißen die Wellen alles fort, aber unten in der Tiefe ist die unerschütterliche Stille. Zwar leben wir Menschen nicht in dieser Stille, aber wir können ihrer "gedenken" und ein wenig gelassener werden. Vielleicht spüren wir dann die Stille auch in uns selbst.

Um auch in stürmischen und reißenden Zeiten die Stille finden zu können, haben wir draußen auf der Terrasse einen Meditationssitz gebaut, zusätzlich zu dem stillen Teeraum. Wir haben den Sitz *Seseragi Ken*[1] genannt, Unterstand am murmelnden Bach. Hier kann jeder in die Stille finden.

> Langsam wird es Abend und ich sitze im Meditatons-Sitz auf der Terrasse. Der Nachbar fährt den Traktor heim, die Kirchenglocken läuten zum Abendgebet.
> Die Vögel haben es ganz wichtig und machen gewaltigen Lärm. Die Amsel, die oben im Wisteria-Grün ihr Nest hat, sammelt letztes Futter für die Jungen. Sie stutzt vor meinem Sitz und

---

[1] せせらぎ 軒 se Se ragi ken. Seseragi ist lautmalrisch das Murmeln eines kelinen Baches, Ken ein einfaches Dack als Regenschutz.

schaut: "Da ist Nichts!" Dann sammelt sie eifrig weiter Futter im Gras.

Allmählich verstummt das Geschrei der Vögel und der Bach murmelt: *Seseragi.*

Stille!

Da – ein leichtes Geräusch: Die scheue Katze des Nachbarn schaut, ob da irgendwo Futter ist.
Vor meinem Sitz verharrt sie und schaut: Aber da ist – Nichts!
Gegenüber steht ein kleines Orangenbäumchen mit Früchten.
Die Katze macht sich darüber her.
Noch einen Blick – nein, da ist – Nichts.
Gut sind die Orangen!
Dann trollt sie sich davon.
Langsam beginnt es zu regnen – die Tropfen fallen.

Nacht und Dunkel. Nur noch die Sterne singen ihr Lied in der Unendlichkeit!

Stille!

Aber Stille und Meditation in Zeiten des stürmischen Wechsels? Muss man da nicht handeln, anstatt still rum zu sitzen? In seinem sogenannten Brief über den Humanismus schreibt Heidegger:

> Wir bedenken das Wesen des Handelns noch lange nicht entschieden genug. Man kennt das Handeln nur als das Bewirken einer Wirkung. Deren Wirklichkeit wird geschätzt nach ihrem Nutzen. Aber das Wesen des Handelns ist das Vollbringen. Vollbringen heißt: Etwas in die Fülle seines Wesens entfalten.

Das alltägliche Handeln ist oft ein blindes Rasen und Bewirken-Wollen, ein in den Griff bekommen Wollen. Über dieses blinde und wütige Machen schreibt schon Hölderlin im Archipelagos:

> Aber weh! es wandelt in Nacht, es wohnt, wie im Orkus,
> Ohne Göttliches unser Geschlecht. Ans eigene Treiben
> Sind sie geschmiedet allein und sich in der tosenden Werkstatt
> Höret jeglicher nur und viel arbeiten die Wilden

5. Das Irrsal und die »reißende Zeit«

> Mit gewaltigem Arm, rastlos, doch immer und immer Unfruchtbar, wie die Furien, bleibt die Mühe der Armen.

Ans eigene Treiben sind sie geschmiedet, das heißt unfrei und in Ketten gebunden. Je hektischer und heftiger sie das eigene Treiben betreiben, desto unfreier und gefesselter an ihr Treiben sind sie, sie - die Menschen. Das eigene Treiben ist ohne das Licht der Einsicht, es ist wie das Wandeln in der Nacht oder im Abgrund des Orkus, der dunklen Unterwelt. Ans eigene Treiben geschmiedet sind sie "allein", das heißt nicht nur allein an das Treiben gefesselt, sondern im blinden Treiben ist zugleich jeder allein und für sich. »Und SICH höret jeglicher nur«, die Wilden, die reglos ihren Arm bewegen, aber stets fruchtlos bleiben. Niemand hört auf die Anderen, jeder ist allein an sein Schicksal und an sein fruchtloses Bemühen gefesselt.

Diese Zeilen Hölderlins klingen wie die Beschreibung der modernen Arbeitswelt, die vom besinnungslos rasenden Machen gekennzeichnet ist. Aber dieses Machen schenkt keine Fülle des Lebens, es macht einsam und hinterlässt eine Leere. Darum sind heute so viele Menschen ausgebrannt. Das Burnout scheint geradezu eine Zeitkrankheit zu sein.

Aber es scheint nur so. Vermutlich ist es das Wesen des Menschen, dass er schon immer in dieses rasende Machen verfällt. Hölderlin hat diese Zeilen längst vor der industriellen Revolution geschrieben. Es ist keine moderne Zeiterscheinung, es gehört zum Wesen des Menschen. Je mehr die Empfindung der inneren Leere aufsteigt, desto hektischer verfallen wir in das Machen.

Die einzige Befreiung von diesem unfreien Getriebensein ist der Schritt zurück aus dem hektischen Getriebe des Machen-müssens. Der Schritt zurück in die Stille lässt uns wieder Luft zum Atmen und Zeit, zur Besinnung und zu uns selbst zu kommen.

Friedrich Hölderlin hat in seiner wunderbaren Hymne über das Griechenmeer - den Archipelagos - geschrieben, wie in der Erfahrung der „reißenden Zeit" und des Abgrundes zugleich auch die Lösung liegt. Das Meer mit seinen Stürmen an der Oberfläche ist nicht nur das Reißende, das wie die Zeit alles wegreißt, sondern zugleich birgt es auch die Stille. Er ruft den Meer-Gott an mit der Bitte:

5.5 Stille und das »rasende Handeln«

> .... wenn die reißende Zeit mir
> Zu gewaltig das Haupt ergreift und die Not und das Irrsal
> Unter Sterblichen mir mein sterblich Leben erschüttert,
> Laß der Stille mich dann in deiner Tiefe gedenken.

Die Stille in der unbewegten Tiefe des Archipelagos ist zugleich die unerschütterliche Stille in der Tiefe des Herzens, das auch in der größten Not des ‚Irrsals' auf einen Neubeginn vertraut. Es ist die Stille, die entsteht, wenn wir in der Meditation Körper und Geist loslassen, wie Zenmeister Dōgen schreibt[1]:

> Wenn ihr nur richtig sitzt, kommt ihr in den Zustand, in dem ihr Körper und Geist loslassen[2] könnt. Wenn ein Mensch auch nur für einen Augenblick im Samadhi sitzt und in Körper, Rede und Geist die Buddhahaltung offenbart, nimmt die ganze Dharma-Welt diese Haltung ein und der unendliche Raum kommt zum Erwachen.

Der ‚unendliche Raum' ist die grenzenlose und unbewegliche hohe Weite des leeren Himmels, der still ist wie die abgründige Tiefe des Archipelagos.

> Einst saß der große Meister Yakusan Kōdō (in der Meditation), als ein Mönch ihn fragte: »Was denkt Ihr, wenn ihr so völlig unbeweglich seid?« Der Meister antwortete: »Ich denke aus dem tiefen Grund des Nicht-Denkens.«[3]
> Wenn Ihr still und unbeweglich sitzt, denkt aus dem Grunde des Nicht-Denkens. ... Zen bedeutet nicht, Zen-Konzentration zu lernen. Es ist das Tor des Friedens und der Freude.[4]

---

[1] Dōgen, Shōbōgenzō, Kapitel 1, Bendōwa; Linnenbach Bd 1 S. 28
[2] shinjin tatsuraku 心身脱落; shinjin wörtlich: Geist oder Herz - Körper. Geist und Körper sind für Dōgen eine Einheit. Tatsuraku: loslassen, fallen lassen, fehlen. Shinjin tatsuraku bezeichnet den Zustand, in dem man an nichts mehr fest hält. Es ist der glückhafte Zustand des Schwimmers über den abgründigen Tiefen des Archipelagos. Später dazu ausführlich.
[3] Dōgen, Shōbōgenzō, Kapitel 27: Zazenshin Übersetzung: G. Linnenbach Bd 2, S. 119
[4] Dōgen, Shōbōgenzō, Kapitel 58: Zazengi; Linnebach Bd. 4, S. 212

5. Das Irrsal und die »reißende Zeit«

Im Gedicht Patmos sagt Hölderlin:

Wo aber Gefahr ist, wächst das Rettende auch!

Das Rettende ist nichts Anderes, als die Gefahr selber, die uns aus dem alltäglichen Trott herausreißt und zum Nachdenken und zum Wach-Werden zwingt. Die Gefahr birgt die Chance des Erwachens in sich. Musste erst die Atomkatastrophe in Fukushima geschehen, damit die Menschheit aufwacht aus dem Traum der Machbarkeit und der bequemen und beliebigen Verfügbarkeit?

Schlaf ist eine Seite, aber Helden erwachsen nur aus dem Schmerz und dem Leiden, wie Hölderlin sagt. Aber was tun wir, wenn uns ein Verlust ergreift? Wir träumen uns hinweg in frühere Paradiese oder betäuben uns mit Schlaf oder Ablenkung oder wir stürzen uns in hektische und ziellose Aktivitäten, nur um uns zu betäuben, damit wir den Schmerz nicht aushalten müssen. So heißt es auch im Archipelagos:

Aber weh! es wandelt in Nacht, es wohnt, wie im Orkus,
ohne Göttliches unser Geschlecht. Ans eigene Treiben
sind sie geschmiedet allein und sich in der tosenden Werkstatt
Höret jeglicher nur und viel arbeiten die Wilden
Mit gewaltigem Arm, rastlos, doch immer und immer
Unfruchtbar, wie die Furien, bleibt die Mühe der Armen.

Diese Verse, die fast prophetisch die hektische und unfreie Bindung des Menschen an die Maschinenwelt vorausnehmen, lassen unmittelbar erschauern. Aber eigentlich sind sie nicht nur eine Beschreibung des modernen Menschen und der Hektik der industriellen Welt. Schon Sophokles deutet den Menschen als das unheimlichste aller unheimlichen Wesen, weil er durch sein geschäftiges Treiben alles in sein Gegenteil kehren und ins UN-heimliche bringen kann. Im zweiten Chorlied der Antigone dichtet Sophokles:

πολλά τὰ δεινά κοὐδὲν ἀνθρώπον
θρώπου δεινότερον πέλει
Ungeheuer ist viel. Doch nichts
ungeheurer, als der Mensch.

5.5 Stille und das »rasende Handeln«

Hölderlin übersetzt das Schlüsselwort dieser Verse, das δεινά, *deina* als Ungeheuer. *Deina* ist das Gewaltige, Schreckliche und Gefährliche. Es gibt vieles Ungeheure, aber nichts ist ungeheurer - δεινότερον *deinoteron* - als der Mensch. Martin Heidegger übersetzt *deina* als ‚unheimlich'.

> Vielfältig das Unheimliche nichts doch
> über den Menschen hinaus Unheimlicheres ragend sich regt. [1]

Der Mensch ist nicht deshalb Un-heimlich, weil er gewaltig und groß wie ein Ungeheuer ist. Er ist un-heimlich, weil er in seinem unermüdlichen sich-Regen (πέλει) alles in sein Gegenteil umkehrt. Weil er selbst nicht heimisch ist, kann er alles herausreißen aus den Bezügen, die es heimisch verankern. Rilke schreibt in der ersten Duineser Elegie: »... die findigen Tiere merken es schon, dass wir nicht sehr verlässlich zu Haus sind in der gedeuteten Welt.« Die Welt der Menschen ist eine ‚gedeutete Welt'. Wir legen uns Deutungen und Erklärungen zurecht oder bekommen sie schon durch unsere Erziehung geliefert. Wir brauchen die Deutungen der Welt, weil wir nicht wie die Tiere selbstverständlich in ihr zu Hause sind.

Der Mensch durchfährt das abgründige Meer selbst in den Winterstürmen, in denen das Meer nicht befahrbar ist, wie auf sicheren Straßen. Er müdet die unermüdliche Erde ab, indem er sie umackert und das Unterste zum Obersten macht und ihr Nahrung abringt, auch wenn sie müde geworden ist.

> Der Götter auch die erhabenste, die Erde
> abmüdet er die unzerstörlich Mühelose,
> umstürzend sie von Jahr zu Jahr,
> hintreibend und her mit den Rossen
> die Pflüge. [2]

Was auch immer der Mensch in seiner Rastlosigkeit des Machens unternimmt, er bleibt stets ‚erfahrungslos' wie Heidegger übersetzt:

> παντοπόρος ἄπορος ἐπ᾽ οὐδέν ἔρχται

---
[1] Martin Heidegger, Hölderlins Hymne »Der Ister«
[2] Übersetzung Heidegger, ebd.

5. Das Irrsal und die »reißende Zeit«

überall hinausfahrend unterwegs, erfahrungslos kommt er zum Nichts.

Das Gegensatzpaar pantoporos - aporos (παντοπόρος ἄπορος) ist charakteristisch für den Menschen. Poros ist der Durchgang, die Passage. Pantoporos ist die Fähigkeit des Menschen, sich immer und überall durchzuwinden und selbst in scheinbar ausweglosen Situationen einen Ausweg zu finden und sich durch zu lavieren. Zugleich aber nutzt alle List nichts, denn letztlich stehen wir ausweglos - aporos - vor dem Nichts, vor dem Tod. Der Tod ist mit keiner List zu überwinden. Hölderlin übersetzt: »Allbewandert, unbewandert. Zu nichts kommt er.« Denn all seine Listen und Mühen nutzen dem Menschen nichts, letztendlich kann er dem Tod nicht entweichen. Aber immer und überall scheint er auf der Flucht zu sein vor den unausweichlichen Tod. So ist der Mensch nicht erst, seitdem es Maschinen gibt. Auch der einfache Ackerpflug ist in diesem Sinne schon eine Maschine, die das Wesen der festen und unermüdlichen Erde in das Gegenteil umkehrt.

Die Verse Hölderlins über das menschliche Geschlecht, das hilflos ans eigene Treiben geschmiedet rastlos, fruchtlos und immer allein bleibt, ist aus der Auseinandersetzung Hölderlins mit Sophokles entstanden und wohl keine Vorausschau auf das Maschinenzeitalter. Was würde wohl Hölderlin heute denken, wenn er die Meschen in ihrem rastlosen Treiben sehen könnte?

Unser Geschlecht, das Geschlecht der Menschen ist rastlos und ohne den Blick für den offenen Himmel und die Weite des Seins. Wir sind wie mit Ketten ans eigene Treiben geschmiedet, unfrei und getrieben. Ich würde ja gern zu mir selbst kommen, aber leider habe ich keine Zeit dazu! Der Job, die Familie, das Vergnügen, und dann muss ja auch noch der Urlaub geplant werden!

„Viel arbeiten die Wilden", aber all ihr Bemühen bleibt fruchtlos und unfruchtbar, weil es in vollkommener Betäubung ohne Ziel ist. Nach der Katastrophe in Japan kam oft die Frage: Was kann man tun? Jetzt und hier: Nichts! Still werden und den Blick frei bekommen auf das Wesentliche. Das wird, wenn die Menschheit endlich zur Besinnung kommt, vieles, wenn nicht gar alles ändern! Was kann man tun, wenn

5.5 Stille und das »rasende Handeln«

plötzlich der Partner verschwindet oder ein lieber Mensch fortgeht? Den Schmerz nutzen und still werden! Und sich nicht sofort und besinnungslos in eine neue, ungeklärte Beziehung flüchten, die irgendwann genau so enden wird.

Das Ziel kann nur aus dem Blick ins Offene gewonnen werden, aber dazu bleibt in dem Getriebe keine Zeit. „Ans eigene Treiben sind sie geschmiedet allein". Dieses ‚allein' hat eine doppelte Bedeutung. Sie sind lediglich, also nur - allein - an das eigene Treiben geschmiedet, also unfrei und gefesselt. In diesem gefesselten Getriebe sind sie zugleich - allein, Ein-sam. In all dem Lärm des Machens und Machen-Müssens hört niemand auf den Anderen, jeder ist für sich, eben allein und einsam. »SICH in der tosenden Werkstatt höret Jeglicher nur!« Je mehr wir uns in das Machen stürzen, desto mehr versuchen wir, den Schmerz des Allein-Seins zu unterdrücken und desto mehr stürzen wir uns in den Lärm des Machens. Vielleicht suchen wir auch die »Gesellschaft Anderer«, die aber oft, auf der Flucht vor der eigenen Angst und dem Allein-Sein, jeder vor sich hin lärmen. Niemand hört vor lauter Lärm den Anderen. Je tiefer der Absturz in unser Unglück, desto intensiver stürzen wir uns in das Getriebe und desto einsamer werden wir.

Wir wissen dann nicht mehr, wohin uns unser Weg führt. Hölderlin nennt dies die Not und das Irrsal. Das Wort »das Irrsal« ist gebildet wie „das Schicksal". Irrsal ist nicht einfach nur das Irre - werden. Wenn wir an einer Weggabelung stehen, kann es geschehen, dass wir nicht mehr wissen, wohin uns der Weg führen wird. Das ist mehr als nur eine kleine Beirrung, es ist entscheidend für unser gesamtes Schicksal, welchen Weg wir gehen. Das Irrsal lässt uns zurück in der Not und dem Leiden: „Was wird aus mir?" Oder wie Hölderlin sagt: »Wohin denn ich?« Das Irrsal ist Schmerz und tiefstes Leiden an der Weglosigkeit und Orientierungslosigkeit.

Das Einzige, was helfen kann, ist die Stille in der Tiefe, der Schritt zurück aus dem Machen und dem sich Betäuben:

5. Das Irrsal und die »reißende Zeit«

Bis erwacht vom ängstigen Traum, die Seele den Menschen
Aufgeht, jugendlichfroh, und der Liebe segnender Othem
Wieder, wie vormals, ... wehet.

Die Stille im Teeraum kann helfen loszulassen, und den Schritt zurück aus dem Getriebe des besinnungslosen Machens zu tun. Fern vom getriebenen Machen-Müssen gehen wir jeden Schritt bei der Bereitung des Tees aus der Stille: JETZT dies, JETZT das. Dieses achtsame Tun des ganz alltäglichen Wasser holen, Feuer machen, Tee schlagen und Trinken' schenkt Ruhe und Stille im in sich gesammelten Tun. Aber manchmal ist der Schmerz sogar dazu zu groß. Wir brauchen ein gewisses Maß an Kraft, um die Bewegungen und den Atem des Tees zu tragen. Im tiefen Schmerz kann es sein, dass unsere Kraft nicht reicht, weil uns die Last von Scheitern den Rücken beugt. In den Lehrgedichten Rikyūs[1] heißt es im sechsten Gedicht:

In der Tenmae tue alle Schwäche beiseite und sei stark.[2]

Aber manchmal ist die Last auf unseren Schultern zu groß, um noch bei der Tenmae stark zu sein. Wenn wir einfach nur müde sind, kann es helfen, sich ganz auf den Tee zu konzentrieren. Aus der äußeren Haltung der Stärke erwächst dann eine innere Stärke, die uns frisch macht und wieder zur Ruhe kommen läßt. Aber wenn der Bruch, den wir gerade erleben, das Irrsal und die Not zu groß ist, dann hilft auch der Tee nicht mehr.

Dann hilft vielleicht nur noch, still zu werden, einfach nur in Meditation zu sitzen und zu unserem Atem zu finden. Das bringt uns in Kontakt mit der großen Stille, die überall ist und die sich auch tief innen in unserer Mitte findet.

---

[1] Rikyū hyakushū, einhundert Lehrgedichte über den Teeweg, die Rikyū zugeschrieben werden.
[2] Tenmae 店前 wörtlich: vor dem Punkt oder auch Te-mae 手前 vor der Hand. Ist die Bezeichnung für eine der tradierten Formen der Teezeremonie. Die Bedeutung ist, dass man bei der Teebereitung genau im Augenblick ‚vor dem Punkt' ist bzw. nur das tut, was genau jetzt gerade ‚vor der Hand' liegt.

5.5 Stille und das »rasende Handeln«

Hölderlin endet den Gesang über das Griechenmeer mit einer Bitte an den Meergott. Die alten Zeiten sind vergangen, weil sie vergehen mussten, denn die „Göttersprache" ist das Wechseln und Werden. Die alten Götter und die romantischen Zeiten des alten Glücks sind vergangen, nur die Natur ist so, wie sie immer war:

„Aber droben das Licht, es spricht noch heute zu Menschen"

so, wie es seit Urbeginn gesprochen hat. Nur wir haben es nicht mehr wahrgenommen, weil wir, wie in der Zeit der Griechen, uns den Blick vom romantischen Bild der Götter trüben ließen. Jetzt gilt es, die Natur und uns selbst ganz unverklärt zu sehen und wahr-zu-nehmen. Wahr-nehmen heißt nicht, irgendwie bemerken, dass etwas ist. Wahr-nehmen heißt, etwas inständig in die Wahr, in die Hut zu nehmen, es innig im Herzen zu bewahren und zu hüten. Nehmen wir die Natur noch wahr? Nicht die „Natur", die man ausbeuten kann auf Energie oder Rohstoff, sondern die Natur, die unser innerstes Wesen ist, die uns trägt und lebt? Nehmen wir uns selbst wahr, wie wir ohne den Bezug auf unser Machen und unsere Rolle in der Gesellschaft sind?

Darum ruft Hölderlin das Meer der Griechen:

> Töne mir in die Seele noch oft, daß über den Wassern
> Furchtlosrege der Geist, dem Schwimmer gleich, in der Starken
> Frischem Glücke sich üb` und die Göttersprache das Wechseln
> und das Werden versteh`

Zu Zeiten ist unser Geist „furchtlos rege" wie der Schwimmer, der sich in den Wogen des Meeres tummelt und das Glück in allem Wechseln und Werden genießt. Das ist die Kraft und das Glück, die uns geschenkt ist, wenn wir auf den Wogen der Zeit tanzen. Aber wir tanzen immer über dem unendlichen Abgrund, der uns dann aber nicht mehr ängstigt, sondern Kraft verleiht und wir genießen das Glück des Schwimmers, der oben auf den Wellen schwimmt und der zugleich um den Abgrund weiß, ohne dass ihn die Angst starr macht.

Hölderlin spricht nicht vom „Behagen" des unbewusst in seinem Nachen dahin Dämmernden, wie Schopenhauer. Er spricht vom Glück dessen, der um den Abgrund weiß und dennoch an der Oberfläche in

5. Das Irrsal und die »reißende Zeit«

den Wellen des Wechselns und Werdens schwimmt, in dem starken frischen Glück, dem Schwimmer gleich. Aber wenn die Not zu groß ist und

> wenn die reißende Zeit mir
> Zu gewaltig das Haupt ergreift und die Not und das Irrsal
> Unter Sterblichen mir mein sterblich Leben erschüttert,
> Laß der Stille mich dann in deiner Tiefe gedenken.

Wir müssen nicht ans Griechenmeer fahren, um diese Stille in der Tiefe zu erleben: Sie ruht unmittelbar in uns, wenn wir nur den Lärm der Not und der Angst ausschalten können.

Es genügt, wenn wir uns still hinsetzen, wer kann im Lotos- oder Schneidersitz, wem das bequemer ist, auf der Kante eines Stuhles. Lassen wir zunächst die Schultern sinken von der Last, die wir zu tragen haben, so lange, bis der Rücken rund und gebeugt ist. Der Blick geht dann ganz ins Innere, aber er kann nicht frei werden. Dann drehen wir langsam und aufmerksam vom Iliosakralgelenk her das Becken nach vorn, bis sich ein leichtes Hohlkreuz bildet, und atmen zugleich tief bis in das Becken ein. Von ganz allein wird der Rücken wieder gerade und aufrecht und die Schultern bleiben locker und unverkrampft. Nicht mehr WIR sind es, die den Kopf tragen müssen, der Atem trägt. Der Kopf sitzt sicher auf dem Atlasgelenk, ohne jedoch stolz und überheblich nach oben zu schauen. Schließen wir die Augen und beobachten den Atem. Wenn wir uns mit geradem Rücken ein ganz klein wenig nach vorne beugen, spüren wir den Atem tief unten im Becken. Wir spüren, wie mit jedem Ausatmen der Dantien[1], der Raum in der tiefsten Tiefe unseres Leibes, etwas unterhalb des Nabels immer weiter wird und wie er sich mit Kraft füllt. Die Stille und die Kraft des Archipelagos sind nicht draußen, sondern tief in uns selbst. Langsam spüren wir die wachsende Kraft, die aus der Tiefe kommt und wir werden stark und stärker. Wir

---

[1] Chinesich 丹田 Dantien, japanisch Tanden ist die Bezeichnung für das Zinnoberfeld, ein Energiezentrum unterhalb des Bauchnabels. Wird Zinnober erhitzt, dann entweicht Quecksilber. Die Energieströme, die vom Tanden ausgehen werden mit dem zäh fließenden Quecksilber verglichen. Über die ‚innere Alchemie' vergl. mein Buch »Heilige Drachen Bd. 1«.

müssen nur innehalten in dem rasenden Machen, still werden und dem Tönen der Stille in uns lauschen: »Töne mir in die Seele noch oft!«

Sicher wird uns der Schmerz noch immer wieder besuchen, aber allmählich lernen wir das Urvertrauen auf die Kraft in uns und wir werden ‚W', oder wie Hölderlin sagt All-ein.
Dann sind wir nicht mehr allein, sondern geborgen im Geschick, Eins mit Allem.

5.6 Der Schritt zurück und die Stille

Erst der Schritt zurück aus dem blindwütigen Handeln und die Besinnung auf die Stille lässt uns wieder in die Harmonie mit dem Ganzen einkehren. Darum ist es gerade in Zeiten des heftigen Wechsels wichtig, den Schritt zurück ins Nicht–Tun und in die Stille zu wagen.

Aber können wir nicht einfach immer in der Stille weilen? Ist es nicht unser Wünschen und Wollen, das uns in das Irrsal treibt und die Not, nicht zu wissen, was man tun soll? Können wir nicht einfach wunschlos und ohne Vorausentwurf für unsere Zukunft einfach nur im Augenblick leben?

Nein, wir müssen, wenn wir leben wollen, immer wieder handeln, handeln in allem Wechsel, meistens ohne wirklich die Konsequenzen unseres Handelns voll zu verstehen. Wir handeln immer aus der Sorge und aus Entwürfen. Aber von Zeit zu Zeit ist der „Schritt zurück" wie Heidegger sagt nötig, damit wir wieder die Stille finden.

Friedrich Nietzsche hat in seinem Zarathustra[1] den Schritt zurück beschrieben. Zarathustra ist in der Höhe des Tages während der Mittagshitze unterwegs. Er ist allein, aber nicht in der Weise derer, die an ihr Werk geschmiedet sind. Er ist allein und unterwegs zu sich selbst.

> Und Zarathustra lief und lief und fand Niemanden mehr und war allein und fand immer wieder sich und genoss und schlürfte seine Einsamkeit und dachte an gute Dinge, - stundenlang.

---

[1] Also sprach Zarathustra, viertes Buch: Mittags

5. Das Irrsal und die »reißende Zeit«

> Um die Stunde des Mittags aber, als die Sonne gerade über Zarathustra's Haupte stand, kam er an einem alten krummen und knorrichten Baume vorbei, der von der reichen Liebe eines Weinstocks rings umarmt und vor sich selber verborgen war: von dem hiengen gelbe Trauben in Fülle dem Wandernden entgegen. Da gelüstete ihn, einen kleinen Durst zu löschen und sich eine Traube abzubrechen; als er aber schon den Arm dazu ausstreckte, da gelüstete ihn etwas Anderes noch mehr: nämlich sich neben den Baum niederzulegen, um die Stunde des vollkommnen Mittags, und zu schlafen.

Das Bild des Weinstockes, der sich um den ‚knorrrichten' Baum windet, hat Nietzsche auf seinen Wanderungen sicher gesehen. Früher hat man in Italien die Weinstöcke recht oft neben alte Olivenbäume gepflanzt. In Umbrien habe ich selbst noch einen solchen Weinberg gesehen. Aber es ist nicht die Erinnerung an ein reales Erlebnis, das Nietzsche dieses Bild verwenden lässt. Der Weinstock windet sich in ‚reicher Liebe' um den alten Baum.

> Dies that Zarathustra; und sobald er auf dem Boden lag, in der Stille und Heimlichkeit des bunten Grases, hatte er auch schon seinen kleinen Durst vergessen und schlief ein. Denn, wie das Sprichwort Zarathustra's sagt: Eins ist nothwendiger als das Andre. Nur dass seine Augen offenblieben: - sie wurden nämlich nicht satt, den Baum und die Liebe des Weinstocks zu sehn und zu preisen. Im Einschlafen aber sprach Zarathustra also zu seinem Herzen: Still! Still! Ward die Welt nicht eben vollkommen? Was geschieht mir doch? Wie ein zierlicher Wind, ungesehn, auf getäfeltem Meere tanzt, leicht, federleicht: so - tanzt der Schlaf auf mir. Kein Auge drückt er mir zu, die Seele lässt er mir wach. Leicht ist er, wahrlich! federleicht. Er überredet mich, ich weiß nicht wie?, er betupft mich innewendig mit schmeichelnder Hand, er zwingt mich. Ja, er zwingt mich, dass meine Seele sich ausstreckt: -- wie sie mir lang und müde wird, meine wunderliche Seele.' Kam ihr eines siebenten Tages Abend gerade am Mittage? Wandelte sie zu lange schon selig zwischen guten und reifen Dingen? Sie streckt sich lang aus, lang, - länger! Sie liegt stille, meine wunderliche Seele. Zu viel

5.6 Der Schritt zurück und die Stille

Gutes hat sie schon geschmeckt, diese goldene Traurigkeit druckt sie, sie verzieht den Mund.

Zarathustra schläft nicht wirklich, er ist hellwach. Aber gemessen an dem alltäglichen hektischen Getriebe ist sein Zustand beinahe wie ein Schlaf. Zarathustra ist in einen Zustand des reinen Betrachtens geraten. Jeder Durst ist gestillt, sodass er die reifen Trauben ohne Gier einfach nur betrachten kann. Nun in der Stunde des Mittags scheint die Zeit stillzustehen. So endet der Text denn auch mit der Bemerkung:

> Also sprach Zarathustra und erhob sich von seinem Lager am Baume wie aus einer fremden Trunkenheit: und siehe, da stand die Sonne immer noch gerade über seinem Haupte. Es möchte aber Einer daraus mit Recht abnehmen, dass Zarathustra damals nicht lange geschlafen habe.

Nietzsche gestaltet in diesem Text keine am Schreibtisch ausgedachte ‚Literatur'. Er beschreibt sehr einfühlsam Zustände, die er selbst bei seinen Wanderungen in der Natur erlebt hat.

Im Myōshinan haben wir unseren Meditationssitz draußen in der Natur gebaut. Er steht nun auch allen Gästen des Myoshinan zur Verfügung. Er ist geschützt vor den heftigen Winden, die vom Norden her von der Hochebene der fränkischen Alp wehen. Tagsüber heizt die Sonne die Hausmauer auf und nachts kann man geschützt in der Wärme der Mauern sitzen und der Stille lauschen. Gott sei Dank liegt das Myōshinan weitab vom Verkehrslärm und anderen Lärmquellen. Nur hin und wieder hört man ein Auto oder den Nachbarn, der das Heu einfährt.

Vom Sitz aus hat man einen wunderbaren Blick in die Landschaft und auf die Kirche mit Kirchhof. Neben dem Sitz steht der Zitronenbusch mit herrlich duftenden Blüten. Abends, wenn die Welt still wird, beginnen die Vögel zu singen. Sie werden immer lauter – oder scheint das nur so, weil die Welt stiller wird?

Die Zitronenblüten duften und dann rauscht der Bach. Seltsamerweise ist er tagsüber kaum zu hören. Oder ist es auch, weil die Welt stiller wird? Der Bach murmelt immer lauter und schließlich verstummen auch die Vögel. Und dann: Nur noch – STILLE!

5. Das Irrsal und die »reißende Zeit«

Still!
Ward nicht die Welt soeben vollkommen?
Die Wiesen und der Zitronenbaum duften.
Die Glocken rufen zum Abendgebet,
die Vögel singen sich in den Schlaf.
Der Bach murmelt sein ewiges Lied.
Der Himmel ist weit und leer.
Das Licht sinkt hinunter.
Der Gesang der Sterne tönt.

Still!

Soeben ward die Welt vollkommen!

6. Die bleierne Zeit - Mut

In dem unvollendeten Gedicht »Gang aufs Land« spricht Hölderlin von der bleiernen Zeit, in der alles schwer lastet und hoffnungslos drückend die Schultern niederdrückt. In einer solchen Zeit braucht es viel Mut, dennoch den Aufbruch ins Offene zu wagen.

Irgendwie weiß doch jeder, was Mut ist. Also sollte ich vielleicht eine Geschichte über mutige Helden schreiben, die sich mit Drachen eingelassen haben. Schließlich ist ja mein Buch über die »Heiligen Drachen« vor noch nicht allzu langer Zeit fertig geworden.

Aber ist es wirklich so klar, was das Wort meint? Da gibt es die Anmut, die Zumutung, den Hochmut, den Wagemut, uns ist es wohlgemut zumute, wir haben einen betrübten Mut oder wir handeln mutwillig. Diese Auswahl zeigt eine große Spannweite der Bedeutungen. Ein altes Sprichwort sagt: ‚Ein froher Mut schafft gutes Blut' oder: ‚Ein guter Mut ist die beste Arznei'. Ein froher Mut muss kein Heldenmut sein, aber manchem Helden möchte man doch zurufen: Der Muth soll nicht ausgehen ohne seinen Bruder Verstand. Dagegen vertrocknet ein betrübter Muth das Gebein.[1]

Vielleicht schauen wir doch zuerst einmal in das Wörterbuch der Brüder Grimm. Das Wort Mut oder Muth sei ein altes gemeingermanisches Wort, steht dort. In den alten Wörterbüchern findet sich immer die Schreibung Muth und Gemüth. Offenbar gibt es zwei unterschiedliche Bedeutungen des Wortes bei den Ost- und den Westgermanen. Im Ostgermanischen hat das Wort die Bedeutung von Aufgeregtheit, Erbitterung, Zorn, ja sogar von Wut. Im Westgermanischen dagegen bezeichnet es den allgemeinen Sinn des Menschen, den inneren Sitz des Fühlens, Denkens, Begehrens und Strebens. Die Verbindung mit dem Fühlen und Streben findet sich noch in unserem Spruch, wenn jemand guten Mutes ist. Wir sind guten Mutes, wenn wir uns frei, heiter, und

---

[1] Deutsches Sprichwörter Lexicon von Karl Friedrich Wander, Leipzig 1867–1880 online unter:
http://woerterbuchnetz.de/Wander/

6. Die bleierne Zeit - Mut

voller Lebenskraft fühlen. ‚Ein guter Muth gehört zum Tanz, nicht zum Todt'. Diese Empfindung ist weit entfernt von einer stillen Betrachtung. Sie strotzt vor Lebenskraft und Tatendrang. ‚Ein guter (frischer) Mut ist halb Zehrgeld'.

Wir bezeichnen einen Menschen als anmutig, nicht wenn er vor Mut strotzt, sondern wenn er im Betrachter das Gemüth, die verschiedenen Regungen des Mutes anspricht. Die An-Mut mutet uns an und gibt dem Gemüt Lebenskraft und Lebensfreude, so dass wir guten Mutes tanzen können vor Freude.

Zum Mut gehört es also nicht unbedingt, sich schweren Gefahren zu stellen. Die größte Gefahr, die uns in unserem Leben begegnen kann, ist die Mutlosigkeit. Der größte Gegner, den es dabei zu überwinden gilt, sind wir selbst. Kürzlich habe ich einen Freund gesprochen, der für mehrere Wochen auf einer Alm Tiere gehütet hatte. Er meinte, wenn man da oben in den Bergen ganz allein mit sich selbst sei, dann kröchen aus allen Ritzen und Fugen die unbewältigten Dämonen unserer Vergangenheit hervor.

Vielleicht ist sogar bei manchen Menschen das kopflose Stürzen in eine äußere Gefahr und in das Abenteuer ein Ausweichen vor der Leere oder vor den Dämonen, die wir spüren, wenn wir mit uns allein sind und nur uns selbst gegenüberstehen.

»Komm! Ins Offene Freund!« Dieser Ruf stammt aus einem unfertigen Gedicht Hölderlins mit dem Titel ‚Gang aufs Land'. Vermutlich im Frühjahr 1801 nach seiner Rückkehr aus Hauptwil in der Schweiz verfasst Hölderlin den Entwurf. Von den geplanten vier Strophen bleiben die dritte und vierte Strophe nur Fragmente, die man nur in den Handschriften Hölderlins findet.

6.1 Hofmeister Hölderlin

Die persönliche Situation Hölderlins war nicht sehr glücklich. Seine Stelle als Hofmeister im Hause Gonzenbach in Hauptwil wird - wieder einmal unglücklich - schon nach drei Monaten abgebrochen, und Hölderlin kehrt frustriert im April nach Stuttgart zurück, wo er kurze Zeit im Hause seines Freundes, des Tuchhändlers Christian Landauer verweilt. Hölderlin bemüht sich erfolglos um eine Vorlesungstätigkeit an der Universität Jena, muss aber das Angebot einer Hofmeisterstelle beim Hamburger Konsul Meyer in Bordeaux annehmen. Bereits im Dezember des Jahres bricht er nach Bordeaux auf. Auch dort wird er nicht lange verweilen, weil er die Nachricht von der schweren Krankheit seiner geliebten Susette Gontard bekommt.

Hölderlins Einstellung zum »Beruf« des Hofmeisters ist gespalten. Der Hofmeister war zuständig für die Erziehung eines oder mehrerer Kinder der Familie. In einem Brief an den Freund Niethammer schreibt Hölderlin über die Aufgaben des Hofmeisters und Erziehers:

> Die Thätigkeit des Erziehers (...) erschien mir nur darum als erstrebenswerth, weil das tägliche Leben mit den Kindern, die meiner Obhuth anvertraut waren, es möglich machte, ihre geistige Entwicklung von innen her zu befördern und (...) in ihnen das Bewusstsein zu erwecken, dass sie eines Tages auf dem Wege der Bildung allein fortschreiten müssen. Aber die wechselnden Verhältnisse, in denen sich das Leben eines Hofmeisters abspielt, waren weder meiner Natur noch meinem Lebensplan adäquat, und so war es immer mein Bestreben, danach eine Zeit der Independenz folgen zu lassen ...«[1]

Der Hofmeister war zwar ein voll ausgebildeter Akademiker mit entsprechenden Examina, aber in den Familien wurde er als Dienstbote angesehen, der zusammen mit den anderen Dienstboten in der Küche und nicht mit der Familie und den ihm anvertrauten Zöglingen zu essen hatte - für den stolzen Hölderlin eine nahezu unerträgliche Situation. Im Hause der Gontards, wo er als Hauslehrer tätig gewesen war, kam es zu einem Eklat, als der Bankier Hölderlin schroff darauf hinwies, dass er nur ein Dienstbote sei. Im aufbrausenden Zorn verließ Hölderlin das Haus und seine geliebte Susette Gontard. In einem Brief an die Mutter schrieb er:

---

[1] (Brief an Niethammer 23.6.1801 StA 7,2 S.579)

6. Die bleierne Zeit - Mut

> Aber der unhöfliche Stolz, die geflissentliche tägliche Herabwürdigung aller Wissenschaft und aller Bildung, die Äußerungen, dass die Hofmeister auch Bedienten wären, dass sie nichts besonders für sich fordern könnten, weil man sie für das bezahle, was sie thäten, (...) - das kränkte mich, so sehr ich suchte, mich darüber weg zu setzen, doch immer mehr und gab mir manchmal einen stillen Ärger, der für Leib und Seele niemals gut ist.«[1]

Da stäuben sich doch ein wenig die Haare: Sind wir nicht alle Dienstboten, die bezahlt werden, für das, was sie tun?

Von außen gesehen zerschlugen sich für Hölderlin alle großen Hoffnungen. Die Verbindung zu seiner geliebten Susette Gontard war abgerissen, die Hoffnung, als Dichter der Deutschen eine wichtige Rolle spielen zu können verloren sich und in seiner Heimat konnte er sich immer nur vorübergehend aufhalten, weil er sonst eine verhasste Pastorenstelle hätte antreten müssen, da ja der Fürst sein Studium nur unter dieser Bedingung mit einem Stipendium am Tübinger Stift finanziert hatte.

6.2 Die bleierne Zeit

Diese gedrückte und fast aussichtslose Stimmung schildert Hölderlin am Beginn des Gedichtes:

> Komm! ins Offene, Freund! zwar glänzt ein Weniges heute
>   Nur herunter und eng schließt der Himmel uns ein.
> Weder die Berge sind noch aufgegangen des Waldes
>   Gipfel nach Wunsch und leer ruht von Gesange die Luft.
> Trüb ists heut, es schlummern die Gäng und die Gassen
> und fast will
>   Mir es scheinen, es sei, als in der bleiernen Zeit.

Es ist die bleierne Zeit. Alle Farbe ist verschwunden, nur das schwere, drückende und bleierne Grau ist zu sehen. Wer kennt nicht die bleischweren Wintertage, in denen das Licht zu schwach ist, um auch nur

---
[1] (An die Mutter 10.10.1798 StA 6,1 S.283)

den kleinsten Hoffnungsschimmer zu gönnen. Der Himmel drückt und ‚schließt uns ein', und nicht einmal die Vögel singen. Wenn der Himmel drückt und verschlossen ist, kann sich auch das Herz nicht frei und fröhlich öffnen. Die Last liegt schwer auf den Schultern wie Blei und wir können nicht frei atmen, geschweige denn singen. Der Blick ist niedergedrückt und wir können nicht aufschaun zum Himmel. »Darf, wenn lauter Mühe das Leben, ein Mensch aufschauen und sagen: so will ich auch seyn?« fragt Hölderlin in einem anderen Gedicht.[1]

Dennoch beginnt das Gedicht mit dem hoffnungsvollen Ausruf: »Komm! Ins Offene, Freund!« Das Offene ist im Schwäbischen die Natur und das offene Land im Gegensatz zu den engen und gedrückten Gassen, die zudem noch menschenleer sind. Aber es ist auch die Öffnung des Herzens, das sich befreit von der drückenden und bleischweren Enge.

6.3 Der Geist der Schwere

Friedrich Nietzsche schildert im dritten Buch seines Zarathustra, wie Zarathustra einmal ebenso niedergedrückt war von einer bleiernen Schwere, wie er dennoch allen Mut zusammennimmt, und aufwärtssteigt, nach oben zum Gipfel des Berges, ins ‚Offene'.

> Düster gieng ich jüngst durch leichenfarbne Dämmerung, – düster und hart, mit gepressten Lippen. Nicht nur Eine Sonne war mir untergegangen.
>
> Ein Pfad, der trotzig durch Geröll stieg, ein boshafter, einsamer, dem nicht Kraut, nicht Strauch mehr zusprach: ein Bergpfad knirschte unter dem Trotz meines Fusses.
>
> Stumm über höhnischem Geklirr von Kieseln schreitend, den Stein zertretend, der ihn gleiten liess: also zwang mein Fuss sich aufwärts.
>
> Aufwärts: – dem Geiste zum Trotz, der ihn abwärts zog, abgrundwärts zog, dem Geiste der Schwere, meinem Teufel und Erzfeinde.[2]

---

[1] In dem Text ‚In lieblicher Bläue', das durch den Studenten Waiblinger überliefert ist. Oben S. 219 ff
[2] Nietzsche, Zarathustra III; Von Gesicht und Räthsel

6. Die bleierne Zeit - Mut

Trotz der niederdrückenden Schwere und der Aussichtslosigkeit seines Ganges zwingt sich Zarathustra Schritt für Schritt nach oben auf den Berg. Das Schwerste aber ist nicht der Gang hinauf in ein unbekanntes Ziel, sondern der Geist der Schwere, der Zarathustra im Nacken hockt. Der Geist der Schwere, halb Zwerg halb Maulwurf, ist deshalb so schlimm, weil er alles klein macht und die Sinnhaftigkeit des Tuns anzweifelt. Er ist ein Zwerg, weil er alles klein macht und er ist ein Maulwurf, der ohne Licht der Hoffnung in der Erde wühlt:

> ... obwohl er auf mir sass, halb Zwerg, halb Maulwurf; lahm; lähmend; Blei durch mein Ohr, der Bleitropfen-Gedanken in mein Hirn träufelnd.
> »Oh Zarathustra, raunte er höhnisch Silb' um Silbe, du Stein der Weisheit! Du warfst dich hoch, aber jeder geworfene Stein muss – fallen![1]

Der schlimmste Gedanke bei einem Versuch des Aufbruchs ist der Gedanke der Vergeblichkeit und Sinnlosigkeit. ‚Jeder Stein muss fallen' und wenn er zuvor noch so hoch geworfen wurde. Wozu also die Anstrengung des Aufbruchs? Hölderlin schreibt in seinem Gedicht über die befürchtete Sinnlosigkeit:

> »Nur dass solcher Reden und auch der Schritt und der Mühe Werth der Gewinn ... sei«

Die Befürchtung der Vergeblichkeit unseres Tuns nimmt den Mut, den ersten Schritt zu wagen. So begnügen wir uns, mit dem alltäglichen Trott fertig zu werden. Bestenfalls hoffen wir, im Urlaub das ersehnte Paradies zu finden. Aber wir nehmen nur unsere eigene Unzulänglichkeit mit, egal wie weit wir auch reisen mögen. Das Paradies ist immer dort, wo wir gerade NICHT sind.

Zarathustra lässt sich aber nicht von dieser Verzagtheit und der Hoffnungslosigkeit niederdrücken:

> Aber es giebt Etwas in mir, das ich Muth heisse: das schlug bisher mir jeden Unmuth todt. Dieser Muth hiess mich endlich stille stehn und sprechen: »Zwerg! Du! Oder ich!« –

---

[1] ebd.

6.3 Der Geist der Schwere

Muth nämlich ist der beste Todtschläger, – Muth, welcher angreift : denn in jedem Angriffe ist klingendes Spiel.
Der Mensch aber ist das muthigste Thier: damit überwand er jedes Thier. Mit klingendem Spiele überwand er noch jeden Schmerz; Menschen-Schmerz aber ist der tiefste Schmerz.
Der Muth schlägt auch den Schwindel todt an Abgründen: und wo stünde der Mensch nicht an Abgründen! Ist Sehen nicht selber – Abgründe sehen?

Das Wort von der bleiernen Zeit ist in den achtziger Jahren als geflügeltes Wort in den deutschen Sprachgebrauch eingegangen. Margarethe von Trotta nannte ihren Film über zwei Schwestern »Die bleierne Zeit«. Die bleierne Zeit ist hier die Zeit der der 50er Jahre, aus der die beiden Schwestern je auf ihre Weise ausbrechen. Der Filmtitel ist ein Zitat aus Hölderlins ‚Gang aufs Land' und bezieht sich auf die Hoffnungslosigkeit und die bleierne Schwere der Fünfziger Jahre. Als Vorlage für die beiden Schwestern nahm Margarete von Trotta die beiden Ensslin-Schwestern.

Die eine wird kritische Journalistin, die andere ein Mitglied der RAF. Beiden »gelinget der Wunsch«, aber es ist die Frage, ob im Falle von Gudrun Ensslin das entworfene Ziel »ganz wahr« ist. Auch die RAF hatte geglaubt, wenn sie das Werk beginnen, dass der Himmel - oder in diesem Fall die unterdrückte Arbeiterklasse - ebenfalls aufbrechen würde ins erhoffte Ziel der Freiheit. So wurde später der Titel von der bleiernen Zeit missverstanden als die Zeit, in der linksradikale Gruppierungen die gesellschaftlichen Probleme mit dem Blei der Gewehre lösen wollten. Wie viel Leiden ist unter die Menschen gekommen von Idealisten, die mit Gewalt eine Veränderung der Umstände herbeizwingen wollten. Ideologien arbeiten immer mit den hohen Entwürfen einer großen Hoffnung, für die es sich lohnt, alles andere zu opfern. Ja, ganze Völker sind nahezu ausgerottet worden wie etwa von den Roten Khmer, die ja auch für ein Paradies auf Erden angetreten waren.

Auch zu Hölderlins Zeit hatte die beginnende Restauration eine ganze verlorene Generation von ehemals revolutionär denkenden und fühlenden jungen Menschen hervorgebracht. Boehlendorff war einer der unglücklichen Weggefährten Hölderlins, ein typischer Vertreter einer verlorenen Generation. Im Oktober 1794 immatrikulierte sich Boehlendorff an der Universität Jena und wurde ein Hörer Fichtes. Er wurde Mitglied der »Gesellschaft der freien Männer«, die von den Ideen der Französischen Revolution angeregt war. In den Jahren 1797 bis 1799 war er als Hauslehrer bei Berner Familien tätig und schrieb danach eine Geschichte der Helvetischen Revolution. Mit Friedrich Hölderlin sowie mit anderen Dichtern und Gelehrten war er gut befreundet. Aber trotz vieler Versuche und Hilfen gelang es Boehlendorff nicht, gesellschaftlich Fuß zu fassen. Seit 1804 bis zu seinem Suizid im Jahr 1825 führte Boehlendorff ein unstetes Leben. Ein ähnliches Schicksal erlitten viele der Weggenossen Hölderlins.

6.4 Der Wunsch und das Ver-Wünschen

Hölderlin sprich in dem Gedicht nicht vom Muth, aber der Wunsch ins Offene zu kehren gelingt. Auch wenn er das Wort Mut nicht verwendet, ist es vielleicht der größte Mut, in der Depression den ersten Schritt ins Offene zu wagen.

Dennoch gelinget der Wunsch, Rechtgläubige zweifeln an Einer

Stunde nicht und der Lust bleibe geweihet der Tag.
Denn nicht wenig erfreuet, was wir vom Himmel gewonnen,
wenn ers weigert und doch gönnet den Kindern zulezt.

Wenn Wunsch gelingt und wenn er ein reiner und rechter Wunsch ist, so wird sich wie von allein die Erfüllung einstellen. Der Himmel wird selbst das Seine dazutun:

Darum hoff ich sogar, es werde, wenn das Gewünschte
wir beginnen und erst unsere Zunge gelöst,
und gefunden das Wort, und aufgegangen das Herz ist,
und von trunkener Stirn' höher Besinnen entspringt,
mit der unseren zugleich des Himmels Blüthe beginnen,

6.4 Der Wunsch und das Ver-Wünschen

Hölderlin greift hier eine alte chassidische Vorstellung auf. Die jüdischen Chassidim verstanden die Thora als eine goldene Kette, die JHWH vom Himmel herabhängen lässt. Seit die Menschen aus dem Paradiese vertrieben wurden, sind Himmel und Erde getrennt. Aber um den Menschen die Möglichkeit zu geben, das Paradies wieder zu erlangen und den Himmel auf die Erde zu holen, hat JHWH die goldene Kette der Thora am Himmel aufgehängt. Wenn der gläubige Jude mit aller Kraft an dieser Kette zieht, indem er sich fest an die Gesetze der Thora hält, sorgt er dafür, dass sich der Himmel nicht noch weiter entfernt. Für mehr sind seine bescheidenen Kräfte zu schwach. Wenn es aber gelingen würde, dass auch nur einen Augenblick lang alle Gläubigen zusammen mit aller Kraft an der Kette ziehen, so würde JHWH das Seine dazu tun und vom Himmel her an der goldenen Kette ziehen. Dann würden Himmel und Erde wieder vereinigt und der Himmel wäre auf Erden. Das Paradies wäre wiedergewonnen. Um dieses Werk zu vollbringen, bedarf es immer Einiger, die vorangehen, um all den Anderen den Weg zu zeigen, wie das Paradies wiedergewonnen werden kann. Das sind diejenigen, die vorausschauend vor der Zeit das Künftige sehen und durch ihr Vorbild die Anderen auf den Weg bringen:

> Aber kommen doch auch der seegenbringenden Schwalben
>   Immer einige noch, ehe der Sommer ins Land.

Der Dichter, der den Freund hinaus ins Offene ruft, ist wie die Schwalben, die zu früh kommen, aber schon weit voraus den künftigen Sommer künden. Schwalben haben eine besondere Nähe zu den Menschen. Als Kulturfolger bauen sie wie die Menschen ihre Häuser und sie siedeln in Kolonien immer in der Nähe des Menschen. Früher galten die Schwalben, die ihre Nester aus Lehm im Stall oder gar im Hauseingang bauten, als Glücksbringer. Wenn keine Schwalben im Haus nisteten, galt dies als ungutes Vorzeichen. Aber was ist, wenn die Dichter als frühe Schwalben ihren Gesang anstimmen aus der Not und Beschränktheit des Augenblickes, wenn sich die Entwürfe der erwarteten Zukunft nur aus rein Persönlichem speisen? Dann leiten sie die Gefährten, die sie rufen, um ihnen zu folgen in die Irre. So ist sich Hölderlin voll bewusst, dass wir

6. Die bleierne Zeit - Mut

uns aus der Not der Situation heraus leicht ver-wünschen. Darum schränkt er ein:

> Nur dass solcher Reden und auch der Schritt und der Mühe Werth der Gewinn und ganz wahr das Ergötzliche sei.

Die Entwürfe für die Zukunft und die Ziele, die wir erreichen wollen, stammen aus der Gegenwart, die von unserer Vergangenheit geprägt ist. Wir können nicht unabhängig von der gegenwärtigen Situation Wünsche entwerfen. Darum war es auch der Wahlspruch einer bestimmten Zeit: Macht kaputt, was Euch kaputtmacht. In der Rezension eines Buches mit eben diesem Titel heißt es:

> Die 68er waren mit großen Idealen angetreten, von denen in diesem Buch in ebenso großen Worten die Rede ist. Nicht zur Sprache kommt, was aus diesen Idealen geworden ist: Die Mehrzahl der Revolutionäre ist zu geistig satten Oberlehrern geworden, die unseren Kindern aus dem Elfenbeinturm ihrer missglückten Utopien heraus das Leben schwer machen. Andere wurden zu obrigkeitshörigen, machtgierigen Politikern, die ihre eigenen Ideale verraten haben.[1]

Hölderlin ruft den Freund ins Offene nicht mit einem ganz großen und gewaltigen Entwurf für eine ideale Zukunft und eine revolutionäre Idee zur Veränderung und Idealisierung der Menschheit. Der Ruf - Komm! Ins Offene, Freund! - am Beginn des Gedichtes hat einen starken Aufforderungscharakter: Komm! Der Ruf kommt nicht aus dem Offenen, sondern aus der Enge. Es ist nicht der Ruf dessen, der aus dem Offenen her den Freund, der noch in der Enge weilt, herausruft, so wie der Prophet oder der Rufer in der Wüste die Menschen ruft. Es ist der Ruf in der drückenden Enge nach Gefährten, um sich gemeinsam auf den Weg ins Offene begeben zu können. Der Himmel ist eng und schließt uns ein, ja es ist die ‚bleierne Zeit'. Der Ruf ist die Aufforderung, sich aufzumachen aus der Enge und Bedrücktheit und hinauszugehen in die offene Weite. Der Dichter kann und will diesen Weg nicht allein gehen, er fordert den Freund auf, mitzukommen. Der Freund ist nicht mehr die Geliebte, die, wie Susette Gontard an die gesellschaftlichen Zwänge gebunden ist.

---

[1] Rold Uesseler: Die 68-er. Macht kaputt, was euch kaputt macht. Rezension bei Amazon

Schließlich ist sie die Gattin des Bankiers und führt ein reiches, gesellschaftliches Leben im Frankfurter Haus. Der Freund, den der Dichter ruft, ist der Gefährte, der sich gemeinsam mit ihm aufmacht, das Offene zu suchen und zu gewinnen.

In einem philosophischen Entwurf, der erst 1911 in einer Ausgabe der gesammelten Werke Hölderlins veröffentlicht worden ist, schreibt er:

> Das tiefe Gefühl der Sterblichkeit, des Veränderns, seiner zeitlichen Beschränkungen entflammt den Menschen, dass er viel versucht, übt alle seine Kräfte, und lässt sich nicht in Müßiggang gerathen, und man ringt so lange um Chimären, bis sich endlich wieder etwas Wahres und Reelles findet zur Erkenntnis und Beschäfftigung.
>
> In guten Zeiten giebt es selten Schwärmer.
>
> Aber wenns dem Menschen an großen reinen Gegenständen fehlt, dann schafft er irgend ein Phantom aus dem und jenem, und drückt die Augen zu, dass er dafür sich interessieren kann, und dafür leben.[1]

6.5 Der Gang aufs Land

Im Gedicht ruft Hölderlin nicht dazu auf, Phantomen oder wolkenhaft nebligen Chimären zu folgen. Er ruft zu etwas ganz Schlichtem, nämlich zu dem Gang aufs Land:

> Denn nicht Mächtiges ists, zum Leben aber gehört es,
>   was wir wollen und scheinet schicklich und freudig zugleich.
> Aber kommen doch auch der seegenbringenden Schwalben
>   Immer einige noch, ehe der Sommer ins Land.
>
> Nemlich droben zu weihn bei guter Rede den Boden
>   wo den Gästen das Haus baut der verständige Wirth;
> Daß sie kosten und schaun das Schönste, die Fülle des Landes,
>   Daß, wie das Herz es wünscht, offen, dem Geiste gemäß
> Mahl und Tanz und Gesang und Stuttgards Freude gekrönt sei,

---

[1] Hölderlin, Reflexion; Stuttgarter Ausgabe Bd. 4

6. Die bleierne Zeit - Mut

Deßhalb wollen wir heute wünschend den Hügel hinauf.[1]

Das ist wahrhaftig nichts Mächtiges und revolutionär Neues: Ein neugebautes Gasthaus oben auf dem Berg einweihen bei gemeinsamem Mahl und Gesang. Aber Hölderlin hofft, dass dieses Mahl ‚dem Geiste gemäß' sei. Es soll kein Fressgelage mit anschließendem Besäufnis werden, das im Rausch versinkt.

Der ‚verständige Wirt' hat ein Gasthaus errichtet, damit die Gäste das Beste kosten und schaun ‚die Fülle des Landes'. Das sind nicht nur die Früchte, die hier im Land gediehen sind, es ist auch die Schönheit des Landes in den Feiertagen des Frühlings. Heute gilt es, das Richtfest für dieses Gasthaus zu feiern. Der Zimmermann spricht seinen Spruch, weil es die Sitte, der Brauch erfordert. Die Bräuche bestehen von altersher und sie geben dem Leben, was es braucht. Der Alltag wird durch die Bräuche strukturiert und gewinnt einen Sinn, indem die Feiertage des Jahres den Jahresgang gliedern. In den Feiertagen des Frühlings wird der rauschhafte Neubeginn der Natur gefeiert, im Erntedank der Natur für den reichen Segen gedankt. Immer aber kommen die Menschen zu diesen Bräuchen zusammen und feiern gemeinsam das Leben. Wenn die Menschen zusammenkommen, versammeln sich auch die Götter und schauen »lächelnd auf uns«.[2]

6.6 Das Fest

Im homerischen Hymnus auf Apollon wird ein solches Fest geschildert. Die Menschen versammeln sich zur Feier des Gottes auf der Insel Delos. Sie sind von der Festfreude so verwandelt, dass man meinen könnte, sie seien die Unsterblichen. Das ‚größte Wunder' aber sind die delischen Mädchen, die zum Gesang des Rhapsoden tanzen. Der Rhapsode singt von schweren Leben der Sterblichen und er gedenkt der Unsterblichen. Zur gleichen Zeit versammeln sich die Götter auf dem Olymp, Apollon selbst singt von den Freuden der Unsterblichen und er gedenkt der Leiden der Sterblichen, und die Musen und Chariten selbst tanzen zu seinem Lied. Das Fest, das die Menschen »dem Geiste

---

[1] Hölderlin; Gang aufs Land
[2] ebd.

gemäß« feiern und tanzen, bringt Götter und Menschen zusammen. Die Versammlung der Götter bei Gesang und Tanz ist wie ein Spiegel dessen, was die Sterblichen tun. Das delische Fest ist geistig, weil der Sänger das rechte Wort weiß, weil er es singt und die delischen Mädchen dazu den Reigen tanzen, der Götter und Menschen zusammenbringt.

Für Hölderlin und seine Zeit war das alte Griechenland noch der Ort, an dem Götter und Menschen gemeinsam speisten. Im Gesang ‚Brot und Wein' schreibt er:

> Seeliges Griechenland! du Haus der Himmlischen alle,
> also ist wahr, was einst wir in der Jugend gehört?
> Festlicher Saal! der Boden ist Meer! und Tische die Berge,
> wahrlich zu einzigem Brauche vor Alters gebaut!
>
> wo brichts, allgegenwärtigen Glüks voll
> Donnernd aus heiterer Luft über die Augen herein?
> Vater Aether! so riefs und flog von Zunge zu Zunge
> Tausendfach, es ertrug keiner das Leben allein;
> Ausgetheilet erfreut solch Gut und getauschet, mit Fremden,
> Wirds ein Jubel, es wächst schlafend des Wortes Gewalt
> Vater! heiter! und hallt, so weit es gehet, das uralt
> Zeichen, von Eltern geerbt, treffend und schaffend hinab.

Nun aber sind die antiken Götter verschwunden und das einstmals blühende Land steht in Ruinen. Umso bedeutsamer ist es, dass jetzt, in der Heimat Hölderlins, der ‚verständige Wirt' wieder das Gasthaus baut, in dem diese ursprüngliche Einheit wieder erfahrbar werden soll.

Der Zimmermann tut seinen Spruch beim Richtfest, wie es Tradition ist, der Dichter versucht seinen Gesang, aber das wichtigste tut das Mailicht, das »ein Besseres noch darüber« spricht.

> Mög' ein Besseres noch das menschenfreundliche Mailicht
> drüber sprechen, von selbst bildsamen Gästen erklärt,

> Oder, wie sonst, wenn es andern gefällt, denn alt ist die Sitte,
> Und es schauen so oft lächelnd die Götter auf uns,
> möge der Zimmermann vom Gipfel des Daches den Spruch thun, Wir, so gut es gelang, haben das Unsere gethan.[1]

6.7 Das menschenfreundliche Mailicht

Was das menschenfreundliche Mailicht spricht, muss nicht mehr erklärt werden. Was es spricht, ist »von selbst bildsamen Gästen erklärt«. Die Gäste sind bildsam, weil sie sich nach dem Spruch des Mailichtes bilden lassen. Das Mailicht ist freundlich, weil es zwar wärmt, aber mild und freundlich, nicht heiß und zerstörerisch ist. Aber was spricht das menschenfreundliche Mailicht?

> Aber schön ist der Ort, wenn in Feiertagen des Frühlings
> Aufgegangen das Thal, wenn vom Neckar herab,
> Weiden grünend und Wald und all die grünenden Bäume
> zahllos, blühend weiß, wallend in wiegender Luft,
> aber mit Wölkchen bedekt an Bergen herunter der Weinstok
> Dämmert und wächst und erwarmt unter dem sonnigen Duft

Hölderlin gelingt in diesen fast ekstatisch tanzenden Versen etwas Ungeheures. Er vermählt den Geist Griechenlands mit dem Germanischen, indem er perfekte griechische Hexameter mit dem alten deutschen Stabreim verknüpft. Der Anfangsbuchstabe W tanzt durch die Zeilen, die grünenden Bäume blühen weiß wallend in wiegender Luft, während der Weinstock wächst und wärmt und die Ernte des Weines sich vorbereitet.

Das Tal, das zuvor in drückender, bleierner Schwere verschlossen war, ist nun aufgegangen. Freilich hat sich der Blickwinkel geändert: Der Dichter schaut nun nicht mehr aus der Enge der Gassen sehnsüchtig nach oben, er steht im Offenen, auf der Höhe des Berges und erlebt nahezu rauschhaft die Natur in den Feiertagen des Frühlings. Es ist der Reigen der Natur selbst, der unmittelbar - ohne dass sich das Bild der Götter oder der Göttlichen dazwischen schiebt - die Fülle feiert. Es ist das, was das menschenfreundliche Mailicht klar und hell, von selbst

---

[1] Hölderlin; Gang aufs Land

erklärt, den bildsamen Gästen zeigt. Das Mailicht braucht keine Worte, es spricht unmittelbar zum Gemüth und macht heiteren Muth.

Dieses ekstatische Erlebnis muss freilich in Nüchternheit verarbeitet werden. Schon bevor der Dichter und der Gefährte aus dem Tal aufgebrochen sind, heißt es:

> Wenn... erst unsere Zunge gelöst,
> und gefunden das Wort, und aufgegangen das Herz ist,
> und von trunkener Stirn' höher Besinnen entspringt

Das Herz muss aufgegangen sein. Das Herz ist der Sitz der Gefühle und Emotionen. Ohne Beteiligung des Herzens kann kein guter Gedanke gelingen. Die Stirn ist »trunken«, rauschhaft. Nur aus dieser Trunkenheit kann die Be-Geisterung entspringen. Aber von ihr muss auch ein ‚höher Besinnen' entspringen, damit das Erlebte nicht in rauschhafter Trunkenheit untergeht. Nur das höhere Besinnen lässt uns verstehen, was wir erlebt und erfahren haben. Es ist ein ‚höheres Besinnen' fern von jeder buchhalterischen und zahlenmäßigen trockenen Nüchternheit. Im ‚Entwurf des Systemprogrammes',[1] das sich unter den Papieren des Hölderlinfreundes Hegel fand, und das vermutlich von Schelling stammt, heißt es:

> Die Menschen ohne ästhetischen Sinn sind unsere Buchstaben Philosophen.

Die Philosophie des Geistes ist eine ästhetische (sinnliche) Philosophie. Man kan in nichts geistreich seyn ... ohne ästhetischen Sinn. Hier soll offenbar werden, woran es eigentl. dem Menschen fehlt, die keine Ideen verstehen, - und treuherzig genug gestehen, daß ihnen alles dunkel ist, sobald es über Tabellen u. Register hinausgeht.

6.8 Das Mahl im Angesicht Gottes

Oben auf dem Berg im Gasthaus geht es nicht nur darum, die Natur zu genießen, sondern auch die Früchte des Landes in Mahl, Tanz und Gesang. Das gemeinsame Mahl ist in der Tat eine der ältesten und

---

[1] Siehe oben S. 19 ff

grundlegendsten Erfahrungen des Menschen und eine der tiefgreifendsten religiösen Erfahrungen. Nachdem Moses auf dem Berg Choreb die steinernen Gesetzestafeln erhalten hatte, führte er die Ältesten Israels hinauf auf den Berg. Am frühen Morgen kommen sie auf dem Gipfel an und sie »sahen Gottheit, leuchtend wie Kern des Himmels«. Und dann geschieht etwas Ungeheures: »Sie setzten sich nieder und aßen und tranken und nicht reckte seine Hand aus JHWH wider die Eckpfeiler Israels«.

> Empor stieg
> Moshe und Aharon, Nadab und Abihu, siebzig von den Ältesten Jifraels.
> Sie sahen
> den Gott Jifraels: zu Füßen ihm
> wie ein Werk von saphirnen Fliesen
> wie der Kern des Himmels an Reinheit.
> Er aber schickte seine Hand nicht aus wider die Eckpfeiler der Söhne Jifraels.
> Sie sahen Gottheit
> und aßen und tranken.[1]

Die Ältesten Israels SEHEN Gottheit. Aber was sie sehen, ist ein Leuchten wie Kern des Himmels. Sie sehen keinen alten Mann mit Bart und erhobenem Zeigefinger. Sie sehen das Leuchten der frühen Sonne im Kern des Himmels. Und in diesem gestaltlosen Leuchten sehen sie Gottheit. Statt niederzufallen im Gebet tun sie das Natürlichste und Einfachste: Sie setzen sich zum gemeinsamen Mahl im Angesicht der Gottheit. Kein Mensch kann die Gottheit sehen von Angesicht und leben. Aber das gemeinsame Mahl wird zu einer Feier der Gegenwart Gottes und der Gemeinschaft der Menschen.

Das ist umso erstaunlicher, als ein wenig später im Buch ‚Namen' der fünf Bücher Mose beschrieben ist, wie Moses versucht, JHWH - Gott von Angesicht zu sehen:

> Da sprach er (Moses):
> Lasse mich deine Erscheinung sehen!

---

[1] Die Schrift, (Namen, 24.7 ff; Übersetzung: Martin Buber)

> Er aber sprach:
> Mein Antlitz kannst du nicht sehen,
> denn nicht sieht mich der Mensch und lebt.

6.9 Götter im Gasthaus

In der dritten und vierten Strophe seines Gedichtes versucht Hölderlin offenbar, dieses Ungeheure zu sagen: Im Angesicht Gottes gemeinsam essen und trinken. In der Handschrift des unfertigen Gedichtes erkennt man die Entstehung des Gedankens. Offenbar hatte Hölderlin einen Bauplan des Gedichtes im Kopf, aber er konnte den Gedanken (noch) nicht ausformulieren. Darum bleibt das Gedicht ab hier ein Fragment.[1]

Vielleicht versucht Hölderlin hier, sich ganz aus der alten Tradition zu lösen. Mit der Frage: »Was sollen Götter im Gasthaus« leitet er einen neuen Gedanken ein. Die alten Götter der Antike sind nicht mehr nötig. Sie waren nur Mittler zwischen Mensch und Natur. Nun haben sie »die Masken abgeworfen«. Sie sind nicht mehr Apollon oder Dionysos, das waren nur die Masken, die sich den Menschen gezeigt haben. Die Maske drängt mit starkem Andrang in die Wahrnehmung, aber sie ist nur Vorderseite. Je drängender der Andrang der Erscheinung ist, desto hartnäckiger verbirgt sich das Eigentliche hinter der Rückseite der Maske. Nun haben die Götter die Masken abgeworfen und das Eigentliche, die Natur selbst kann zum Vorschein kommen. Die Götter und das Göttliche ist viel zu mächtig:

> Nicht Mächtiges ists, zum Leben aber gehört es,
> was wir wollen und scheinet schicklich und freudig zugleich.

Nun kommt die Natur selbst zum Vorschein und das Mahl im Offenen ist das einfachste des Menschlichen überhaupt. Wozu Götter?

Weit auseinander geschrieben und auf die noch zu füllenden Zeilen verteilt stehen im Entwurf die Worte:

---

[1] In der Stuttgarter Ausgabe reicht das Gedicht nur bis zu der Zeile: »Aber mit Wölkchen bedeckt an Bergen herunter der Weinstock / Dämmert und wächst und erwarmt unter dem sonnigen Duft.« Die Hanschrift findet sich in Frankfurter Ausgabe von D.E. Sattler. Legt man die Strophen des Gedichtentwurfes nebeneinander, so kann man den Bauplan der letzten Strophe erkennen.

6. Die bleierne Zeit - Mut

>   Indessen oben
>
>   und der volle Saal
>
>   da, da
>   sie sinds, sie haben die Masken
> Abgeworfen
>   jetzt, jetzt, jetzt
>   ruft
>   dass es helle werde,
>   weder höret noch sehen
>   Ein Strom
>   daß nicht zu Wasser die Freude
> Werde, kommt ihr himmlischen Gratien
>   und der Nahmenstag der hohen,
>   der himmlischen Kinder sei dieser![1]

Hier können diese teilweise fast ekstatischen Rufe der Freude nicht in allen Einzelheiten interpretiert werden, nur so viel: Aus der bleiernen Zeit ist durch den Mut des Dichters der Aufbruch ins Offene gelungen. Die Götter sind erkannt und haben ihre Masken abgeworfen. Sie waren nichts anderes als geduldige Diener der Natur, die sich nun, in den Feiertagen des Frühlings unverfälscht und unverhüllt selbst zeigt. Die Erfahrung des Religiösen und des Numinosen findet nicht mehr in den Kirchen statt, die - so Nietzsche - nur noch Grüfte und Grabmäler des gestorbenen Gottes sind. Aber noch hat der Dichter keine wirklichen

---

[1] Die Anordnung des Textes mit der Verteilung auf die Zeilen folgt der Handschrift Hölderlins. Darstellung der Handschrift und der Transkription in der Frankfurter Ausgabe von D.E. Sattler

6.9 Götter im Gasthaus

Namen für das Unerhörte und Neue. In der Hymne ‚Heimkunft - An die Verwandten' schreibt er:

> Wenn wir segnen das Mahl, wen darf ich nennen, und wenn wir
> Ruhn vom Leben des Tags, saget, wie bring ich den Dank?
>
> Nenn ich den Hohen dabei? Unschickliches liebet ein Gott nicht,
> ihn zu fassen, ist fast unsere Freude zu klein.
> Schweigen müssen wir oft; es fehlen heilige Namen,
> Herzen schlagen und doch bleibet die Rede zurück?
> Aber ein Saitenspiel leiht jeder Stunde die Töne

Haben wir uns nicht ein wenig verstiegen und ver-wünscht vor lauter Mut, wenn wir annehmen, dass für Hölderlin Götter im Gasthaus weilen? Nein, denn am Schluss des Gedichtes fragt Hölderlin selbst:

> Aber fraget mich eins, was sollen Götter im Gasthaus?
> Dem antwortet, sie sind, wie die Liebenden, feierlich seelig,
> Wohnen bräutlich sie erst nur in den Tempeln allein
> aber so lange noch nach jenen genannt ist,
> werden sie nimmer und nimmer die Himmlischen uns
> Denn entweder es herrscht ihr Höchstes blinde gehorcht dann Anderes / Oder sie leben in Streit, der bleibt nicht oder es schwindet / Wie beim trunkenen Mahl, alles
> Diß auch verbeut sich selbst, auch Götter bindet ein Schiksaal
> Denn die Liebenden all bindet des Lebens Gesez.

Zuerst wohnen die Götter nur in den Tempeln. Sie wohnen allein in Tempeln und sie sind dort allein. Dort aber sind sie die Herrschenden, die den Menschen ihre Gesetze, Ge- und Verbote aufdrücken. Den Menschen bleibt nichts anderes, als zu gehorchen. Nun sind sie gemeinschaftlich mit den Menschen wie Liebende und feiern das Höchste, die Früchte des Landes und die Schönheit der Natur.

Es bräuchte viele glückliche Stunden, um diesen Gedanken weiter nachzuspüren. Aber manchmal fehlen die Worte, es muss genügen, die Saiten in uns zum Klingen zu bringen. Vielleicht hören und spüren wir dann selbst die Fülle dieser Erfahrung.

Im Gang aufs Land notiert Hölderlin fast verzweifelt am Rande der zerbrochenen Verse:

Die Last der Freude
Singen wollt ich leichten Gesang, doch nimmer gelingt mirs,
Denn es machet mein Glück nimmer die Rede mir leicht.

Das Glück, das ihm die Rede nicht leicht macht, könnte das Freudige sein, das Hölderlin zu sagen versucht. Das Glück könnte aber auch sein Schicksal sein, dass er als zu früh Gekommener noch nicht in der Lage war, das Einfache zu sagen, das zugleich so glückhaft ist.

Vielleicht hätte Hölderlin, wenn er heute leben würde, in den Ideen des Zen eine Geistesverwandtschaft gefunden. Was zeichnet den Erwachten, den Mensch ohne Rang aus? Er isst, wenn er hungrig ist, er schläft, wenn er müde ist. Nicht Besonderes, aber zum Leben gehört es. Und es braucht keine Namen um das Offene zu nennen. Bodhidharma hatte auf die Frage, was der Sinn der heiligen Wahrheit sei geantwortet: Offene Weite! Nichts Heiliges!

Mögen wir immer mit dem Mut gesegnet sein, uns auf den Weg zu machen, um in den kleinen, scheinbar alltäglichen Dingen das Heilige, nein die offene Weite eines frohen Mutes zu finden.

6.9 Götter im Gasthaus

TEIL II
JAPAN UND DER ZEN

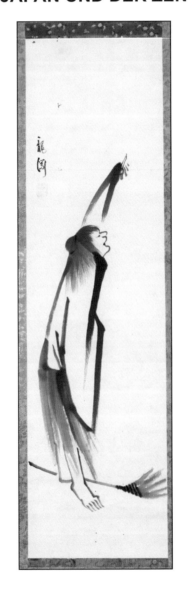

6.10 Jittoku shigetsu

Jittoku zeigt mit dem Finger auf den Mond. [1]
Doch er ist selbst wie der Mond!

Verwechsel nicht den Finger mit dem Mond!

Vor der Klippe sitz ich ganz allein,
voller Mond strahlt hell am Himmel.
Die zehntausend Dinge sind Schatten in seiner Mitte,
doch eigentlich bescheint es nichts, dies eine Rad.
Frei und leer, ungebunden – mein Geist ist rein.
Die Leere umarmend,
versenk ich mich ins Geheimnis.
Mit dem Finger auf ihn deutend, sehn wir den Mond,
der Mond ist des Geistes Angelpunkt.

Hoch, hoch erhaben über den Gipfeln,
Wohin ich blicke - grenzenlose Weite.
Da SITZE ich allein, von aller Welt vergessen. In kalter Quelle spiegelt sich einsamer Mond,
Doch in der Quelle, das ist nicht der Mond,
Der Mond selbst steht am schwarzen Himmel.
Ich singe dies Lied für Euch,
Doch im Lied kein Zen!

Han-Shan

---

[1] Abbildung des Jittoku shigetsu Sammlung Prof. Walter Gebhard

7. Mujō - Die Vergänglichkeit der Dinge

> Die Pflaumenblüten würden gern den Sommer erleben
> Doch Wind und Monde verdrängen sie ohne Geduld.
> Bei allem Suchen nach einem Han-Zeit Menschen
> Könntest du doch nicht einen einzigen mehr finden.
> So welken und fallen die Blüten Tag für Tag
> Jahr über Jahr gehen die Menschen ein in die Verwandlung
> Und dort wo heute Staubwolken aufwirbeln
> Erstreckte sich zu alter Zeit der Ozean.
>
> Han-Shan[1]

Kurz nach den Ereignissen in Japan mit dem Erdbeben, dem Tsunami und dem Atomunfall von Fukushima war eine Schulklasse hier im Myōshinan[2] zu Besuch, die das Thema Buddhismus und die buddhistischen Künste im Religionsunterricht behandelt hatte. Die jungen Menschen fragten ganz erschüttert, wie es kommt, dass die Japaner in dieser Katastrophe so ruhig und gelassen bleiben?

Vielleicht liegt es daran, dass sie schon von Kindheit an mit der Veränderung und dem steten Wandel konfrontiert werden, anders als bei uns, die wir uns sicher vor Naturkatastrophen wähnen und die wir unser Leben rundum »versichert« haben. Nicht nur, dass die Japaner häufig Erdbeben erleben, den Taifun im Herbst und immer wieder - wenn auch meistens kleinere - Tsunami.

An vielen Orten, wie in Kagoshima oder rund um den größten Vulkan der Welt - dem Aso - leben sie mit dem Vulkan und seinen »täglichen Launen«. Wenn der Vulkan in Kagoshima wieder mal zu sehr spuckt,

---

[1] Hanshan (Kanshan) und Shide (japanisch: Jittoku) sind zwei halblegendäre Gestalten des frühen chinesischen Zen. Sie werden gern als Freundespaar gesehen, die frei und unbeschwert durch die Berge des Tientai - Gebirges streiften und den Zen verwirklicht hatten. Jittoku (wörtlich: Finder) ist der ungebildete Koch, der nicht lesen und schreiben kann, Hanshan (kalter Berg) der gelehrte Dichter, der seine Gedichte an die Felswände schrieb.

[2] Myōshinan: Übungsstätte für japanische Zen-Künste, Dōjō des Verfassers

spannt man halt Regenschirme auf, um sich vor der Asche zu schützen und am Aso wird vorübergehend die Durchfahrt gesperrt.

Die Vergänglichkeit aller Dinge ist ein stetiges Thema in Japan und im japanischen Zen.

7.1 Das Iroha

Wenn die Japaner beginnen, lesen und schreiben zu lernen, so begegnen sie dem *Iroha,* dem japanischen „Alphabet", das aus 50 Silben besteht. Japaner können keine aufeinanderfolgenden Konsonanten sprechen, es muss immer ein Vokal dazwischen sein. Kein Wunder also, das ihr »Alphabet« nicht aus einzelnen Buchstaben, sondern aus Silben besteht. Heute sind diese Silben systematisch geordnet in der 50 Laute-Tafel, die mit der Reihe »a e i o u« beginnt . Die nächste Reihe ist eine Kombination der Vokale mit einem Konsonanten, also »ka, ke, ki, ko ku«, die nächste mit »sa, shi, su, se, so« und so weiter. Aber in der Entstehungszeit des Silbenalphabetes war man weit entfernt davon, die Silben systematisch nach ihrer Logik zu ordnen, sie wurden als Gedicht geschrieben, in dem jede Silbe nur ein einziges Mal vorkommt. Heute noch sind z.B. die Sitze im Noh-Theater nach diesem Iroha - Gedicht geordnet. Wer das Gedicht nicht kennt, kann seinen Theatersitz nicht finden. Das Gedicht beginnt mit den Silben I RO HA.

Iroha ist die Abkürzung für Iroha-uta (jap. いろは歌, 伊呂波歌). Es ist ein japanisches Gedicht, das alle Zeichen (Kana) des in der Heian-Zeit verwendeten Silbenvorrats der japanischen Schrift genau einmal verwendet. Es ist damit ein echtes Pangramm [1] und wird auch als Ordnungsschema verwendet. Für das heutige Japanisch gilt dies nur noch bedingt, da es auch veraltete Kana wie we und wi verwendet, aber für das später eingeführte n - ん noch mu - む nutzt. Das Gedicht wird üblicherweise in Hiragana geschrieben.

---

[1] Ein Pangramm enthält in einer sprachlichen Reihe, einem Satz oder einem lesbaren Text sämtliche Buchstaben der verwendeten Sprache. Im Deutschen z.B.: »Zwölf Boxkämpfer jagen Viktor quer über den großen Sylter Deich«

7. Mujō - Die Vergänglichkeit der Dinge

Die japanische Sprache benötigt eine Silbenschrift, weil die Japaner keine zwei aufeinander folgenden Konsonanten aussprechen können. Das *Iroha* wurde für die sogenannte Kana-Schrift entwickelt, die im Gegensatz zur chinesischen Schrift, die Bilder verwendet, eine reine Lautschrift ist. In der höfischen Literatur der Heian-Zeit benutzten die Hofdamen die *Hiragana* Schrift als eigenen Stil.

Das Grundthema des *Iroha* ist die Unbeständigkeit allen Seins. So ist jeder Japaner in seinem Alltag mit dem steten Wandel vertraut. Das Gedicht zeigt aber zugleich einen ‚Ausweg' aus dem Leiden an der Vergänglichkeit.

いろはにほへと	Iro ha ni ho he to
ちりぬるを	chi ri nu ru o
わかよたれそ	wa ga yo ta re zo
つねならむ	tsune na ra mu
うゐのおくやま	ui no oku ya ma
けふこえて	ke fu ko e te
あさきゆめみし	a sa ki yu me mi shi
ゑひもせす	we hi mo se su

Im zweiten Teil wird der Übergang in eine klare und reine Welt der Stille beschrieben. Die Lesung der Zeichen entspricht dem Lautbestand des Altjapanischen in der Heian - Zeit. In der modernen[1] Lesung lautet das Gedicht:

Iro ha nioedo
Chirinuru o
Wa ga yo dare zo
Tsune naramu

Ui no okuyama
Kyō koete
Asaki yume miji
Ei Mo sezu.

Die Farben sind noch frisch,

---

[1] Der Lautbestand ist heute leicht verändert, so dass einzelne Silben anders ausgesprochen werden als zur Heian Zeit.

7.1 Das Iroha

doch sind die Blätter, ach, schon abgefallen!
Wer denn in unserer Welt wird unvergänglich sein?

Die Berge fernab von den Wechselfällen (des Lebens)
heute überschreitend, /werde ich keinen seichten Traum mehr träumen, / bin auch nicht berauscht.[1]

Das Gedicht ist in der traditionellen Form des *Waka* mit einem Wechsel von sieben und 5 Silben geschrieben. Beide Teile haben 7 / 5 / 7 / 5 Verse. Die abgekürzte Form von 7 / 5 / 7 Versen ist bis heute in der *Haiku* Dichtung gebräuchlich.

Es sind zwei große Themen, die in dem Gedicht behandelt werden: die stete Vergänglichkeit aller Dinge und das Erwachen aus dem Traum, in dem wir uns von den Wechselfällen des Lebens als sicher wähnen.

Iro ha ... : Die Farben sind noch frisch, doch die Blätter sind schon abgefallen! Die Klage über die Vergänglichkeit, die aber bei aller Trauer zugleich eine innere Schönheit in sich birgt. Die Vergänglichkeit der Schönheit wird besonders deutlich in der Zeit der Kirschblüte. Wer einmal in der alten Kaiserstadt Kyōto die Kirschblüte erlebt hat, weiß um die atemberaubende Schönheit. Aber die Blüte dauert nur wenige Tage. Wenn es in dieser Zeit auch noch regnet, dann fallen die frischen Blütenblätter wie in einem dichten Schneesturm auf den Boden. Das

---

[1] 平安時代, Heian-jidai 794 - 1185. Der Grundstein der „goldenen" Heian-Zeit wurde im Jahre 794 gelegt, in dem der Kaiserhof in den Heian-Palast (Daidairi) nach Heian-kyō, dem heutigen Kyōto, verlegt wurde. Am Hof von Heian wurden die japanische Kultur, Kunst und Sitten zu außerordentlicher Verfeinerung geführt. Die Heian-Zeit gilt als die klassische Periode der japanischen Literatur, die besonders von Hofdamen gepflegt wurde. Zur sogenannten Hofdamenliteratur zählen z. B. das Genji Monogatari der Hofdame Murasaki Shikibu und das Kopfkissenbuch der Hofdame Sei Shōnagon. Daneben entwickelten sich die Tagebucherzählungen (nikki); auf kaiserlichen Befehl wurden Gedichtanthologien (Chokusenwakashū) zusammengestellt. Zwei wichtige Beispiele dazu sind das Kokinwakashū und das Manyōshū.
Da die chinesische Schrift damals noch die einzige Möglichkeit war, etwas niederzuschreiben, und man das Erlernen derselben als für Frauen unziemlich hielt, führte die Hofdamenliteratur der Heian-Zeit auch zur Entwicklung einer neuen Silbenschrift, die zunächst onna-de (Frauenhand) genannt wurde und später als Hiragana kanonisiert wurde. Später entstand ein zweites Silbenalphabet, das Katakana, das vorwiegend von Männern oder für Fremdworte aus dem Chinesischen oder dem Sanskrit verwendet wurde.

Moos, frisch und grün vom Regen, wird dann gefärbt von den abgefallenen Blütenblättern. Die Japaner sehen in diesen abgefallenen Blütenblättern auf dem frisch grünen Moos eine noch größere Schönheit, als in den Blüten, die noch am Baum sind.

Geht man durch den Garten hinter dem Hauptschrein von Kyōto, dem *Heian Jingu,* dann erlebt man diesen Blütensturm besonders intensiv. Bei dem kleinsten Windstoß kann man kaum noch die Bäume sehen, so dicht wirbeln die Blütenblätter durch die Luft. Dann nennt man diese Zeit das *Hana-Goromo*: Blüten auf dem Kimono-Übergewand oder dem Priestergewand. *Hana*, die Blüte ist dann einfach nur die Kirschblüte, die mit ihrer vergänglichen Schönheit für die Blüten schlechthin steht. Früher einmal war sie das Sinnbild des Samurai, der in der schönsten Blüte seiner Jahre im Kampf gefallen ist.

Die japanischen Kirschen werden nur wegen der Schönheit ihrer Blüte gezüchtet. Die Früchte sind nicht genießbar. So ist die Blüte der Innbegriff der schnell vergänglichen Schönheit, die keine Frucht trägt.

7.2 Farbe und Leidenschaft

Das chinesische Schriftzeichen für *iro* 色 - Farbe zeigt zwei Menschen in einer liebenden Vereinigung. Das zeigt das Schriftzeichen in den alten Siegelschriften noch sehr deutlich. »Farbe« ist eine sehr heftige und stark emotionale Beziehung des Menschen zu einem Anderen, das heftig begehrt wird. Farbe ist immer mit einer starken emotionalen Bindung an das Andere verbunden.

In der alten japanischen Sprache bedeutet *iro*, in der sinojapanischen Lesung auch *shoku* oder *shiki*, zunächst die Gesichtsfarbe, vor allem die einer schönen Frau. Das Gesicht ist der Teil des Menschen, der in besonderer weise Beziehung zu dem Gegenüber aufnimmt, es ist die Vorderseite, das, was den Anderen an-geht und an-macht. Weil eine schöne Frau den Mann oft erregt und anzieht, bedeutet *iro* daher auch »Lust« oder »Begierde«. Übertragen bedeutet *iro* dann jede Erregung des Herzens, die von einem aufreizenden Affekt ausgeht. Jedes Seiende, das den Menschen an-geht, hat Farbe. Farbe ist die Art und

7.2 Farbe und Leidenschaft

Weise, wie etwas Seiendes ins Auge fällt. Farbe fällt ins Auge, spricht an und lässt uns aufmerken.

Farbe ist damit aber nicht nur etwas am Objekt: Das angegangene Subjekt antwortet immer auch seinerseits mit einer emotionalen Regung. Dadurch gewinnt das eigene Herz »Farbe«. Farbe ist leidenschaftliche Hinwendung zu dem, was sich zeigt. Wir sagen ja auch, dass unser Leben Farbe bekommt, wenn wir etwas leidenschaftlich Schönes erleben oder wahrnehmen. Fehlt die Farbe, so wird das Leben grau und fade.

Im *Genji monogatari*, den Erzählungen der Hofdame Murasaki über den Prinzen Genji tragen nahezu alle Damen des Prinzen, denen er in Liebesabenteuern begegnet, Blumennamen: Asagao, Yugao usw. Noch Lafcadio Hearn schreibt in seinen »Begebenheiten aus dem Lande Izumo«, dass man Frauen gern mit Blüten vergleicht. Ôshikôchi no Mitsune wird sich also, wie es in der höfischen Gesellschaft üblich war, auf Liebesabenteuer begeben haben. Es scheint, daß die höfische Gesellschaft zur Heianzeit diese ständigen Liebeshändel brauchte, damit das Herz blühte und Farbe bekam. Ohne diese Farbe war das Leben grau. Diese Abenteuer waren niemals auf Dauer angelegt. Genji hat durchaus gleichzeitig mehrere Liebesbeziehungen zu den unterschiedlichsten Damen. Deshalb müssen Liebesabenteuer also geheim gehalten werden. Die Farbe, die das Herz durch die Liebesbeziehung gewinnt, ist nicht von Dauer und sie darf nicht gezeigt werden, da sie sonst von anderen bemerkt würde.

Abb. 3 iro: Siegelschriften

Das Thema der Farbe, die Leidenschaft ist, und der Farblosigkeit, die Freiheit von den Leidenschaften und dem Leiden schenkt, ist Thema in der Gedichtsammlung des *Kokin Wakashū* (古今和歌集).[1] Das *Kokin wakashū* ist eine Sammlung von Gedichten, die im Auftrag des Kaisers Uda (reg. 887 - 897) in Auftrag gegeben wurde. Die Gedichte sind in der

7. Mujō - Die Vergänglichkeit der Dinge

klassischen Form des *waka mit einer Folge von 5 - 7 - 5 und 7 - 7 Silben geschrieben.*

Die Subjektivität der Herzensblüte überträgt sich durchaus auch auf die objektive Wahrnehmung.[1]

Tokiwa naru	Selbst das beständige
matsu no midori mo	Grün der Kiefer -
haru kureba	kommt der Frühling,
ima hitoshio no	ist ihre Farbe
iro masarikeri	schöner als zuvor.

Das Grün der Kiefer, das immer gleich bleibt (*tokiwa naru*), »blüht auf«, wenn das eigene Herz im Frühling neue Farbe gewinnt. Farbe ist niemals unabhängig von der eigenen Gestimmtheit und Farbe des Herzens. Selbst die unveränderlich grüne Farbe der Kiefer, die absolut beständig ist, scheint schöner zu sein, wenn das Herz in den leidenschaftlichen Tagen des Frühlings diese Farbe wahrnimmt.

Aber diese Farbe des Herzens zeigt man nicht nach außen. In Japan ist und war es absolut wichtig, dass die Mitmenschen meine eigene Stimmung nicht erkennen können. Man lächelt höflich, auch wenn das Herz vom Schmerz zu zerreißen droht:[2]

花見れば心さへにぞうつりける
いろにはいでじ人もこそしれ

Hana mireba	Beim Anblick der Blüten
kokoro sae ni zo	fühle ich mich selbst
utsurikeru	vom Wandel ergriffen -
iro ni wa ideji	doch zeige ich es nicht als Farbe
hito mo koso shire	sonst wüssten andere davon.

In der zweiten Zeile ist vom eigenen Herzen - *kokoro* - die Rede, das durch die Farbe der Blüten, die man schaut, selbst gefärbt wird. Diese Farbe ist die Gestimmtheit, die man durch die äußeren Gegebenheiten annimmt. Der Dichter zeigt diese Gestimmtheit oder die Farbe nicht nach außen, damit die anderen Menschen sie nicht sehen können. Die Blüten

---

[1] Nr 24, verfasst von Minamoto no Muneyuki
[2] Nr 104, verfasst von Ōchikōchi no Mitsune

sind, wie sie sind, sie können ihre Farbe nicht verbergen. Sie verändern die Farbe, so wie der Mensch seine Stimmungen verändert.

Aber der Mensch kann nach außen eine andere Farbe zeigen, als sie in seinem Herzen herrscht. Diese Fähigkeit, die Gestimmtheit oder Farbe des Herzens vor anderen zu verbergen, ist im Zusammenleben der Menschen von großer Wichtigkeit. Wir können nicht immer unsere Stimmungen nach außen zeigen, ohne die anderen möglicherweise zu verletzen. »Wie's drinnen aussieht, geht niemand was an!«

Farbe ist aber schlechthin vergänglich. »Die Farbe ist noch frisch, aber die Blätter sind schon abgefallen!« So heißt es im Iroha. Die Farbe ist zwar noch da, aber es zeigt sich in den gefallenen Blüten bereits der Untergang und der Verfall.

Farbe, *iro*, ist also etwas, das ins Anwesen hervor kommt, ein Gegenüber an-geht und zu einer Reaktion herausfordert, sich verändert, schwindet und sich ins Dunkel entzieht. Ganz wesentlich spricht Farbe das Herz des Menschen an, nimmt es gefangen und lässt es in Trauer über die Vergänglichkeit zurück.

Es klingt wie ein Aufschrei nach Freiheit von der leidenschaftlichen Farbe, wenn der Dichter Ariwa no Narihira dichtet:[1]

世中に	yo no naka ni
たえてさくらの	taete sakura no
なかりせば	nakariseba
春の心は	haru no kokoro wa
のどけからまし	nodokaramashi

    Wenn doch mitten in dieser Welt
    die Kirschblüte nicht wäre!

    Es könnte das Frühlingsherz
    so friedlich sein.

---

[1] Kokin wakashu Nr. 53

7. Mujō - Die Vergänglichkeit der Dinge

Mitten in der Welt - yo no naka ni ist keine objektive Welt, wie wir sie denken. Yo - 世 ist das Geflecht von Beziehungen zu Personen und Dingen, in deren »Mitte« (naka 中) das eigene Herz sitzt. Diese Beziehungen bilden meine Welt, nicht stoffliche Gegen-stände, die mir objektiv und unabhängig von mir gegenüber stehen. Dieses Geflecht der Beziehungen zu den Menschen und Dingen wird von meinem Herzen geformt und formt mein Herz. Im Zhuangzi heißt es:

> Gäbe es keinen ‚Anderen', dann gäbe es kein ‚Ich'. Gäbe es kein ‚Ich', wäre da nichts, was den ‚Anderen' wahrnähme.[1]

Die Kirschblüten mit ihrer Farbe, seien es reale Blüten oder die Blüten der Liebe zu einer schönen Frau, bringen Sehnsucht, Bewegung, Veränderung und Vergänglichkeit. Zwar erfüllt die Farbe der Kirschblüten das Herz, sie erzeugt zugleich aber auch die schmerzliche Empfindung der Vergänglichkeit.

Wenn die Welt sich nicht wandeln würde, könnte das Herz still und friedlich sein. Aber die Welt ist in stetigem Wandel und reißt das Herz mit, weil es die eigene Vergänglichkeit und die Unbeständigkeit der Dinge mit-leidet.

Ein berühmtes Beispiel für eine unlösbare Verbindung der »objektiven« Farbe mit der »subjektiven« Empfindung des Herzens zeigt ein Waka der Dichterin Ono no Komachi, das im Kokin Wakashu aufgezeichnet ist.[2]

花の色はうつりにけりないたづらに
わが身世にふるながめせしまに

hana no iro wa	Die Farbe der Blüten
utsuri ni keri na	die sich jetzt gewandelt hat
itazura ni	war sinnlos!
wa ga mi yo nu furu	unerfüllt wurde ich alt,
nagame seshi ma ni	während jetzt der Regen fällt.

---

[1] Zhuangzi, 2.3: Über die Gleichheit der Dinge
[2] Kokin Wakashū Nr. 113. Die Waka - Dichtung Japans lebt von der Vieldeutigkeit der Worte. Gleich klingende Worte können völlig unterschiedliche Bedeutungen haben. Die Lautfolge DŌ kann etwa sechzig verschiedene Bedeutungen haben von Weg über Halle bis Kupfer, Teig, Höhle, gleich.....

7.2 Farbe und Leidenschaft

Das Gedicht ist wegen seiner vielen Wortspiele schwer übersetzbar, es sei denn, man gibt eine »objektive« und eine »subjektive« Version. Die beiden ersten Zeilen geben das Thema:

> hana No iro wa utsuri ni keri na
> Die Farbe der Blüte hat sich verändert

Mit *hana* 花 sind der Konvention entsprechend nicht irgendwelche Blüten, sondern die *Sakura no hana*, die Blüten der Zierkirsche gemeint. Ihre nutzlose Fülle und Pracht, ihre reine und zwecklose Schönheit schlägt die Menschen in ihren Bann. Zur Zeit der Kirschblüte ziehen noch heute Menschenmassen in die Natur, um die Blüte zu bestaunen und in ihrem Schatten zu essen, zu trinken und zu feiern. Das Fernsehen sendet - ähnlich wie zur Zeit der Laubfärbung im Herbst - regelmäßige Lageberichte über den Stand der Kirschblüte und zeigt Karten der Orte, wo die Blüten zu bestaunen sind.

Andererseits sind gerade die Kirschblüten äußerst vergänglich: Ein einziger starker Regenschauer lässt die Blüten zu Boden fallen und vergehen. Das Moos unter den Bäumen gleicht dann einer winterlichen, schneebedeckten Landschaft. Die Blütenblätter auf dem dunkelgrünen, feucht glänzenden Moosteppich geben ein Bild von ganz eigener herzergreifender Schönheit. Darum sind gerade die Kirschblüten zum Sinnbild der Vergänglichkeit geworden. Ohne irgendeinen Zweck zu erfüllen, entfalten sie ihre überwältigende Schönheit, um beim ersten Regen dahinzuschwinden. Häufig werden die Ufer von Bächen oder Kanälen von Zierkirschen gesäumt. Es ist das Bild der vergänglichen Schönheit, wenn das dahinziehende Wasser von den Blütenblättern der Kirsche bedeckt ist.

Ein junger Samurai, der in der Blüte seines Lebens im Kampf fällt, gleicht der Kirschblüte. Eine schöne, junge Frau kann in ihrer Jugendblüte als *hana* bezeichnet werden. *Hana no iro* ist dann nicht nur die Farbe der Kirschblüten, sondern die anziehende Farbe einer schönen Frau in der Blüte ihrer Jugend.

Die Worte „..*furu nagame* ..' in der 4. und 5. Zeile des Gedichtes können als »Fallen des Dauerregens« gelesen werden. Es ist dann der

7. Mujō - Die Vergänglichkeit der Dinge

Regen, der die Blüten fallen und ihre Farbe schwinden lässt. *Furu*, fallen, ist aber zugleich ein Wortspiel und kann bedeuten: Man lebt dahin, wird alt, ist nichts Besonderes mehr. Der Dauerregen - *nagame* - ist gleichklingend mit »starren«, etwas mit starkem Blick fixieren und festhalten: Während die Dichterin sinnlos altert, ist ihr Blick fixiert auf die Blüte der Jugend, die aber längst schon vom Regen zu Boden geschlagen ist. Das Starren auf die »Blüte« und der Versuch, die Lebendigkeit der Jugend und ihre Farbe festzuhalten, führt dazu, dass das Leben »fällt« und die Dichterin sich jetzt alt und leer fühlt.

Iro, die Farbe. Farbe gibt dem Leben die Farbe, die es bunt und lebenswert erscheinen lassen. Hängt aber das Herz zu stark an der Farbe, so führt das Verblassen oder Fehlen der Farbe zur Verzweiflung. Das Leben erscheint leer, farblos und nicht lebenswert. Entweder verfallen wir dann in eine trübe Stimmung der Sinnlosigkeit, oder wir versuchen, diese Leere und Abwesenheit von Farbe durch übergroße Aktivitäten zu übertönen.

Was aber, wenn es diese schöne Vergänglichkeit nicht gäbe? Könnte man ohne diese Lust der Farbe und der Vergänglichkeit überhaupt leben? Wird die Welt dann nicht farblos und grau? In allen Dichtungen Japans findet sich die Klage über die Vergänglichkeit. Diese Trauer führt aber niemals zur Weltverneinung und zur Weltflucht. Zwar ist alles vergänglich, aber diese Vergänglichkeit birgt die wehmütige Freude über die Schönheit des Augenblicks, der sogleich wieder vergeht. Diese Freude über die Schönheit der Vergänglichkeit ist das *mono no aware*, der Ausruf des Erstaunens (»*aware*«) über das Erscheinen der Dinge (*mono*).

7.2.1 Mono no aware und Ukiyo

Mono ist ein Ding, eine Sache. ‚Aware' ist eigentlich ein Überraschungsruf. Auf Bayrisch könnte man ‚aware' gut als ‚Ui!« übersetzen: »Ui, do schaug her!« Ein Ding, das den Ruf »Aware!« auslöst, ist ein ‚*mono no aware*'.

7.2 Farbe und Leidenschaft

Da! Im Herbstgras die Schnepfe - und schon ist sie wieder verschwunden.

Die Schnepfe, die kaum sichtbar ist, weil sie ohnehin in der Tarnfarbe wie das Herbstgras aussieht, taucht auf und ist im selben Augenblick auch schon wieder verschwunden. Dieser kurze Augenblick aber löst ein Erstaunen aus, ein Erstaunen vor der Schönheit der Erscheinung, die aber so kurz dauert, dass sie kaum wahrgenommen werden kann. Es ist fast ein Schrecken in der Schönheit der Erscheinung. Ein ‚*mono no aware*' ist in dem Augenblick, wo es bemerkt wird, auch schon wieder verschwunden. Es bleibt gerade noch Zeit für den Ausruf: »Aware!«.

Bashō [1] dichtet:

„Da am Wegesrand die Hibiskusblüte:
Und schon hat sie mein Pferd gefressen!"

In dem Augenblick, in dem wir die Dinge wirklich mit einem plötzlichen Erwachen und Erstaunen wahr-nehmen, sind sie schon wieder verschwunden, aber sie hinterlassen in unserem Herzen einen tiefen Eindruck. Es ist ein plötzliches Getroffen-sein von der Schönheit eines Dinges und zugleich eine Trauer über die Vergänglichkeit dieser Erscheinung. Bashō dichtete auch das berühmte Haiku:

Der alte Teich im Garten.	Furo ike ya
Ein Frosch springt hinein -	kawazu tobikomu
Geräusch des Wassers!	mizu no oto

Eigentlich nimmt man den Frosch erst wahr, wenn er schon wieder weg ist. Es ist nicht so, dass man dort einen Frosch sitzen sieht, der dann ins Wasser springt. Erst wenn man das Geräusch des Wassers hört, nimmt man war: Dort war ein Frosch! Im Augenblick der Wahrnehmung ist das Wahrgenommene auch schon verschwunden. Das Geräusch des Wassers ist nur ein ganz kurzes: »Platsch!« Bashō dichtet nicht, wie man oft liest, dass der Frosch ins Wasser springt und dort ein Geräusch erzeugt. Er springt in das Geräusch des Wassers! [2]

---

[1] Bashō 1644 - 1994
[2] *tobikomu*: hineinspringen, *mizu no oto*: Ton des Wassers. Der Frosch springt in den Ton des Wassers, nicht in das Wasser! Es ist wie das blitzartige Wach-werden des Satori.

7. Mujō - Die Vergänglichkeit der Dinge

Ganz plötzlich erscheint etwas in das Anwesen, um gleichzeitig auch schon wieder verschwunden zu sein. Das, was erschienen ist, war ohnehin selbst nie zu sehen, es ist ‚nur' das Ergebnis des Erscheinens, das so flüchtig ist, dass es gleichzeitig auch schon wieder verschwunden ist.

Uns bleibt nur noch festzustellen: »Aware, da war doch etwas?! Ach, ein Frosch, aber nun ist er verschwunden!« Der Frosch selbst ist uns nie erschienen, wir schließen nur aus dem Geräusch, dass dort ein Frosch gewesen sein muss. Aber dieses ganz kurze Ereignis, das auch sofort schon wieder vorüber ist, hat uns wach gemacht und ein tiefes Erlebnis hinterlassen. Es ist ein Augenblick, in dem wir wirklich - leben. Leben, weil wir wahr-nehmen. Dieses Wahr-nehmen gräbt sich tief in der Erinnerung ein. Es ist völlig anders als das fade Alltagseinerlei, das vorüberzieht, ohne dass wir ein einziges Mal das Erlebnis eines ‚Aware' haben. Diese schmerzliche Schönheit schenkt Lebendigkeit mitten in der Vergänglichkeit.

Die Erfahrung der Vergänglichkeit durchzieht die gesamte japanische Kultur und auch das buddhistische Denken. In Japan sieht man eine schmerzvolle und wehmütige Schönheit in der Vergänglichkeit der Dinge.

Im 16. Jahrhundert nach den furchtbaren Kriegen hatte sich in Japan das Shogunat in der Hauptstadt Edo (Tokyo) etabliert. Das Leben war nun sicher geworden, aber alles drohte in starren Regeln und Gesetzen zu ersticken. In dieser Zeit wirkte in der Kaiserstadt Kyōto die Tänzerin *Izumo no Okuni,* die wohl früher eine *Miko,* eine ‚Schamanin' am großen Schrein von *Izumo* gewesen war. Sie sammelte Straßenmädchen und Prostituierte um sich und lehrte sie das Singen und Tanzen. Die Tänze waren ursprünglich Tänze zu Ehren des Amida Buddha, der im reinen Land, dem Paradies anwesend ist. Allmählich wurden die *nenbutsu odori* 念仏踊り, die Tänze zur Preisung des Amida Buddha mit erotischen Anspielungen durchsetzt und eine eigene Tanz- und Unterhaltungskunst entstand, die *Kabuki*[1] genannt wurde. *Kabuku* bedeutet ‚schief stehen, sich vorneigen'. Eine Deutung sagt, dass die Bezeichnung von den verdrehten und obszönen Haltungen bei dem Tanz genommen wurde. Bald gab es aber auch eine ganze Bewegung von Menschen, die keinen Sinn mehr im Leben sahen und einfach nur die ‚fließende Welt' genossen. Später entstand die Bezeichnung der fließenden Welt, des Ukiyo als Lebenshaltung. Ukiyo 浮世 ist die fließende, die schwimmende Welt, die sich ständig ändert und in der es keinen Bestand gibt. Uki 浮 ist eine Boje oder ein auf dem Wasser schwimmender Gegenstand, etwa eine Wassermelone, die auf den Wellen des Flusses schwimmt und lustig hüpfend davontreibt. Die Vergänglichkeit ist keine traurige oder ernste Angelegenheit, es ist lustig, sich mit den Wellen treiben zu lassen und das veränderliche Leben zu genießen. Deshalb ist die ‚fließende Welt' die Welt der Teehäuser, der Bordelle und der Theater und der Unterhaltung. Die »Bilder aus der fließenden Welt«, die Ukiyo-e bilden eine ganz eigene Kunstform Japans.

Das Heike Monogatari - Epos der Vergänglichkeit.

Aber nicht immer ist die Vergänglichkeit nur schön, oft, gerade wenn es unser eigenes Geschick betrifft, ist es ein schmerzliches Erwachen aus dem Traum, der uns vorspiegelt, dass wir unser Leben in Sicherheit verbringen. Dieses Erwachen erzeugt zunächst Entsetzen, Schmerz und Angst. Das große mittelalterliche Epos *Heike monogatari*[2], das den Aufstieg und Fall der Heike - Sippe und vom Krieg zwischen den Heike und den Genji erzählt, beginnt mit den klagenden Worten:

---

[1] Aus den Tänzen entstand das bürgerliche Kabuki Theater, das eine reine Form der Unterhaltung darstellt. Allerdings wird das Kabuki mit den Schriftzeichen für Gesang 歌 -ka Tanz 舞 - Bu und Können 伎- KI geschrieben.

[2] Heike (sprich Heeke) - Adelsfamilie des mittelalterlichen Japan. Monogatari sind eine japanische Literaturform in der Art von aneinandergereihten Erzählungen., die einen inneren Zusammenhang haben. Der Kampf um die Vorherrschaft der beiden Sippen der Heike und der Genji hat Japan um 1200 in ein totales Chaos gestürzt. Einige Geschichten aus diesem Krieg z.b. über den berühmten Kriegermönch Benkei in meinem Buch ‚Mukashi mukashi'. Das Epos wurde von wandernden blinden Mönchen vorgetragen und auf der Biwa, einem lautenähnlichen Instrument begleitet. Heute gibt es nur noch wenige Menschen, die das Epos in der alten Tradition vortragen können.

7. Mujō - Die Vergänglichkeit der Dinge

*Gion shōja no kane no koe
shogyō mujō no hibiki ari.*

*Shara souju no hana no iro
jousha hissui no kotowari o arawasu.*

*Ogoreru hito mo hisashikarazu,
Tada haru no yo no yume no gotoshi.
Takeki mono mo tsui ni horobinu.
Hitoe ni kaze no mae no chiri ni onaji.*

Der Gion Shōja Glocken Klang
ist das Echo der Vergänglichkeit aller Dinge.

Die Farbe der Sala Blüte offenbart,
dass die Erfolgreichen fallen müssen.

Die Übermütigen sind nicht von Dauer,
sie gleichen dem Traum in einer Frühlingsnacht.

Die Mächtigen fallen zuletzt,
sie sind wie Staub vor dem Wind.

Schon bevor die Erzählung der Geschichte vom Aufstieg der Heike Sippe beginnt, wird mit den einleitenden Worten klar, dass der Aufstieg unweigerlich in den Abgrund und das Ende führen wird. Aber betrachten wir zunächst die Glocken des Gion Shōja genauer.

7.2.2 Entstehen und Vergehen: Samsara

Mit den Glocken von *Gion Shōja* ist nicht das Gion-Viertel in Kyōto gemeint, sondern das Kloster *Gion shōja* in *Jetavana* in Indien, dem Lieblingsort Buddhas, an den er sich immer während der Regenzeit zurückzog, um dort zu lehren. Dort wird heute noch das Fundament eines Gebäudes verehrt, das die Größe der Bettstatt Buddhas haben soll. Die vier Ecken des Fundaments sind die vier Bettkanten. Als Zeichen der Verehrung hatte man über diesem Fundament ein mehrstöckiges Gebäude errichtet, in dem viele Opfergaben für Buddha aufbewahrt wurden. Eines Tages - so erzählt man - kam eine Ratte mit dem brennenden Docht einer Öllampe in das Gebäude. Die vielen Opfergaben fingen Feuer und das Gebäude brannte bis auf die Grundmauern nieder.

Aber nicht nur dieser Brand und die Zerstörung des *Jetavana* Tempels sind Zeichen der Vergänglichkeit. Im Palikanon, den ältesten Aufzeichnungen des Buddhismus wird von einer langen Abfolge von Buddhas erzählt, die alle ihre eigene Zeit des Wirkens hatten. Dort gibt es eine besondere Gattung von Buddhas, die *Sabaññu-Buddha*, die über eine Reihe von einhunderttausend Zeitaltern - den Kalpas - immer wieder geboren wurden, die Buddhaschaft erlangten und wieder in die Unsichtbarkeit verschwanden.

Ein Kalpa[1] ist eine unvorstellbar lange Zeit. Gautama Buddha ist auf die Fragen von Mönchen nicht in der Lage, diese lange Zeit in Zahlen zu benennen. Darum erzählt er immer wieder Gleichnisse:

> Wenn sich da, o Mönch, ein Felsblock befände aus einer einzigen Masse, eine Meile lang, eine Meile breit, eine Meile hoch, ungebrochen, ungespalten, unzerklüftet, und es möchte alle hundert Jahre ein Mann kommen und den Felsblock mit einem seidenen Tüchlein einmal reiben, so würde wahrlich, o Mönch, der aus einer einzigen Masse bestehende Felsblock eher abgetragen sein und verschwinden als eine Welt. Das o Mönch, ist die Dauer einer Welt. Solcher Welten nun, o Mönch, sind viele dahingeschwunden, viele hunderte, viele tausende, viele hunderttausende. [2]

Bei den Brüdern Grimm findet sich das Märchen vom weisen Hirtenbüblein, der vom König gefragt wird, wie viele Sekunden die Ewigkeit hat. Er antwortet mit einem Gleichnis, das so auch in Indien erzählt werden könnte:

> In Hinterpommern liegt der Demantberg, der hat eine Stunde in der Höhe, eine Stunde in der Breite und eine Stunde in der Tiefe; dahin kommt alle hundert Jahre ein Vögelein und wetzt

---

[1] Kalpa im Pali Kanon: Kappa; 4.320.000 Jahre
[2] Pali Kanon, Samyutta Nikaya 15-5

7. Mujō - Die Vergänglichkeit der Dinge

sein Schnäblein daran, und wenn der ganze Berg abgewetzt ist, dann ist die erste Sekunde von der Ewigkeit vorbei.

Im Hinduismus wird gesagt, dass ein Kalpa die Dauer eines Tages des göttlichen Brahma hat. In menschlicher Zeit sollen das 4.320.000 Jahre sein. Nach einem Tag und einer Nacht Brahmas, das sind 8.640.000 Jahre, verschwindet die gesamte Welt und nur noch der Urozean ist übrig. In diesem Ozean windet sich die Urschlange oder der Urdrache Ananta, der Grenzenlose.[1] Auf ihm schläft Gott Vishnu und er träumt den Tanz der Welt. Langsam wiegt er sich im Rhythmus des Tanzes, bis aus seiner Leibmitte eine Lotosblume entspringt. Schließlich schlägt Vishnu die Augen auf und erklärt sich zum Schöpfer der Welt. Aber sofort ertönt eine andere Stimme: die von Shiva. Shiva erhebt sich in der Gestalt eines Lingam bis in den Himmel und windet sich zurück bis in den Ursprung. Als zeugende Kraft des Lingam ist er der Schöpfer der Welt. Aber zugleich tanzt er die Welt. Und in seinem Tanz entstehen und vergehen ganze Welten und Weltalter. So ist er zugleich der Schöpfer und der Zerstörer. Schließlich erwacht auch oben auf der Lotosblume des Vishnu ganz oben am Himmel Brahma mit seinen vier Gesichtern, die in alle Weltengegenden schauen, und er erklärt sich zum Schöpfer der Welten. Diese drei Götter, die Trimurti - die drei Formen - sind die drei Aspekte der Wirklichkeit. Vishnu ist der Erhalter, Shiva der Zeugende und zerstörende und Brahma das Bewusstsein, das diese Welt wahrnimmt. Aber er erscheint als Letzter dieser drei Gestalten, denn das Bewusstsein kann nur wahrnehmen, wenn die materielle Welt bereits existiert. Aber es schafft ganz eigene Welten. Denn das Bewusstsein entscheidet, welche Art von Welt erscheint. Ein geändertes Bewusstsein schafft andere Welten!

So entsteht nach einem Tag und einer Nacht Brahmas jedes Mal vollkommen neu der gesamte Kosmos, um wieder den Zyklus bis zur vollständigen Zerstörung zu durchlaufen.

---

[1] vergl.: oben 205 zur Übung des Shavasana. Ausführlich wird die Geschichte erzählt und interpretiert in meinem Buch: Heilige Drachen Bd. 1

Die Zeit ist ein gewaltiger Kreis, in dem sich alles ständig wiederholt.[1] So ist auch die Zeit in der Natur zyklisch: Es ist eine stetige Abfolge von Frühling, Sommer, Herbst und Winter. Menschen werden geboren, sie werden erwachsen, zeugen Kinder, werden alt und sterben. Das ist ein ewiger Kreislauf der Geburten und des Todes, der Kreislauf des *samsāra*. Nach buddhistischer Auffassung erzeugt der stetige Wechsel zwischen Geburt und Tod, Werden und Vergehen das Leiden.

Und wie entsteht dieser ständige Wechsel? Nur durch Unwissenheit und Gier!

> Wie aber ist das möglich? Unfassbar, o Mönch, ist diese Daseinsrunde (*samsāra*), unerkennbar der Beginn der Wesen, die im Wahn versunken und von dem Begehren gefesselt die Geburten durchwandern, die Geburten durcheilen.[2]

Der Wahn und das Begehren halten den Menschen fest im Leiden, das sich immer wiederholt. Wir müssen nicht an tatsächliche Wiedergeburten denken, aber man kann beobachten, dass wir Menschen immer wieder dieselben Fehler machen und das Leiden, das aus den Fehlern entsteht sich ständig wiederholt, so lange, bis wir die Ursachen des Leidens aufgelöst haben. Wie oft sieht man etwa, dass sich Menschen nach einer gescheiterten Partnerschaft wieder und wieder einen ähnlichen Partner suchen, mit dem das Scheitern schon

---

[1] Nietzsche hat in seinem Zarathustra ebenfalls über die ‚Ewige Wiederkehr' und die Zeit als Kreis geschrieben. Zarathustra muss aber den Ekel und das Entsetzen über diesen Gedanken überwinden. Er zeigt dem Geist der Schwere, der ihm im Nacken sitzt, das Tor, an dem sich die Wege in die unendliche Vergangenheit und die unendliche Zukunft treffen. Oben am Tor steht das Wort ‚Augenblick'. Offenbar versucht Nietzsche - unabhängig vom Buddhismus einen ähnlichen Gedanken zu denken. Zarathustra, 3. Teil: Von Gesicht und Räthsel:
„Siehe diesen Thorweg! Zwerg! sprach ich weiter: der hat zwei Gesichter. Zwei Wege kommen hier zusammen: die gieng noch Niemand zu Ende.
Diese lange Gasse zurück: die währt eine Ewigkeit. Und jene lange Gasse hinaus — das ist eine andre Ewigkeit.
Sie widersprechen sich, diese Wege; sie stossen sich gerade vor den Kopf: — und hier, an diesem Thorwege, ist es, wo sie zusammen kommen. Der Name des Thorwegs steht oben geschrieben: „Augenblick".

[2] Pali Kanon, Samyutta Nikaya 15-5

7. Mujō - Die Vergänglichkeit der Dinge

vorprogrammiert ist. Erst wenn wir das Muster unseres Handelns erkennen und verstehen, können wir aus diesem ‚samsara' aussteigen.

Im Yogasutra des Patanjali sind die Ursachen des Leidens die fünf *kleshas*: *Avidya* (Nichtwissen, Unwissenheit), *Asmita* (Identifizierung, Ego, Ich-Gefühl), *Raga* (Mögen, Zuneigung), *Dvesha* (Nichtmögen, Abneigung) und *Abhinivesha* (Anhaften am Leben, Todesfurcht). Das Anhaften am Leben erzeugt Angst und Furcht vor dem Tod. Das Leiden kann nur überwunden werden, wenn man durch Erkenntnis und durch Überwinden der Ängste und Sehnsüchte ganz im Augenblick lebt. Denn dann verschwindet der Kreis der Wiedergeburten. Wer diesen Zustand erreicht hat, ist ein vollkommen Erwachter, der ins *Nibbana (Nirvana)*[1] eingehen kann.

Diese Vorstellung von den vielen Wiedergeburten im Samsara ist eine eher volkstümliche Auffassung der Zeit. Sie gehört zur ‚alten Lehre' des Theravada Buddhismus, wie er noch in Thailand, Sri Lanka oder Myanmar lebendig ist. Im Zen-Buddhismus denkt man sehr viel pragmatischer. Es hat keinen Sinn, über eventuelle Wiedergeburten im Kreislauf des Samsara nachzudenken. Das Ziel der Übungen ist es, ganz zu erwachen, im Augenblick zu leben und mit dem Tod für immer zu verschwinden.

Im Theravada ist der ‚historische' Buddha aus dem Geschlecht der Shakya, der um 500 v. Chr. gelebt hat, der 25. und letzte der Sabaññu-Buddha, die über viele Kalpas wieder erscheinen. Auch er hatte hunderttausend Wiedergeburten erlebt, bevor er in unserem Zeitalter wirkte. Vielleicht kommt ja einst wieder einer dieser Buddhas.

Alle diese Buddhas sind immer wieder in *Jetavana* gewesen und haben ihr Lager immer an derselben Stelle in dem dortigen Park aufgeschlagen. Es gibt noch drei weitere Orte, an denen alle Buddhas immer wieder erschienen sind. Dazu gehört der Ort, an dem Buddha das

---

[1] Nibbana ist die Bezeichnung im Pali Kanon, Nirvana der Sanskritausdruck. Nirvana ist das Eingehen in das Erlöschen. Nibbana bildet das höchste und letzte Endziel alles buddhistischen Strebens, d.i. das restlose ‚Erlöschen' alles in Gier, Haß und Verblendung sich äußernden, das Leben bejahenden und sich krampfhaft daran klammernden Willensstriebes, und damit die endgültige, restlose Befreiung von allem künftigen Wiedergeborenwerden, Altern und Sterben, Leiden und Elend

erste Mal die Erde betreten hat, nachdem er aus dem Tushita[1] Himmel zurückkam. Unter dem Boddhibaum kamen alle Buddhas zum vollkommenen Erwachen und im Hirschpark von *Isapatana* hielten sie ihre erste Lehrrede nach dem Erwachen. Diese konkreten Orte, die immer wieder dieselben sind, bilden in dem unendlichen Kreislauf der Zeiten Orte der Konkretion, die einen ganz bestimmten Augenblick festhalten. Der konkrete Augenblick, das JETZT, bildet die einzige Wirklichkeit. Alles Andere ist Traum und Illusion. Im Augenblick angekommen verschwindet alles Leiden. Es geht also nicht darum, diese Orte zu verehren. Sie sind lediglich Gedenkstellen dafür, dass dort ein Mensch seinen Weg in die Vollkommenheit genommen hat. Sie sind ein Mahnmal dafür, sich selbst auf diesen Weg zu begeben.

> Gion shōja no kane no koe
> shōgyō mujō no hibiki ari.

> Der Gion Shōja Glocken Klang
> ist das Echo der Vergänglichkeit aller Dinge.

Wir hören nicht mehr die Glocken des Gion shōja, des Jetavana. Die sind längst schon zerfallen, so wie auch die Heike - Sippe zerfallen wird, wie es das Gesetz von der Vergänglichkeit aller Dinge erzwingen wird. Es ist nur noch das Echo aus fernen und vergangenen Zeiten. Es ist das Echo der Lehre Buddhas von der Vergänglichkeit aller Dinge und dem Leiden, das aus der Illusion der Beständigkeit entsteht.

7.2.3 Die Sala-Blüte

Aber es sind nicht nur die Glocken, die klingen, auch die Blüten mit ihrem Duft und ihrer Farbe zeigen die Vergänglichkeit.

Die Farbe der Sala-Blüte offenbart die Vergänglichkeit, so wie es auch im Iroha heißt:

> »Die Farben sind noch frisch, aber ach, die Blüten sind schon abgefallen«. Nun ist es nur noch eine Frage der Zeit, bis sie vollkommen verwelkt und verschwunden sind.

---

[1] Tushita ist der geistige Ort, den alle Buddhas zuvor betreten haben, um dort auf ihre endgültige Buddhaschaft vorbereitet zu werden.

7. Mujō - Die Vergänglichkeit der Dinge

Der Sala-Baum wird in buddhistischen Schriften sehr oft erwähnt. Im Sala-Hain von Lumbini wurde der Prinz Siddhartha, der später Buddha werden sollte, geboren, indem sich seine Mutter an einen Sala-Baum anlehnte, der im Augenblick der Geburt Blüten regnen ließ. Sie lehnt sich an den Baum und aus ihrer Seite springt das Kind mitten in den Blütenregen der Sala Blüten. Vielleicht ist das noch ein Anklang an sehr alte Mythen, in denen Buddhas Mutter die Göttin des Sala-Baumes selbst ist. Die Entstehung Buddhas ist also unmittelbar mit der Sala-Blüte verbunden. Sein Leben endet mit dem Eingang in das Nirvana unter Sala Bäumen.

Im *Maha-parinibbana Sutta* des Pali Kanon wird berichtet, wie sich der Buddha in den letzten Tagen seines Lebens müde unter zwei kleinen Sala-Bäumen niederlegte, um zu ruhen. Plötzlich blühten die Bäume auf, obwohl es nicht die Zeit war, und es regnete Blüten auf den schlafenden Buddha nieder. Hier unter dem Sala-Baum im Blütenregen ging er ein ins endgültige Nirvana. Der Salabaum mit seinen Blüten steht für den Anfang und das Ende, das Werden und das Vergehen.

Shugyō mujō: Alles ist vergänglich

Die Glocken des Gion Shōya und die Salablüten zeigen die Zentralbotschaft der Lehre des Buddha:

諸行無常 *shugyō mujō* „alle Dinge sind ohne Bestand".

Selbst die Schreibung für das Wort „alle Dinge" - *shugyō* 諸行 - enthält schon den steten Wandel. *Shugyō* wird gebildet aus dem Wort-Teil für ‚Alles' 諸 - *shu* und dem Zeichen 行 - *gyō* für »gehen, sich verändern, unterwegs sein«. Eigentlich sind es keine „Dinge", die eine Illusion der Beständigkeit erzeugen, sondern Wandlungszustände. Etwas ist gerade jetzt in diesem oder jenem Zustand befindlich. Im Abendland haben wir die Vorstellung von Ewigkeit und Unveränderlichkeit. Im Osten ist das einzig Ewige und Beständige der stete Wandel. Aber auch dem großen griechischen Denker Heraklit, der etwa um die Zeit des Buddha im kleinasiatischen Ephesus lebte und lehrte, wird das Wort „Alles fließt" zugeschrieben. Auch Heraklit denkt den ewigen Wandel als das einzig Beständige:

potamois tois autois embainomen te kai ouk embainomen,
eimen te kai ouk eimen.

In dieselben Flüsse steigen wir und steigen wir nicht,
wir sind und wir sind nicht. [1]

Der Fluss ist scheinbar immer derselbe, aber das Wasser, das in ihm fließt, ist immer ein anderes. Wir selbst sind scheinbar immer dieselben, aber dennoch sind wir immer neu und anders, jeden Augenblick unseres Lebens. Wenn wir versuchen, den Augenblick festzuhalten, dann erstarrt das Leben zu Eis.

7.2.4 Das Erwachen und der Traum

Im Iroha, dem japanischen Alphabet - Gedicht ist im zweiten Teil die Rede vom Traum und dem Rausch, aus dem man erwacht:

Ui no okuyama
Kyō koete
Asaki yume miji
Ei Mo sezu.

Die Berge fernab von den Wechselfällen
(des Lebens) heute überschreitend,

Werde ich keinen seichten Traum mehr träumen,
bin auch nicht berauscht.

Es ist das Erwachen aus dem Traum, dass die Dinge Beständigkeit haben, und das Ankommen in der nüchternen Erkenntnis der steten Veränderung. Der Sprecher ist auf dem Weg heraus aus den Niederungen, in denen man von der Beständigkeit träumt, hinauf in die Klarheit der Berge. Dort verabschiedet er sich von jedem Traum und

---

[1] Heraklit, Fragment 49 a: ποταμοῖς τοῖς αὐτοῖς ἐμβαίνομέν τε καὶ οὐκ ἐμβαίνομεν, εἶμέν τε καὶ οὐκ εἶμεν.

7. Mujō - Die Vergänglichkeit der Dinge

Rausch. Ist der Pass dann einmal überschritten, so ist der Übergang in die große Klarheit vollzogen.

Jede Vorstellung einer Sicherheit, die ihren Ursprung in der scheinbaren Beständigkeit hat, ist Traum. Auch im *Heike monogatari* ist vom Traum die Rede:

> Die Übermütigen ... gleichen dem Traum in einer Frühlingsnacht. /Sie fallen zuletzt und sind wie Staub vor dem Wind.

Die laue Frühlingsnacht mit ihrer Blütenpracht und dem Duft, der die ganze Luft erfüllt, weckt die Illusion, dass alles so bleibt, wie es in dieser rauschhaften Schönheit des Augenblickes ist. Aber es ist nur ein Traum und das Aufwachen tut oft sehr weh. Darum wollen wir es gern vermeiden, aus dem Traum aufzuwachen und die nüchterne Realität des *shūjō mujō* - der Unbeständigkeit alles sich Wandelnden zu erkennen.

Schopenhauer hat einmal das Bild eines Kahnes gebraucht, der mitten im tosenden Meer von den Wogen auf und ab geworfen wird. Das Meer ist die ganze, weite und unendliche Wirklichkeit, die sich an der Oberfläche ständig verändert. Es wirft aus seiner unendlichen Tiefe eine Woge nach der anderen, um sie dann wieder zurückzureißen. Die Wogen sind wie die Erscheinungen der Dinge und der Zustände unserer Wirklichkeit. Aber die Sicherheit, mit der wir uns von der Woge tragen lassen, ist nach Schopenhauer nur eine Scheinsicherheit. Wir blenden die volle Wahrheit der reißenden Veränderung aus, weil sie Angst macht:[1]

> Denn wie auf dem tobenden Meere, das, nach allen Seiten unbegrenzt, heulend Wasserberge erhebt und senkt, auf einem Kahn ein Schiffer sitzt, dem schwachen Fahrzeuge vertrauend, so sitzt inmitten einer Welt voll Qualen, ruhig der einzelne Mensch, gestützt und vertrauend auf das *principium individuationis*. Die unbegrenzte Welt, voll Leiden überall, ... ist ihm fremd: seine verschwindende (im Vergleich zum All unendlich kleine) Person, seine ausdehnungslose Gegenwart,

---

[1] Arthur Schopenhauer, Welt als Wille und Vorstellung Bd. 1, 457. Zürich 1988

7.2 Farbe und Leidenschaft

sein augenblickliches Behagen, dies allein hat Wirklichkeit für ihn. Bis dahin lebt bloß in der innersten Tiefe seines Bewußtseyns die ganz dunkle Ahndung... (um den Abgrund).

Aus dieser Ahndung stammt jenes so unvertilgbare und allen Menschen gemeinsame Grausen, das sie plötzlich ergreift, wenn sie, durch irgendeinen Zufall irrewerden ...

Der Zufall, durch den die Menschen irrewerden, ist das unerwartete Eintreffen eines schmerzlichen Verlustes, der ganz unmittelbar das „schopenhauerische Behagen" zerstört und das „Grausen" vor dem Abgrund wach werden lässt.

Schopenhauer spricht vom biedermeierlichen „Behagen", mit dem wir uns in der tosenden Welt der Veränderungen einrichten. Wenn aber plötzlich der kleine Kahn, in dem wir uns behaglich eingerichtet haben in Gefahr gerät, dann kommt das Grausen, die Angst vor dem Abgrund, der alles in sich wegreißt.

Das „Behagen" ist meisten aber kein wirkliches Wohl-sein, es ist mehr oder weniger ein Sich-Abfinden mit der scheinbaren Sicherheit des Alltäglichen. Vor vielen Jahren gab es einmal ein kleines Erdbeben, das sogar in München zu spüren war. Es war eine laue Sommernacht und alle Fenster standen offen. Im Hof wurde gefeiert, als plötzlich die deutlich spürbaren Erdstöße auftraten. Die ersten Reaktionen waren Entsetzensschreie und dann rief jemand laut: „Ein Erdbeben! Ruft sofort die Polizei!"

Ein Erdbeben ist scheinbar eine Ordnungswidrigkeit, die ein sofortiges Eingreifen der Polizei erfordert, die dann die öffentliche Ordnung wieder herstellt. Was geschehen war, ist, dass ganz plötzlich die scheinbare Sicherheit, in dem wir „behaglich" dahin leben, gestört war und der Abgrund sichtbar wurde, der uns jederzeit, auch ohne ein Erdbeben, dahinraffen kann. Was ist, wenn ein geliebter Mensch stirbt, wir den vermeintlich sicheren Job verlieren oder uns der Partner verlässt? Dann

8. Leben und Handeln im Jetzt.

8.1 Konnichi-an: Heute - Hütte

In unserer Teeschule, der Urasenke[2] in Kyōtō gibt es eine kleine Teehütte mit dem Namen *Konnichi-An* - 今日菴 Heute-Hütte. Danach nennt sich die Urasenke auch *Konnichian*. Sen Sōtan[3] hatte diese winzige Hütte von vier Quadratmetern gebaut, um mit Zenmeistern und Zenmönchen den Tee zu genießen.

Sōtan war der Enkel Sen Rikyū's, des wohl größten Teemeisters Japans. Rikyū hatte als Teemeister im Dienste des mächtigsten Mannes im Staate, dem Heerführer Hideyoshi gestanden. Beide waren zunächst in einer sehr engen Freundschaft miteinander verbunden. Während der Abwesenheit von Hideyoshi war Rikyū der oberste Befehlshaber in der Burg von Ōsaka, dem wichtigsten militärischen Standort der damaligen Zeit. Noch heute ist völlig ungeklärt, warum sich ganz plötzlich das Verhältnis der beiden umkehrte. Sicher ist jedenfalls, dass Hideyoshi den rituellen Selbstmord, den *Seppuku*[4] Rikyū's anordnete.

Wurde der *Seppuku* angeordnet, so war das nicht nur ein Todesurteil für den Betroffenen. Vielmehr wurden alle männlichen Mitglieder der Familie hingerichtet oder sie mussten fliehen. Das bedeutete den Untergang der gesamten Familie, die nun keine Nachkommen mehr hatte.

---

[1] Abendphantasie: Vor seiner Hütte ruhig im Schatten sitzt / der Pflüger, dem Genügsamen raucht sein Herd / Gastfreundlich tönt dem Wanderer im / Friedlichen Dorf die Abendglocke / ... Wohin denn ich? Es leben die Sterblichen / von Lohn und Arbeit ... warum schläft denn / nimmer nur mir in der Brust der Stachel?

[2] Ura-Sen-Ke: Hinteres Sen Haus. Der große Teemeister Sen no Rikyū, 1520 - 91 ist der Urvater der San-Senke, der drei Zenhäser, die von seinen Nachkommen geleitet werden.

[3] Sen Sōtan 1578–1658

[4] Seppuku 切腹 wird im Westen fälschlich meistens als Harakiri - Aufschneiden des Bauches - bezeichnet.

8.1 Konnichi-an: Heute - Hütte

Sen Sōtan war der Sohn von Rikyū's Stiefsohn, den seine Frau aus der ersten Ehe mitgebracht hatte. Vielleicht verschonte Hideyoshi darum

Abb. 5 Sōtans ‚Heute-Hütte' Konnichi an

das Kind, weil es kein direkter leiblicher Nachkomme Rikyū's war. Sōtan jedenfalls wollte keinen Kontakt mehr mit den Mächtigen pflegen. Je höher der Aufstieg, desto tiefer der Fall. Er kultivierte ein Leben in Schlichtheit und pflegte ein einfaches Leben. Sein Leben war so einfach, dass er oft abfällig der Bettler - Sōtan genannt wurde.

Schon Rikyū hatte den Tee in der kleinen Hütte als die Vollendung der Teekunst angesehen. Der ‚kleine Teeraum hat eine Größe von etwa vier bis sechs Quadratmetern Grundfläche. Dieser kleine Raum wird wörtlich als »Gras-Hütte« 草菴 Sō-An bezeichnet. Das nicht etwa, weil die Hütte aus Gras gebaut wäre. Der formale Teeraum eines Fürsten ist im Shin-Stil 真, im formalen Stil gebaut. Der Gras-Stil ist schlicht und die Räume sehr klein. Das Dach ist wie ein Bauernhaus mit Schilf gedeckt. Einmal hatte in München ein Künstler im Englischen Garten Sōan's

8. Leben und Handeln im Jetzt.

Grashütte als Ausdruck des Zen aufgebaut. Er hatte Sōan als Name verstanden und die Grashütte wörtlich genommen: Seine winzige Hütte war als Kuppel aus Gras geformt. So werden Missverständnisse im Dialog der Kulturen aufgebaut![1]

In seinen Gesprächen mit dem Mönch *Nambō,* die als Nambōroku[2] aufgezeichnet sind, sagt Rikyū über den Tee im kleinen Raum:

> Einmal, als Sōeki (Rikyū) im Shūun An[3] über Cha-no-yu sprach, fragte ich ihn:
>
> »Ihr betont immer wieder, dass die Wurzeln des Cha-no-yu[4] zwar im Daisu-Stil[5] liegen, dass aber der informelle (sō 草, ‚Gras') Tee des kleinen Teeraumes (小座敷) von nichts übertroffen wird, wenn es um das Erlangen der geistigen Tiefe geht. Warum ist das so?«
>
> Sōeki antwortete:
>
> »Cha-no-yu im kleinen Raum ist vor allem eine Verwirklichung des Dō (des WEGES) im Geist des Buddhismus. Sich an der großartigen Konstruktion eines Hauses und an dem Geschmack erlesener Speisen zu freuen, ist eine sehr weltliche Angelegenheit.
>
> Uns genügt ein Haus, durch dessen Dach es nicht regnet, und ein Mahl, bei dem gerade der Hunger gestillt ist.

---

[1] In der japanischen Kunst gibt es drei Stile, die sich in allen Bereichen der Kunst wieder finden. Den formalen Stil Shin 真, den fließenden Stil gyō 行 und den Grasstil Sō 草. Auch die japanische Schrift hat diese drei Stile. Sogar die Verbeugungen werden in den drei Stilen ausgeführt. Die sehr tiefe und formale Verbeugung gilt besonderen Gästen, die man begrüßt. Aber eigentlich ist jeder ein besonderer Gast. Wenn man miteinander redet, z.B. jemanden nach dem Weg fragt, so ist es höflich, eine leichte Verbeugung im Grasstil zu machen.

[2] Interpretationen und auszugsweise Übersetzungen des Nambōroku auf der Webseite http://teeweg.de/de/literatur/nambo/namboroku.php

[3] Das Shūun An ist eine kleine Teehütte im Sō-Stil auf dem Gebiet des Tempels Nanshūji in Sakai, der Heimatstadt Rikū's. Dort lebte der Mönche Nambō.

[4] Cha No yu; wörtlich heißes Wasser für Tee. Die alte Bezeichnung für die Kunst des Teeweges.

[5] Daisu ist ein Schmuckgestell, das im formalen Shin-Raum verwendet wird. Die kleinen Räume sind so gebaut, dass kein Platz für ein Daisu vorhanden ist. Damit zeigt man von vornherein, dass auf die Pracht des Shin-Raumes bewusst verzichtet wird.

8.1 Konnichi-an: Heute - Hütte

Das entspricht der Lehre Buddhas und dem wahren Geist der Teekunst. Man bringt Wasser herbei, sammelt Brennholz, erhitzt das Wasser und bereitet Tee. Dann bringt man ihn dem Buddha dar, reicht ihn den anderen und trinkt ihn auch selbst. Man arrangiert Blumen und entzündet Weihrauch. Durch all dies formen wir uns selbst nach den Taten Buddhas und der vergangenen Meister zu wandeln.« Alles andere musst du aus Dir selbst verstehen lernen.«

Hier wird ganz klar - wenn auch von einem Zenmönch geschrieben - gesagt, dass die Übung des Teeweges eine Zen - Meditation und ein Weg in die Stille ist.

Der kleine Teeraum ist ein bewusster Verzicht auf die Pracht, die man sehr wohl kennt. Rikyū hatte für Hideyoshi in der Burg von Ōsaka einen winzigen Raum mit zwei Tatami[1] gebaut, den *Yamazato* Raum. Ein *Yamazato* 山里 ist ein abgeschiedenes Bergdorf, das weit weg von den Zentren der Macht und des Getriebes liegt. Wenn sich Hideyoshi hierhin zurückzog, so war es ein Zurücktreten aus der Macht und eine Einkehr in die Stille.

Sōtan's Hütte Konnichian war so winzig[2], dass er nur einen einzigen Gast darin bewirten konnte. Dort praktizierte er den Tee nicht mit dem Hochadel wie Rikyū. Seine Gäste waren meistens einfache Priester aus dem nahegelegenen Zenkloster *Daitokuji*. Diese Übung entsprach voll dem Geist des kleinen Teeraums, wie ihn Rikyū formuliert hatte.

Einmal hatte Sōtan einen Zenmeister eingeladen, aber der verspätete sich. Sōtan war verärgert, legte einen Zettel in die Hütte mit den Worten:

»Heute habe ich keine Zeit mehr, komm morgen wieder!«

Als der Zenmeister dann doch noch kam, aber seinen Gastgeber nicht mehr vorfand, schieb er als Antwort auf den Zettel:

---

[1] Tatami sind Matten aus Binsengras, die mit gewebten Reisstrohmatten überzogen sind. Sie bilden den traditionellen Bodenbelag in japanischen Räumen. Im Maß der alten Hauptstadt Kyōtō misst eine Tatami etwa 95 x 190 cm. 2 Tatami entsprechen etwa 3,6 qm.

[2] Der Raum hat etwa 3,6 qm, aber für den Gastgeber und den Gast stehen nur etwa 3,1 qm zur Verfügung.

8. Leben und Handeln im Jetzt.

»Wie kann ein fauler Mönch wie ich wissen, was morgen sein wird?«

Sōtan war beschämt und beschloss, die Hütte ‚Heute-Hütte' zu nennen als Mahnung, immer im Augenblick zu leben.

Sogar der ganz alltägliche Gruß lautet in Japan nicht »Guten Tag!«, sondern ganz einfach »Konnichi wa!« 今日は. Und das bedeutet wörtlich nichts anderes als »Dieser Tag ist es!« Genau dieser Tag! Und es ist wie eine Mahnung: Lebe in diesem Tag und nicht in der Vergangenheit oder der Zukunft, sei ganz im Augenblick!

Das Leben im Jetzt und ganz im Augenblick ist nicht nur eine tiefe Zen Übung, es ist der Weg Buddhas. Aber Buddha ist weder ein Gott noch ein Heiliger, sondern einfach ein Mensch, der isst, wenn er hungrig ist und der schläft, wenn er müde ist.

Wir anderen leben nicht nach diesem Prinzip: Wir leben nach den Vorgaben der Uhr und der Dienstpläne. Wir haben Hunger, wenn im Betrieb die Glocke zum Mittag läutet und wir arbeiten dann, wenn die Dienstzeiten das von uns verlangen. Wir unterscheiden zwischen Arbeit und Freizeit. Auch die Freizeit muss inzwischen ‚interessant' gestaltet werden. Wir waren einmal zu Gast bei einem kleinen Schneider in Griechenland. Nach dem Kirchbesuch am Sonntag Vormittag war er regelmäßig in seiner Werkstatt anzutreffen. Dort werkelte er vor sich hin, während Freunde und Bekannte seine Werkstatt füllten. Der neueste Klatsch wurde ausgetauscht und lebhafte Diskussionen wurden ausgetragen. Auf unsere Frage an den Schneider, ob er denn niemals einen freien Tag nehmen würde, beantwortete er verwundert: «Was soll ich denn dann tun? Hier ist mein Leben! Wenn ich nicht in meiner Werkstatt bin, dann fühle ich mich nicht zu Hause! Hier ist mein Leben!«

Und wann LEBEN wir?

8.2 Jōshū und die Reisschale

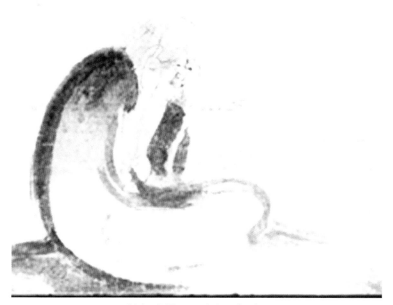

Abb. 6 Zenmeister Jōshū

Einmal fragt ein Mönch den Zen Meister Jōshū:[1] Bitte zeige mir den WEG!
Jōshū fragte: Hast du Deinen Reis schon gegessen?
Ja, den habe ich schon gegessen.
Jōshū: Dann geh und wasch Deine Schale!

Da kommt einer mit einer ernsthaften Frage zum Meister: Bitte zeige mir den Weg! In einer anderen Version bittet der Mönch, ihm das Selbst oder das Wesen Buddhas zu zeigen. Dieser Mönch ist einer, der es ernst nimmt und sich bemüht. Vermutlich befand er sich in einem Zustand des Leidens, denn sonst wäre er nicht Mönch geworden. In der

---

[1] Chinesischer Zenmeister. Japanisch: Jōshū, chinesisch. Zhao Congshen oder Chao chou, 787 - 897. Der WEG ist DAO. Der Mönch fragt nach dem Geheimnis allen Seins, dem DAO.

8. Leben und Handeln im Jetzt.

Kōansammlung Mūmonkan[1] wird der Mönch als junger Novize bezeichnet, der gerade ins Kloster eingetreten ist. Ernsthaft macht er sich auf den Weg und eifrig fragt er, wie er üben soll und wohin der Weg geht. Und dann antwortet der Meister, er möge seine Reisschale waschen!

Aber eigentlich gibt Jōshū die einzig mögliche Antwort für Zen - Menschen: Lebe ganz im Augenblick und frage nicht nach dem, was vielleicht morgen sein wird.

In einem anderen Gespräch mit Meister Jōshū geht es genau um die Frage, wie man Buddha werden kann:

> Der Mönch fragte: Was ist, wenn ich Buddha suche?
> Jōshū: Eine ungeheure Energieverschwendung!
> Und was ist, wenn ich keine Energie auf die Suche verschwende?
> Dann bist du Buddha!

Der Buddha ist einer, der ganz und gar er selbst ist ohne jeden Rest von Zweifel oder Suche. Natürlich ist er keiner, der dumpf und stumpf, vielleicht mit einer Bierflasche in der Hand in den Fernseher starrt und das für ein Leben im Jetzt hält. Schließlich sagte ja Jōshū, dass die Suche nach dem Buddha reine Energieverschwendung ist. Aber wenn wir Buddha nicht suchen, wird die Buddhanatur in uns niemals verwirklicht.

---

[1] Kōan: Ein Kōan, wörtlich 'öffentlicher Aushang' dient der Vertiefung der Erfahrung des Satori, des Erwachens, fälschlich oft als 'Erleuchtung' übersetzt. Es gibt einige berühmte Sammlungen von Kōan. Das Hekigan Roku (chinesisch: Bi-Yän-Lu) ist sehr literarisch und enthält neben dem eigentlichen Kōan, das meistens in Form einer Geschichte gekleidet ist auch alte chinesische Kommentare und Gedichte, die das Kōan weiter erläutern. Es gibt auch die berühmten "Einwort Kōan, die besonders der Zenmeister Unmon - Wolkentor - liebte. Berühmt sind die Kōan KAN, Grenze, kein Durchgang oder MU - Nicht! Das Mumonkan, wörtlich Nicht - Tor - Schranke ist eine Sammlung von 48 klassischen Kōan, die im 13. Jahrhundert gegen Ende der südlichen Song-Dynastie von Meister Wumen Huikai (chinesisch 無門慧開 Wúmén Huìkāi; jap. Mumon Ekai; 1183–1260) zusammengestellt wurde. Eines der berühmtesten Kōan aus der Sammlung ist die Frage an Meister Joshu: "Hat mein Hund Buddhanatur." Antwort: MU! - NICHT!"Das Beispiel stammt aus dem Mūmonkan, siebtes Beispiel.

Die Grundlehre des Buddhismus ist, dass das Leben Leiden ist und dass es die Erlösung vom Leiden ist, wenn wir ganz und gar im Augenblick leben können. Aber können wir das?

Solange wir leben, suchen wir, und solange wir suchen, leiden wir. Das ist es ja, warum wir nach uns selbst suchen - weil wir uns nicht gefunden haben.

So einfach das Beispiel zu sein scheint, so komplex und umfassend ist es. Jōshū's Antwort sagt: Lebe im Augenblick und nicht aus Konzepten und Entwürfen heraus. Lebe im Augenblick, den du erkennen musst, und handele entsprechend.

Das Konzept, nach dem der Mönch fragt, ist die Frage nach dem Weg. Er möchte seinen Lebensplan und den Entwurf für seine Zukunft aus diesem Entwurf heraus gestalten. Jōshū ermittelt den Augenblick, indem er fragt: Hast du deinen Reis schon gegessen. Dann gibt er eine klare Handlungsanweisung für genau diesen Augenblick: Wasch deine Schale.

Für Mönche im Kloster scheinbar eine einfache Sache, aber wir leben in einer weit komplexeren und verwirrenderen Welt. Was ist hier das Leben im Augenblick in der Gegenwart?

8.3 Zeit und Gegenwart

Die Zeit ist ein eigenartiges Phänomen. Wir meinen zwar, dass wir Zeit mit der Uhr oder dem Kalender messen, aber ist das die eigentliche Zeit? Eine Stunde kann rasend schnell vergehen und eine Minute eine ganze Ewigkeit dauern. Zeit ist nicht das, was wir mit der Uhr messen, das ist nur die physikalische Zeit, die definiert ist als Abfolge von gleichmäßigen aber sinnleeren Zeitabschnitten. Zeit als gelebte Zeit ist immer gefüllt mit Erwartungen, Hoffnungen, Ängsten.

Wenn wir etwas sehnsüchtig herbeiwünschen, kann sich Zeit zu einer scheinbar niemals endenden quälenden Unendlichkeit ausdehnen. In einer von Glück erfüllten Erfahrung scheint die Zeit völlig zu

8. Leben und Handeln im Jetzt.

verschwinden. Sie ist weder lang noch kurz, sie scheint einfach nicht zu existieren.

Wer kennt nicht die Erfahrung, dass die Zeit rasend schnell vergeht und alles mit sich reißt, was und lieb und teuer geworden ist. Hölderlin beklagt in seiner Hymne »Der Archipelagos« die reißende Zeit, die alles verändert hat. Besonders beklagt er das Verschwinden der antiken Kultur Griechenlands. Die Größe der antiken Welt, Athen mit seiner ganzen Pracht, Delphi und das Orakel des Gottes, ja die alten Götter selbst sind verschwunden.

Aber es geht nicht nur um das Verschwinden von ganzen Kulturen. Wir planen unser Leben bis in kleinste Kleinigkeiten und sichern uns ab gegen jede Veränderung. Ja, wir versichern sogar unser Leben. Und dennoch kommen plötzliche unvorhergesehene und unvorhersehbare Veränderungen. Plötzlich ist alles ganz anders als geplant, nicht ist mehr wie früher.

Der Philosoph und Kirchenvater Augustinus hat in seinen „Confessiones"[1] eine eigenartige Analyse der Zeit und der Gegenwart vorgelegt. Er untersucht das Wesen der Zeit und meint zunächst, Zeit sei Bewegung. So hatte schon der Philosoph Aristoteles formuliert: Zeit ist Umschlag von etwas in etwas. Zeit ist Veränderung und Bewegung.

Die Pflanzen wachsen, gedeihen und vergehen. Die Gestirne verändern ständig ihre Position und die Töpferscheibe dreht sich.

Wir messen die Zeit an der Bewegung der Gestirne oder mit der Uhr. Aber wenn die Uhr stehen bleibt oder die Töpferscheibe sich nicht mehr dreht, gibt es dann keine Zeit mehr?

Offenbar aber schon. Tief in uns spüren wir, wie die Zeit verrinnt - ohne Uhr und ohne Beobachtung einer Bewegung außen. Wir spüren, dass wir keine Zeit mehr haben oder dass wir uns noch unendlich viel Zeit lassen können. Manchmal vergeht die Zeit unglaublich schnell, manchmal fließt sie zäh und träge dahin - und das unabhängig von den Minuten oder Stunden, die wir mit der Uhr messen.

---

[1] Confessiones, 11. Buch

8.3 Zeit und Gegenwart

Was ist es dann, was wir mit der Uhr messen? Augustinus sagt, dass nur das Verfließen der Gegenwart gemessen werden kann. Nur Gegenwart „IST", Vergangenes ist nicht mehr und Zukünftiges ist noch nicht. Etwas, was nicht ist, kann man nicht messen. Also „gibt" es eigentlich nur die Gegenwart, denn die Vergangenheit ist nicht mehr, und die Zukunft ist noch nicht. Was wir messen, ist das Vorüberfließen der Zeit von der Zukunft in die Vergangenheit.

Was also ist Gegenwart? Dieses Jahr? Augustinus sagt nein, denn ein Teil des Jahres ist schon vergangen und ein Teil ist noch nicht. Die Analyse setzt er fort mit dem Monat, dem Tag, der Stunde und der Minute. Aber immer ist ein Teil schon vergangen und ein Teil ist noch nicht gekommen. Auch von dieser Sekunde ist bereits ein Teil vergangen und ein Teil steht noch aus. Damit verschwindet die Gegenwart in ein winziges, nicht mehr existierendes Nichts, denn jeder Augenblick hat einen Teil, der schon vergangen ist und einen, der noch nicht ist.

Dennoch gibt es eine Zeit, die wir „lang" nennen können. Aber wo ist die „lange Zeit"? Nicht in der Vergangenheit, denn, so Augustinus, das Vergangene IST nicht mehr und nicht in der Zukunft, denn das Künftige IST noch nicht. Aber auch die Gegenwart kann laut Augustinus nicht lang sein, denn jeder Augenblick besteht ja aus einem Teil, der schon vergangen ist und einem Teil, der noch nicht ist.

Erleben wir aber die Zeit wirklich als dieses gleichmäßige Vorüberfließen von Zukunft über Gegenwart in die Vergangenheit?[1] Warum gibt es dann Langeweile, in der die Zeit träge und langsam dahin fließt, oder den Stress, in dem wir meinen, die Zeit flöge nur so dahin und wir schaffen einfach unsere Aufgaben in der vorgegebenen Zeit nicht. Warum dehnt sich die Zeit unendlich, wenn wir ungeduldig etwas erwarten oder befürchten und warum wird die Zeit unendlich lang in

---

[1] In der modernen Forschung hat man entdeckt, dass die Zeit offenbar in Zeitquanten erlebt wird, die etwa 3 bis 4 Sekunden dauern. Immer nach dieser Zeit machen wir unbewusst eine Bewegung und sei es auch nur der Wimpernschlag. Wir fassen uns an die Nase, bewegen den Fuß oder den Arm und nehmen eine andere Haltung ein. Wir nehmen also das JETZT durchaus als ausgedehnte Zeit und nicht als ein unendlich winziges Nichts wahr.

8. Leben und Handeln im Jetzt.

einem Zustand gebannter Angst? Warum scheint die Zeit zu verschwinden oder stillzustehen, wenn wir glücklich sind? Zeit und Gegenwart sind offenbar etwas Unbestimmtes, das von unserem Gemütszustand und unseren Erwartungen abhängt.

8.3.1 Zeitlichkeit in unseren Vorstellungen

Augustinus fragt, ob wir Dinge, die in der Zukunft liegen, vorhersehen können, obwohl sie noch nicht sind.

> Ich sehe die Morgenröte, ich verkündige den Aufgang der Sonne; was ich sehe, ist gegenwärtig, was ich verkünde, ist zukünftig; die Sonne aber ist in diesem Falle nicht das Zukünftige, denn sie ist bereits da, sondern ihr Aufgang selbst, der noch nicht ist, doch auch den Aufgang könnte ich nicht vorhersehen, wenn ich mir ihn nicht im Geiste vorstellte wie eben jetzt, wo ich dies sage.

> Indes ist weder jene Morgenröte, die ich am Himmel sehe, der Sonnenaufgang, obgleich sie ihm vorangeht, noch jene seelische Vorstellung; ich sehe aber beide als gegenwärtig, so dass ich jene, die noch zukünftig ist, voraussagen kann. Das Zukünftige ist also noch nicht vorhanden, und was noch nicht ist, ist überhaupt nicht, und was nicht ist, kann man auch gar nicht sehen, sondern nur vorhersagen aus dem Gegenwärtigen, das bereits ist und somit gesehen werden kann.

Die Zukunft ist da und gegenwärtig, weil ich sie in meinem Geiste als seelische Vorstellung habe. Aber die Zukunft ist nicht unabhängig von der Vergangenheit. Wenn ich nicht oft und oft den Sonnenaufgang gesehen hätte, könnte ich ihn jetzt in der Gegenwart nicht als Zukünftiges vorhersehen.

Die Erwartungen des Künftigen speisen sich aus der Erinnerung an das Vergangene und aus dem Wahrnehmen des Gegenwärtigen. Wir können auch Dinge erhoffen und erwarten, die so noch nie gewesen sind: Wir können uns in ein Paradies träumen, in dem wir glücklich sind, so glücklich, wie wir es noch nie zuvor waren. Aber auch diese

Erwartungen speisen sich aus der Vergangenheit, wenn auch vielleicht als das Gegenteil des bisher Erlebten. Niemand von uns ist jemals im Paradies gewesen, aber jeder trägt die Sehnsucht in sich. Oder war es das Paradies, als wir noch völlig ungetrennt von der Mutter selig und ohne Bewusstsein im Mutterleib schlummerten? Kommt daher die Sehnsucht nach der verlorenen Innigkeit des Paradieses?

Die Erwartungen des Künftigen speisen sich aus der Wahrnehmung des Gegenwärtigen. Aber was ist, wenn wir die Gegenwart nicht wahrnehmen, weil wir gehetzt von einer Besorgung zur anderen rasen?

8.3.2 Wahrheit und Täuschung

Aber nehmen wir das Gegenwärtige wirklich wahr so, wie es ist? Oder ist nicht unsere Wahrnehmung abhängig von Stimmungen oder vorgefertigten Konzepten?

Drei Mönche gingen in der Nacht spazieren. Da schrie einer entsetzt auf: „Dort, eine Schlange!", und er sprang zur Seite. Die anderen lachten: „Das ist doch nur ein Seil!" Die Angst des Mönches hatte ihn das Seil als Schlange wahrnehmen lassen. Kurz darauf gingen die Mönche wieder in der Dunkelheit spazieren. Da schrien die Mönche auf: "Da, eine Schlange!", und sprangen zur Seite. Unser Mönch aber lachte: „Das ist doch wieder nur ein Seil!" - und da biss ihn die Schlange.

Unsere Befürchtungen und unsere Hoffnungen zeigen uns eine Wirklichkeit, auf die wir handelnd reagieren. Der Mönch sieht eine Schlange und springt zur Seite. Aber das rechte Handeln für den Augenblick wird nur möglich, wenn wir den Augenblick so erkennen, wie er wirklich ist, unabhängig von unseren Vorstellungen.

In Korea gab es zwei Mönche Uisang und Wonhyo[1]. Sie hatten von einer in China neu gegründeten buddhistischen Schule[2] gehört. Beide machten sich auf den Weg zum Meer, um direkt mit dem Schiff nach

---

[1] Uisang (625–702), Wonhyo (617 – 686)
[2] Chinesisch: Huayan zong im 7. Jhdt. gegründet. Grundlage ist das Avatamsaka-Sutra. Die Schule der Buddha verherrlichenden Blumenpracht wird in Japan zum Kegon Buddhismus. Der Haupttempel ist der Tōdaiji Tempel in Nara mit dem berühmten großen Buddha.

8. Leben und Handeln im Jetzt.

China überzusetzen. Unterwegs gerieten die sie in ein gewaltiges Unwetter mit schwerem Regen, und sie fanden Schutz in einer großen Höhle mit einer Quelle von wunderbar süßem Wasser. Die ganze Nacht stürmte und regnete es heftig, aber beide schliefen gut und fest in der sicheren Höhle.

Am nächsten Morgen sahen sie, dass die Höhle ein Grab mit vielen Knochen von früheren Bestattungen war und dass in der Quelle, aus der sie getrunken hatten, ein Totenschädel lag. Weil das Unwetter weiter anhielt, mussten sie noch eine weitere Nacht in der Höhle bleiben. Aber das Wasser schmeckte faulig und ekelhaft brackig und in dieser Nacht erschienen dem Wonhyo fürchterliche Ungeheuer im Traum und quälten ihn.

Wonhyo erwachte und verstand nun, dass es sein eigenes Bewusstsein war, das ihm diese Ungeheuer zeigte. Sogar noch im Schlaf gaukelte es ihm die Ungeheuer vor und sein Bewusstsein übernahm die Kontrolle. Alles was wir sehen und erkennen ist nicht die Realität, sondern es ist geprägt von unserem Bewusstsein.

Wonhyo gewann so die Überzeugung, dass das Erwachen, das er in China suchen wollte, schon geschehen war. Er brauchte die weite und gefährliche Reise nicht mehr anzutreten und er kehrte nach Hause zurück.

Für die ‚Kuttenbrüder' ist es ganz wesentlich, dass sie klar sehen, was jetzt IST - und wie viel mehr noch für uns, die wir im Getriebe der Welt leben und handeln müssen. Im Hekiganroku[1] heißt es:

> Hinter dem Zaun Hörner sehen und schon wissen:
> Da weiden Rinder!
> Hinter dem Berg Feuer sehen und schon wissen:
> Da brennt Feuer!
> Sich an der einen Ecke gleich die drei anderen deutlich machen
> ...
> das gehört für den Kuttenbruder zum täglichen Reis und Tee!

---

[1] Das Hekiganroku oder chinesisch Bi Yän Lu ist eine der großen Kōan Sammlungen Chinas.

Gegenwärtig ist also nicht nur das, was sichtbar unmittelbar vor Augen liegt, sondern auch und vielleicht gerade das, was man erschließen muss. Für den Zenmönch gilt also, dass er seine Wahrnehmung so schulen muss, dass er auch das erkennt, was nicht offen vor den Augen liegt. Wenn er den Rauch hinter dem Berg sieht, weiß er, obwohl er es nicht sehen kann, dass dort ein Feuer brennt.

Aber um wie viel größer ist da die Gefahr einer Selbsttäuschung! Wenn wir schon das vor Augen Liegende mit unseren Konzeptionen verfälschen, wie viel mehr dann das Erschlossene! Wie oft kann man beobachten, wie Menschen aneinander vorbei reden, weil niemand wirklich hört, was der andere sagt. Wir meinen, etwas Bestimmtes gehört zu haben, weil wir die Antwort schon als fertiges Konzept in unserem Kopf haben.

In der Meditation und in den Übungswegen, z.B. im Teeweg versuchen wir, unser Herz zu reinigen, damit wir die Dinge so wahrnehmen, wie sie sind. Dann ist unser Herz ein klarer Spiegel, der die Welt so spiegelt, wie sie ist, und die Welt spiegelt uns unser Herz zurück. Wenn wir etwa in der Teezeremonie den Teelöffel nehmen, dann sind wir ganz und gar beim Teelöffel. Dann gibt es kein vorher und kein nachher, nur DIESEN Augenblick, in dem wir ganz beim Teelöffel sind.

Zenmeister Dōgen schrieb, wir können nicht sagen, dass der Winter zum Frühjahr wird. JETZT ist Winter, JETZT ist Frühjahr. Brennholz wird zu Asche und kann nicht umgekehrt wieder zu Brennholz werden. Obwohl es so ist, meint Dōgen, kann man nicht sagen, das Brennholz sei das Frühere und die Asche das Spätere. Die Asche hat ein Vorher und das Brennholz hat ein Nachher. Aber JETZT ist Brennholz nichts als Brennholz und Asche ist Asche.

So kann man auch nicht sagen, dass das Leben zum Tod wird. JETZT ist Leben und JETZT ist Tod. Leben und Tod sind zwei prinzipiell unterschiedliche Dinge und es wird nicht das Eine zum Anderen. Jetzt bin ich ein alter Mann, früher war ich ein Kind. Aber ist das Kind ein alter Mann geworden? Das Kind ist nicht mehr, aber es ist das ‚Vorher' des

8. Leben und Handeln im Jetzt.

alten Mannes. Und was ist das ‚Nachher'? Sollte das ‚Nachher' etwa Angst machen?

JETZT nehme ich den Teelöffel, JETZT die Teedose, JETZT fülle ich den Tee in die Teeschale ...

Aber wie ist es im Leben? Können wir immer so im Augenblick sein? Augustinus sagt, dass JETZT in der Morgendämmerung auch der Sonnenaufgang und die Sonne schon da sind. Sie sind zwar nicht konkret am Himmel, aber sie sind in unserm Herzen und unserem Sinnen. Der Mensch ist eben ein Wesen, das immer schon vorausschaut auf das Kommende.

8.3.3 Heidegger: Dasein und Zeitlichkeit - Die Sorge

Martin Heidegger untersucht in seinem Werk „Sein und Zeit" die Struktur des menschlichen Daseins. Das DA-SEIN ist nicht die bloße Existenz[1] des Menschen, es ist der Ort, in dem sich „das Sein lichtet", das heißt hell und bewusst wird. Die Sonne, die noch nicht am Himmel steht, ist ‚Da' in unserem Sinn, in unserer Erwartung. Ja, der Sonnenaufgang, damals in Griechenland vor 20 Jahren, er ist DA, JETZT, wo ich mich an ihn erinnere. Er ist vielleicht sogar konkreter, als die Dinge um mich herum, die ich überhaupt nicht wahrnehme, weil ich in Gedanken und mit meinem Fühlen ganz bei dem Sonnenaufgang damals bin. Wie oft leben wir, ohne die Dinge um uns herum wahrzunehmen, weil wir ganz in Gedanken aus der Vergangenheit oder in Träumen über die Zukunft gefangen sind.

Es ist eine Übung der Achtsamkeit, die Dinge um uns herum wahrzunehmen, wie sie sind. Aber was nehmen wir wahr? Auch nur eine Auswahl, alles andere blenden wir aus. Wir sehen vielleicht, dass die Fenster unbedingt wieder einmal geputzt werden müssten, aber das Ticken der Uhr an der Wand oder gar den Verkehrslärm draußen haben

---

[1] Heidegger gebraucht Ek-sistenz als Titel für die Seinsweise des Menschen. Existenz ist nicht das bloße Vorhandensein des Menschen. Ek-sistenz meint, dass der Mensch immer schon ‚bei den Dingen' ist, dass er heraus-steht in das An-wesen der Erscheinungen, die ihn immer schon an-gehen. Das ist die ‚Lichtung des Seins'.

wir ausgeblendet. Unsere Wahrnehmung ist und muss immer selektiv sein - es gibt viel zu vieles um uns herum.

Einer meiner Lehrer sagte, dass wir in der Wissenschaft immer mit Konzepten und Entwürfen arbeiten müssen, wenn wir die Wirklichkeit untersuchen. Man kann eben nicht einen Wissenschaftler in einen Raum führen und sagen: „Jetzt beobachte mal!" Er wird und er muss die Gegenfrage stellen „WAS soll ich den beobachten! Die Fliege an der Wand, das Wechseln des Lichtes am Abend, das Ticken der Uhr an der Wand?" Aber automatisch wird dadurch die Wahrnehmung der Wirklichkeit, die er beobachtet, eingeschränkt. Auch in unserem Alltag machen wir unbewusst immer eine Auswahl dessen, was wir wahrnehmen. Unser Konzept von Wirklichkeit zeigt uns eine ganz bestimmte Wirklichkeit, alles andere blenden wir aus.

Wenn wir eine Teezeremonie zelebrieren und ich den Teelöffel nehme, bin ich ganz und gar beim Teelöffel - ganz im Augenblick und bei den Dingen. Aber die Gäste, die Zuschauer - die nehme ich nicht wahr. Sonst könnte ich mich nicht auf den Teelöffel konzentrieren. Die Zeremonie wird ein Fluss in der Zeit: JETZT DIES, JETZT DIES. Es ist kein Konzept meines Handelns mehr da, ich tue einfach. Und dennoch gibt es ein Konzept: Schließlich habe ich die Zeremonie tausende Mal geübt! Das ist im Alltag schon schwieriger, wir können bestimmte Situationen nicht tausend Mal üben, sie kommen möglicherweise nur ein einziges Mal im Leben. Aber vielleicht sind wir durch das Üben vorbereiteter?

Im Alltag im Augenblick sein ist unendlich viel schwieriger als in der Meditation oder in den Übungen eines WEGES.

Das Da-Sein, also die Seinsweise des Menschen, in der das Sein sich lichtet, ist laut Heidegger immer schon zeitlich. Der Mensch ist der Ort, an dem das Sein licht wird, also aufscheint und erkannt werden kann. Aber dieses Aufscheinen ist immer zeitlich. Jetzt zeigt sich Dies, jetzt ein Anderes. Dabei ist die Frage, ob es das Sein ist, das Zeit gibt oder ob das Sein immer auch in der Zeit erscheint. Die Zeit ist nichts, was wir außen messen können, sie ist ein innerer Sinn. Kant meint, wir können

8. Leben und Handeln im Jetzt.

das Verfließen von Zeit in der Außenwelt nur beobachten, weil wir tief in unserem Inneren die Zeit und die Zeitlichkeit spüren. Die Zeit außen ist nichts ‚Objektives' und Unveränderliches. Meine Ungeduld lässt die Zeit lang erscheinen, in der Langeweile dehnt sie sich endlos hin, aber in Augenblicken von erfülltem Glück scheint sie sogar ganz zu verschwinden. Wenn wir erleben, wie sich draußen die Natur mit den Jahreszeiten verändert, so spüren wir gleichzeitig, wie wir immer älter werden und unsere Lebenszeit vergeht.

Die Grundstruktur der Zeitlichkeit des Da-Seins ist - so sagt Heidegger - die Sorge: Ich sorge mich um mein Sein. In Sein und Zeit gibt es den schönen Satz: „Das Dasein ist dasjenige Seiende, dem es in seinem Sein um sein Sein geht". In der Sorge geht es mir primär darum, mein Sein - Können abzusichern. Darum die Angst vor der Schlange, die mein Sein gefährden könnte. Darum auch sorge ich mich um das Abendessen und weiß, ich muss unbedingt noch zum Bäcker, sonst bekomme ich kein Brot mehr und dann muss ich hungern. Selbstverständlich sorgen sich Japaner in anderer Weise um ihren abendlichen Reis, aber die Grundstruktur der Sorge ist für alle Menschen gleich.

So stürmen die Dinge des täglichen Lebens ständig auf uns ein und wollen „be-sorgt" werden, eben aus der Sorge um mein Sein. Aber im Alltag wird die Sorge zum Besorgen. Ich muss dies und das besorgen und gerate immer mehr in Stress und Hektik vor lauter Soge, im Besorgen ganz Wichtiges zu vergessen. Aber je mehr die Dinge schreien: «Besorg mich, tu dies, tu das!«, desto mehr regt sich das Empfinden, dass diese Art zu leben nicht alles sein kann. Vielleicht vergessen wir in der Hektik des Besorgens das Wichtigste! Nämlich dass mein Sein gelingt. Aber was ist es, das mein Sein gelungen sein lässt?

In der Erzählung ‚Der Tod des Ivan Iljich' von Tolstoi erkennt Ivan Illjich auf dem Sterbebett, dass sein Leben misslungen ist:

> Und wenn wirklich mein Leben nicht das richtige gewesen ist?
> Ihm kam der Gedanke, dass das, was ihm bisher noch als vollkommen unmöglich erschienen war: *Er hätte so gelebt, wie er nicht hätte leben sollen – dass*

das die Wahrheit sei.
Ihm kam der Gedanke, dass die von ihm kaum bemerkten Neigungen, sich gegen das zu wehren, was von den Hochgestellten des Lebens hochgehalten wurde, jene kaum merkbaren Neigungen, die er stets sofort unterdrückt hatte, wirklich berechtigt waren und dass alles andere nichts war: sein Dienst, seine Lebensgestaltung, seine Familie, die Interessen der Gesellschaft und des Dienstes – alles das war vielleicht nichts, nichts."

Ivan erkennt, dass er nicht so gelebt hat, wie er hätte leben sollen. Er hatte gelebt nach dem Muster, das die ‚Hochgestellten des Lebens' hochgehalten hatte: Karriere, Reichtum, Familie, Besitz. Als er schließlich erkennt, dass er endgültig sterben wird, schreit er drei Tage lang ganz furchtbar: Er kann nicht sterben, weil er ja noch gar nicht gelebt hat!

Genau darum geht die besorgte Frage unseres Mönches an den Meister. Der Mönch will wissen, wie er so leben soll, dass er ein erfülltes Leben lebt. Er fragt Jōshū: »Bitte zeige mir den Weg.« Und was antwortet der? Besorge das, was unmittelbar vor dir liegt, wasch Deine Reisschale, weil du ja deinen Reis schon gegessen hast. Jōshūs Rezept für ein gutes Leben ist es, genau das zu tun, was JETZT in diesem Augenblick getan werden muss. Aber hatte das nicht Ivan Illjich auch getan?

Im Kloster oder Zentempel ist es recht leicht, sich auf das unmittelbar Nächstliegende zu beschränken. Ich werde schon nicht verhungern, dafür sorgt dann schon die Gemeinschaft der Mönche. Ich muss auch keine Karriere machen, kein großes Auto fahren und meine Nachbarn nicht beeindrucken.

Also müssten eigentlich alle Mönche glücklich und gelassen sein? Sind sie aber nicht. Die Geschichte des Buddhismus ist voll von Streit und Neid - meine Reisschale ist sauberer als deine und meine Erleuchtung ist aber besser als deine. Darum ist meine Lehre die richtige und deine die falsche!

8. Leben und Handeln im Jetzt.

Ja, wenn ICH in einer bestimmten Weise übe und ein anderer kommt und sagt, das sei ganz falsch, dann löst das eine Fülle von Emotionen aus. Sollte der Andere recht haben? Dann bin ich auf dem falschen Weg! Dann war all mein Bemühen um den WEG umsonst und meine Sorge um das gute Gelingen meines Seins möglicherweise falsch! DAS KANN NICHT SEIN! Also ist der Andere unbedingt mein Gegner, der mich aus der Sicherheit meines Tuns herausreißt. Der unbekannte Dichter Hanshan[1] schrieb einmal: »Neid und Missgunst haben ganze Tempel niedergebrannt!«

Da-Sein entwirft sich immer schon in der Sorge in die Zukunft voraus. Aus diesem Entwurf gestalten wir das Jetzt. Wenn ich heute zu Abend essen will, dann muss ich JETZT einkaufen gehen! Wenn ich im Alter von meiner Rente leben will, dann muss ich JETZT Geld verdienen, um später versorgt zu sein. Der Alltag funktioniert immer aus diesem Vorausentwurf, der das Jetzt bestimmt.

8.3.4 Kairos: der rechte Zeitpunkt

Aber manchmal wird die Sache noch schwieriger. Es gibt den richtigen Augenblick, um eine bestimmte Sache zu tun. Wenn ich mit 60 anfange, an meine Rente zu denken, dann ist das zu spät. In der alten griechischen Philosophie gibt es den Begriff des καιρος - Kairos. Kairos ist der genau richtige Augenblick für eine bestimmte Sache. Es gibt die rechte Zeit, um den Weinstock zu bescheiden und den genau rechten Augenblick, die Reben zu ernten. Es gibt den rechten Zeitpunkt, das Korn zu säen und den, es zu ernten. Wir können nicht im Frühjahr die Trauben ernten und im Herbst den Weinstock beschneiden. Verpassen wir diesen Kairos, ist es zu spät.

Beim Wein oder dem Getreide ist der Kairos relativ einfach zu erkennen. Auch da muss ich den rechten Augenblick bestimmen, indem ich in die Zukunft schaue. Morgen wird es regnen, darum muss das

---

[1] Hanshan: Hanshan shi, Gedichte vom kalten Berg. Unbekannter Dichter der Tang Zeit, vermutlich 7. oder 8. Jhdt

Getreide heute eingefahren werden. Es wäre zwar besser, wenn es noch ein wenig mehr reifen würde, aber es wird eine Regenperiode kommen.

Auch in unserem Beispiel von Meister Jōshū geht es um die rechte Zeit. Jōshū bestimmt die rechte Zeit für ein bestimmtes Tun durch die Frage: Hast du deinen Reis schon gegessen? Ja, dann ist JETZT die Zeit, die Schale zu waschen!

Aber bei den wirklich wichtigen Dingen unseres Lebens ist diese Entscheidung nicht ganz so einfach. Für Politiker ist es oft eminent wichtig, den richtigen Zeitpunkt zu kennen, in dem sie sich um ein bestimmtes Amt bemühen. Wenn die Zeit für einen nicht reif ist, kann er eben nicht Bundeskanzler werden. Und vielleicht geht der richtige Zeitpunkt einfach an mir vorüber. Ich hätte zwar die entsprechenden Talente, aber da sitzt JETZT jemand anders und so verwirklicht sich eine Sache für mich niemals.

Wann ist der richtige Zeitpunkt, den richtigen Partner zu finden? Und WER ist der richtige Partner? Wann ist der richtige Zeitpunkt sich zu trennen? Wann einen ungeliebten Job aufzugeben? Wann ist der rechte Zeitpunkt für eine Ausbildung und wann für einen Rückzug in die Stille? Bevor ich in die Stille gehe, muss ich erst noch Karriere machen. Aber vielleicht ist irgendwann die rechte Zeit verpasst und erst ein Zusammenbruch zeigt, dass der Schritt zurück in die Stille so wichtig gewesen wäre.

Der Kairos ist der richtige Zeitpunkt, an dem man HANDELN muss. Das Dasein besteht eben nicht nur aus Reflexion, besinnlichem Denken und Meditation. Wir müssen handeln. Aber jede Handlung ruft eine Reaktion hervor, das Karma. Wenn ich jetzt nicht zum Einkaufen fahre, dann ist es mein Karma, dass ich heute Abend nichts zum Essen habe. Zum richtigen Handeln gehört es nicht nur, das Richtige zu tun, wir müssen es auch zum richtigen Zeitpunkt tun. Unser Mönch fragt nach dem Weg. Jōshū fragt dagegen: Hast du deinen Reis schon gegessen? Dann ist JETZT der richtige Zeitpunkt, für die richtige Handlung, nämlich

9. Zen-Meister Dōgen und das Üben der Zeit.

die Schale zu säubern. Dann treffen das richtige Denken, das richtige Tun und der richtige Zeitpunkt zusammen. Wer das vermag, ist Buddha!

Aber die Dinge sind nicht immer so einfach, wie das Reinigen einer Reisschale.

9. Zen-Meister Dōgen und das Üben der Zeit.

Vor ewigen Zeiten – als ich noch ein Student der Philosophie war, kam ein Japaner[1] in unser Seminar über Heideggers „Sein und Zeit" an der Münchner Universität. Zu unserer Überraschung kannte er sich perfekt aus in „Sein und Zeit" und er konnte den Inhalt nicht nur in Fachterminologie, sondern auch in einem Alltagsdeutsch ohne eine einzige heideggersche Wendung erklären.

Er kam aus Kyōto und hatte dort bei Prof. Tsujimura, einem letzten Vertreter der ‚Kyōto - Schule der Philosophie' studiert. Diese Schule versuchte, westliche Philosophie und die Erfahrungen im Zen miteinander zu verbinden. Bald saßen wir in einer kleinen privaten Gruppe beieinander und versuchten, Texte des Zenmeisters Dōgen aus dessen Werk *Shōbōgenzō*, der „Schatzkammer des wahren Dharma-Auges" zu übersetzen. Wir mühten uns mit dem Kapitel Genjōkōan ab. Aber von einem anderen Kapitel ging eine noch größere Faszination aus, dem Ū-JI, etwa SEIN -ZEIT. Tsujimura hatte eine Übersetzung veröffentlicht, aber die las sich wie reiner Heidegger, und man muss die Übersetzung eigentlich erst aus dem Heideggerschen ins Deutsche übersetzen. Aber hier war ein Denken eines japanischen Zenmeisters aus dem 13. Jahrhundert, das sich scheinbar mit dem zeitgenössischen Denken Heideggers traf. Heideggers Hauptwerk heißt „Sein und Zeit", ein kleines Spätwerk nannte er „Zeit und Sein". Gibt das Sein die Zeit oder gibt die Zeit das Sein?

Alle Dinge „wechseln und werden" wie Hölderlin sagt. Manchmal rast die Zeit und wir spüren, dass „wir keine Zeit haben", manchmal dehnt sie sich endlos und wird vielleicht sogar zur langen Weile oder zur

---

[1] Der japanische Student war Ryōsuke Ōhashi.

Langeweile. Manchmal reißt sie auch, indem sich die Dinge in rasender Geschwindigkeit, die sich unserer Kontrolle entzieht, verändern oder verschwinden. So erleben wir die Zeit im ständigen Wechsel der Dinge. Aber wenn wir uns hinsetzen, die Augen schließen und still werden - gibt es dann keine Zeit mehr, weil wir den Wandel der Dinge nicht mehr erleben? Ist die Zeit nur die Wandlung der Dinge außerhalb von uns selbst? Nein, die Zeit läuft weiter. Manchmal können wir wirklich still werden und spüren, wie die Zeit scheinbar langsamer wird. Manchmal aber drängt es uns weiter: - keine Zeit mehr, ich muss wieder aus der Stille zurück, weil noch so viel zu erledigen ist!

WAS ist dann die Zeit, wenn wir sie nicht an der Änderung der Dinge außen erleben? Wir erleben Zeit ja offenbar nicht, weil sich die Dinge ändern, sondern wir erfahren die Änderung der Dinge, weil wir in uns das Vergehen der Zeit spüren. Ist die Zeit ein inneres Drängen, ein dem Menschen innewohnender „Sinn"?

Wissenschaftler haben Versuche gemacht, bei denen Menschen in eine tiefe Höhle in einem Berg lebten, ohne jeden Kontakt zur Außenwelt. Sie konnten dort tun, was sie wollten. Licht einschalten, lesen, Essen zubereiten oder schlafen. Zur Überraschung der Wissenschaftler kam dabei heraus, dass alle Versuchsteilnehmer in etwa einen 25-stündigen Zeitrhythmus hatten und beibehielten. Ist die Zeit in unseren Zellen programmiert? Erleben wir Zeit, weil wir alt und älter werden? Ist Zeit Lebens - Zeit? Spüren wir das Drängen der Zeit, weil wir spüren, dass wir noch leben MÜSSEN, dass unbedingt noch dies oder das getan werden sollte? Wir leben nur, wenn wir die Dinge innerhalb der Zeit erledigen. Aber wer oder was gibt uns diese Zeit vor? Ist es unsere eigene Bestimmung oder unser Geschick?

9.1 Dōgen und die Zeit: U-JI

Zenmeister Dōgen (1200 - 1253) beginnt das Kapitel Ū-JI aus dem Shōbōgenzō mit einem Gedicht[1]:

---

[1] Übersetzung: Ryōsuke Ōhashi und Rolf Elberfeld in: Dōgen Shōbōgenzō, Ausgewählte Schriften

9. Zen-Meister Dōgen und das Üben der Zeit.

古佛言
有時 高高峯項立
有時 深深海底行
有時 三頭八臂
有時 丈六八尺
有時 挂杖拂子
有時 露挂燈籠
有時 張三李四
有時 大地虛空

Ein alter Buddha sagt:
Zu einer Zeit (Ū-JI) auf dem hohen, hohen Berggipfel stehen,
zu einer Zeit auf dem tiefen, tiefen Meeresgrund gehen.
Zu einer Zeit der dreiköpfige, achtarmige Wächtergott,
zu einer Zeit der bald sechzehn Fuß
und bald acht Fuß große Buddha.
Zu einer Zeit Stab und Wedel,
zu einer Zeit Pfeiler und Gartenlaterne,
zu einer Zeit Hinz und Kunz,
zu einer Zeit große Erde und leerer Himmel.

Das Wort Ū-JI 有 - 時, das hier als „zu einer Zeit" übersetzt ist, besteht aus zwei Worten und aus zwei Schriftzeichen. Es kann im Chinesischen und Japanischen in dieser Zusammensetzung „manchmal" bedeuten, aber der philosophische Gehalt der Gedanken Dōgens verbietet diese Übersetzung. Das erste Zeichen 有 - U wird als Sein oder Haben gelesen. Normalerweise unterscheiden wir in unserer Sprache Haben und Sein. Wie oft versuchen wir, uns über das Haben zu bestimmen. Wenn der Nachbar ein größeres oder schnelleres Auto fährt, als ich selbst, kann das möglicherweise an meinem Selbstbewusstsein kratzen. Wer ist DER, dass der sich ein schnelleres Auto leisten kann?

Darum ist es in vielen Firmen ein ungeschriebenes Gesetz, dass man kein größeres Auto fährt als der Vorgesetzte. Und der Vorgesetzte bekommt den besseren Bürostuhl mit Armlehnen, während wir uns mit einem kleinen, ohne Lehne begnügen müssen. Sogar im Zenkloster spielt diese Bestimmung des Seins durch das Haben eine Rolle. In dem Gedicht heißt es: „Zu einer Zeit Stab und Wedel". Stab und Wedel sind die Insignien des Abtes. Wenn er die trägt, hat jeder im Kloster mit absolutem Gehorsam ohne jeden Widerspruch das zu tun, was der Abt anordnet. Wer Stab und Wedel HAT, der IST der Abt und die absolute Autorität!

Aber welche Weisheit liegt in dem Bild, mit dem das chinesische 有 - U (Sein / Haben) geschrieben wird. Es zeigt eine Hand, die den Halbmond greift. Wir können zwar nach dem Mond greifen. Wenn wir die richtige Perspektive unserer Sehweise wählen, gelingt es sogar, den ganzen Mond mit unserer Hand zu greifen. Aber das ist nur unsere sehr subjektive Sichtweise. Der Mond ist viel zu weit weg, um ihn greifen zu können. Aber wie oft meinen wir, etwas fest im Griff zu haben, nur um kurze Zeit später zu erkennen, dass wir einer sehr subjektiven Sicht und einer Illusion erlegen sind. Selbst wenn wir den Mond greifen könnten, so ist der Mond doch in ständiger Veränderung. Man kann genau diesen Mond in diesem Augenblick nicht festhalten - schon hat er sich wieder verändert. Wir versuchen, unser Sein zu sichern, indem wir es z.B. „versichern". Wir versichern unser Leben, indem wir eine Lebensversicherung abschließen. Aber ist dadurch unser Leben wirklich „sicher" geworden? Das Einzige, was wir versichern können, ist der finanzielle Verlust. Aber was ist, wenn uns unersetzliche, lang geliebte Dinge verloren gehen. Können wir die wirklich mit Geld ersetzen?

Ist es wirklich so, dass wir uns durch das „Haben" bestimmen? Das Haben unterscheidet uns von den Anderen. Wir bestimmen uns aus unserem Verhältnis zu den Anderen. Ich habe Stab und Wedel, du musst tun, was ich sage. Ich bin reich, du bist arm; ich bin klug, du bist dumm

9. Zen-Meister Dōgen und das Üben der Zeit.

9.1.1 Die Zeit: Üben der Zwölf Stunden

Das zweite Wort in Ū-JI ist *Ji* 時, die Zeit. Das Schriftzeichen zeigt als Bild die Sonne, der zweite Teil des Schriftzeichens ist das Lautzeichen, das zeigt, dass dieses Wort als JI gesprochen werden muss. Verwirrend wird es, wenn wir ein Lexikon der alten japanischen Sprache zu Hilfe nehmen. *Ji* bedeutet: Zeit, Jahreszeit, Vierteljahr, Doppelstunde, Stunde, Frist, richtige Zeit, Gelegenheit, zeitgemäß, jetzt, derzeit, zeitig, von Zeit zu Zeit, mit der Zeit, während, als, damals, ständig, immer und schließlich sogar: Wetter. Aber es ist nicht das Wetter, das in der Wettervorhersage gemeldet werden kann. Dieses Wetter heißt *Ten-ki,* Himmels-Energie. Es ist das Wetter, das Jetzt in diesem Augenblick ist.

Kurz nach dem angeführten Gedicht schreibt Dōgen:

> [Dies – dass Alles jeweilige Zeit ist - ist] anhand der gegenwärtigen zwölf Tageszeiten zu üben und zu erlernen.

WAS ist da zu üben und zu erlernen? Wir sind doch ohnehin immer in der Zeit. Niemand kann sich aus der Zeit heraushalten. Aber unser Verhältnis zur Zeit ist gespalten. Rilke schreibt in den Duineser Elegien, dass wir Menschen immer schon „zu spät" auf „teilnahmslosem Teich" landen. Die Tiere, so meint Rilke „wissen die rechte Zeit", wir Menschen dagegen sind meisten „zu spät" oder manchmal auch zu früh. Bevor wir den Verlauf der Dinge richtig erkennen, und unser Gemüt freimachen von unseren Vorurteilen und unserem Haften am Gewohnten, ist die rechte Zeit vorüber: Wir sind wieder einmal zu spät! Wir SIND nie in der rechten Zeit, wir müssen üben, uns dorthin zu begeben.

9.1.2 Das Üben - Theorie

Was aber heißt „üben"? Wenn wir etwas üben, dann wiederholen wir einen ganz bestimmten Vorgang ganz bewusst immer wieder. Wir tun jedes Mal wieder das Gleiche, aber jedes Mal bringen wir ein Stück von Erfahrung aus dem Übungsprozess, den wir vorher durchlaufen haben in die Übung ein. Übung ist bewusste, stete Wiederholung eines Vorganges, der sich stets während der Übung zwar als derselbe erweist, aber immer anders erfahren wird. Wir sind in der Übung immer im Jetzt, aber das Jetzt ist jeweils neu und anders. So kommen wir mit dem Üben niemals an ein Ende, wir sind immer am Anfang - im Anfängergeist.

Wenn wir uns im täglichen Trott des Alltags befinden, so üben wir die Zeit nicht ein, weil uns der Trott nicht bewusst wird. Nur, wenn wir uns der Zeit jeweils ganz und gar bewusst werden, üben wir in der Wiederholung. Sonst ist die Wiederholung ein endloses Laufrad der Routine, aus dem wir nie wieder frei werden können.

Rilke schreibt in der ersten Duineser Elegien: »Was bleibt, ist eine verzogene Gewohnheit, der es bei uns gefiel und darum blieb sie.«

Die Gewohnheit ist „verzogen" wie ein ungehorsames Kind und sie ist verzogen und schief, weil sie nicht mehr passt. Aber sie blieb uns treu und wir verhalten uns nach dieser Gewohnheit, obwohl sie schon längst keinen Sinn mehr macht. Weit entfernt, den Augenblick bewusst zu „üben", verhalten wir uns weitgehend unbewusst nach den verzogenen Gewohnheiten. Diese Wiederholung verschleißt und vernutzt uns im täglichen Trott und in Routine.

Was sind die zwölf Stunden, von denen Dōgen spricht? Die Zeit im alten China - und dem folgend auch in Japan – war in zwölf Stunden eingeteilt, sechs Nacht- und sechs Tagstunden. Die Tagstunden wurden, wie übrigens auch bei uns in unserem alten Europa, mit der Sonnenuhr gemessen. Der Tag hatte zwischen Sonnenaufgang und Untergang sechs Stunden (in Europa 12), die Nacht ebenfalls sechs Stunden. Ganz klar ist die Stunde eines Sommertages sehr viel „länger" als die Stunde einer Sommernacht. Und umgekehrt ist die Winter Tagesstunde viel kürzer, als die Nachtstunde. Das entspricht vollkommen dem natürlichen Lebensrhythmus der Menschen. Die langen Sommer-Tagesstunden sind erfüllt mit Tätigkeiten auf dem Felde. Die kurze Nacht dient der Ruhe. Im Winter, wenn die Natur ruht, ruht auch der Mensch. Die Stunden seiner Aktivität sind sehr viel kürzer als die der Ruhe. Die alte Zeiteinteilung ist eine Einteilung von gelebter Zeit, nicht eine abstrakte Zeit, die mit der Uhr gemessen wird. Mit der Uhr kann man keine Lebenszeit „messen". Die zeigt nur sinnlose, gleichmäßige Abschnitte von Zahnrädern, die sich drehen. Unsere Zeit ist eine Maschinenzeit, die sich gegen die natürlichen Lebensrhythmen richtet und vermutlich viele Menschen auf die Dauer krankmacht. Es ist völlig unnatürlich und unsinnig, dass Kinder etwa in der Kälte des dunklen Wintermorgens aufbrechen müssen, um völlig gegen den natürlichen Rhythmus in der Schule zu lernen. Wenn das Licht nicht da ist, reagiert der Organismus mit Schlafbedürfnis und kann nur mit Gewalt zu einer wachen Leistung gezwungen werden.

Als bei uns die mechanischen Uhren aufkamen, bestand lange das Problem, dass die Uhren ständig „falsch" gingen, denn sie zeigten nie die „richtige" Zeit an. Man musste die mechanischen Uhren immer wieder mit einer Sonnenuhr auf die „richtige Zeit" einstellen. Selbst mit der Sonnenuhr können wir nicht wirklich Zeit messen, sondern nur die Tagesstunde. So sagt Dōgen:

> Obwohl Länge und Ferne, Kürze und Nähe der zwölf Tageszeiten noch nie gemessen [wurden],
> nennt [man] sie [dennoch] die zwölf Tageszeiten.

Länge und Ferne, Kürze und Nähe der Tageszeiten hängen von unseren Hoffnungen oder Befürchtungen ab, sie sind nicht in Stunden oder Bruchteilen von Stunden messbar. Wenn ich etwas sehnlich herbeiwünsche, dehnt sich die Zeit scheinbar unerträglich lang und manchmal „vergeht die Zeit wie im Flug". Wenn ich Tee in einer Zeremonie bereite, erlebe ich keine Länge oder Kürze der Zeit, nur den Augenblick. Und dieser Augenblick ist nur das »JETZT«. Wie lange eine Zeremonie gedauert hat, könnte ich nicht sagen. Wenn Kinder ganz in ihrem Spiel aufgehen, haben sie keine Zeit mehr, sie SIND ganz und gar im Augenblick.

9.1.3 Eigenschaften der Tageszeiten

Abgesehen davon, dass man die Länge und Kürze einer Zeit, die gelebte Zeit ist, nicht messen kann, ist eine Stunde zur Zeit des Sonnenaufganges eine völlig andere Zeit als eine Stunde um den Sonnenuntergang. Schon einige Zeit vor dem Sonnenaufgang wird es kalt. Die Nachttiere begeben sich zur Ruhe, die Tagesvögel beginnen mit ihrem Gesang. Allmählich wird die Natur wach und die Tautropfen auf dem

Gras glitzern im frühen Morgenlicht, ehe sie sich im Morgennebel auflösen. Langsam beginnen die Menschen, sich zu regen und ihren Tagesgeschäften nachzugehen.

In der Schrift Nambōroku[1] sagt der Teemeister Rikyū, dass man sich zu der Zeit vom Lager erheben soll, wenn die Vögel zu singen beginnen. Dann soll man den Teeraum reinigen und anschließend Wasser aus dem Brunnen schöpfen. Das ist dann die Stunde des Tigers. Die ‚Uhrzeit' der Stunde des Tigers kann nicht in dem Maß unserer 12 Stunden der Uhr angegeben werden, denn sie unterscheidet sich im Sommer oder im Winter. Das Wasser, das um diese Zeit geschöpft wird, heißt in China die „Blüte des Brunnens". Es macht gesund und stark. Wasser dagegen, so sagt Rikyū, das man in der Stunde des Hasen, also etwas vor dem Sonnenuntergang schöpft, sei „giftig"! So hat die Natur unterschiedlichen Charakter zu den verschiedenen Tagesstunden. In den Morgenstunden bricht alles auf zu den Tagesgeschäften, in den Abendstunden kehren alle Wesen heim in die Stille.

Die griechische Dichterin Sappho schreibt in einem berühmten Gedicht:

> Hesperos – bringt alles heim, was der Morgenstern zerstreute,
> Bringst Schafe heim, bringst Ziegen heim,
> bringst weg von der Mutter die Tochter.[2]

Alles kehrt müde und satt vom Tag heim in die Stille, nur die Tochter verlässt die Mutter, um, gerufen vom Abendstern, der Venus, zu ihrem Geliebten zu gehen und sich den Taten der Liebe zuzuwenden. Das entspricht dem Charakter der Nachtstunden. So hat eine Stunde des Morgens einen völlig anderen Charakter, als eine Stunde des Abends. Dies ist nicht messbar, aber dennoch ist gerade das die Zeit!

---

[1] Namboroku: Die Aufzeichnungen des Mönches Nambo (über seine Gespräche mit Teemeister Rikyū in sieben Büchern), vermutlich um 1600 entstanden aber erst um 1700 bekannt geworden. Über das Namboroku: http://teeweg.de/de/literatur/nambo/nambo-herk.php. Dort auch auszugsweise Übersetzungen. Das 1. Buch Oboegaki ist übersetzt in: Wind in the Pines; Denis Hirota

[2] Sappho, Fragment 104 SP: Ἕσπερε, πάντα φέρων, ὅσα φαίνολις ἐσκέδασ' Αὔως, †φέρεις ὄιν, φέρεις αἶγα, φέρεις ἄπυ† μάτερι παῖδα.

9.1.4 Üben des Alltags

Was aber heißt es, wenn Dōgen sagt, die Zeitlichkeit der Erscheinungen ist anhand der gegenwärtigen zwölf Tageszeiten zu üben und zu erlernen?

An anderer Stelle sagt Dōgen, dass die einzige Übung das „einfach nur Sitzen" (*shikantaza*) sei. Einfach nur sitzen? Möglicherweise zwölf Stunden auf dem Sitzkissen verharren in stiller Meditation? Das ist nur eine Übung für Mönche und nichts für Jedermann! Aber auch die Mönche müssen essen und schlafen. Dōgen hat ganz genaue Vorschriften über den Ablauf des Tages niedergeschrieben. Er regelt die Haltung, in der die Mönche aufwachen, wie sie die Zähne putzen und das Gesicht waschen, wie sie zur Toilette gehen oder wie sie essen und in welcher Haltung sie sich schlafen legen. Diese Tätigkeiten sollen als bewusste Übungen der gegenwärtigen Tageszeiten gelten. Damit wird das gesamte Leben einschließlich des Schlafes zur Übung eines bewussten Lebens und Erfahrens. DAS ist der Sitz im Leben, den es zu üben gilt. Einfach nur sitzen? Jeder Augenblick unseres Lebens wird so zum Sitzen. Wir ‚sitzen' auch, wenn wir am Spülbecken stehen und achtsam den Reis waschen.

In den japanischen Zen - Kunstwegen gibt es die *Kata*, im Teeweg sagen wir die *Ten-mae*. Das sind festgelegte Formen, die es bewusst zu üben gilt. Man spricht vom Erlernen der Form oder Kata, dem Überziehen der Form und vom Vergessen der Form. Wenn wir die Form so verinnerlicht haben, dass wir selbst zur Form geworden sind, dann können wir die Form vergessen, weil wir sie leben. Aber eigentlich übe ich den Teeweg nicht nur dann, wenn ich zusammen mit Gästen Tee bereite: Jeder Augenblick des Lebens ist im Sinne Dōgens Übung des Teeweges.

9.2 U-Ji - Das Gedicht

Im zitierten Gedicht aus dem Kapitel U-Ji scheint Dōgen einen "alten Buddha" zu zitieren:

古佛言 ein alter Buddha sagt

Bis auf die beiden ersten Zeilen, die auf den alten Meister Yakusan Igen zurückgehen, scheint der gesamte Text von Dōgen selbst zu stammen. Aber was ist ein „alter Buddha"? Der Text ist im Japanischen zweideutig: Dort stehen nur die beiden Schriftzeichen für ‚alt' und für ‚Buddha' unmittelbar nebeneinander. Es kann ein Buddha der alten Zeit, also der Vergangenheit gemeint sein, der früher einmal gesprochen hat, oder einer, der alt geworden ist und aus dieser Altersweisheit jetzt im Augenblick spricht. Im Zen und besonders im Denken Dōgens ist man bereits ein Buddha, wenn man sich entschließt, zu üben. Denn dann hat man erkannt, dass das Leben Leiden ist, und hat sich entschlossen, dieses Leiden zu beenden. Also ist eigentlich jeder, der sich auf einem Übungsweg befindet ein Buddha. Vielleicht muss man auf dem Weg „alt und weise" geworden sein, um ein solches Gedicht schreiben zu können.

9.2.1 Klarheit und das Wälzen im Grase

Der alte Buddha sagt: Zu einer Zeit auf dem hohen, hohen Gipfel stehen, zu einer Zeit auf dem tiefen, tiefen Grund des Meeres gehen.

Der hohe, hohe Gipfel ist der Ort völliger Klarheit, der Ruhe und Gelassenheit. Der tiefe, tiefe Grund des Meeres ist der Ort der Verzweiflung, des Getrieben-Seins und der Unklarheit. Kann ein alter Buddha derart zwischen den Zuständen der Klarheit und der Verzweiflung wechseln? Ist man nicht als Buddha völlig über das Leiden erhaben?

Einem Zenmeister war der Sohn gestorben und er trauerte tief. Sein Schüler fragte, warum er trauere, wo er doch ein Zenmeister sei. Die Antwort: „Was verstehst du vom Menschen!" Auch Zenmeister sind Menschen, sie werden krank, verlieren den Partner oder werden in kriegerische Wirren hineingerissen.

Aber es geht bei dem Gehen auf dem Meeresgrund nicht nur um eigenes Leiden oder eigene Unklarheit. Es entspricht dem Konzept des Bod-

9. Zen-Meister Dōgen und das Üben der Zeit.

hisattva im Buddhismus, dass sich derjenige, der voll erwacht ist, voller Mit-Leiden den anderen Menschen zuwendet, um ihnen zu helfen. Dieses Mitleid des Bodhisattva ist keine milde Gabe, die er an die Armen verteilt, es ist echtes Mit-Leiden mit dem Leiden der Anderen. Indem er mit - leidet, kann er den anderen verstehen und helfen, das Leiden zu überwinden. Darum nimmt ein Zenmeister Schüler an, die er auf ihren Wegen begleitet: Und schon ist er mittendrin im Leiden. In der Sammlung des Hekiganroku heißt es, er „wälzt sich im Grase".

Warum ist da ein Gegensatz zwischen dem stillen Stehen auf dem Berggipfel und dem Gehen auf dem Meeresgrund? Das Wort für Gehen ist *gyō*, das Schriftzeichen 行 zeigt die Kreuzung zweier Wege. Das Wort wird in den alten buddhistischen Texten auch für das Üben gebraucht. Im *Hannya Shingyō* [1] 般若心経, dem Herzsutra heißt es, dass der *Boddhisattva Avalokiteshvara,* der *Bodhisattva* des Mit-Leidens die große Klarheit zu dem Zeitpunkt erlangt, als er „übt – gyou". Genau das Üben gibt ihm die Zeit des Erwachens: „JETZT".

Darum muss das Gehen auf dem tiefen Meeresgrund, in den Abgründen des Leidens und des menschlichen Seins auch eine Art des Übens sein. Wenn wir den Zustand des Leidens „üben", dann gehen wir aktiv einen Weg, andernfalls sind wir im dumpfen Leiden verloren, werden vom unverstandenen Schicksal herumgeworfen und lernen nichts daraus. Das Üben im Zustand des Leidens ist ein Einüben des Lebensweges, das zu Zeiten nötig ist, damit zu anderen Zeiten die große Klarheit gewonnen werden kann.

Von solchen radikalen Gegensätzen des Seins in der Stille und dem Umgang mit den 10.000 Dingen spricht schon das Daodejing des Laotse. Im ersten Teil heißt es:

chang wu, yu yi guan qi miao, - 常無欲以觀其妙

---

[1] Die Schriftzeichen für Gehen gyou 行 und Sūtra (gyou) 経 sind unterschiedlich und werden lediglich gleich gesprochen.

Immer NICHT wünschen: sehen Geheimnis
Chang you, yu yi guan qi jiao. - 常有欲以觀其徼
Immer SEIN wünschen: sehen Grenze (der Dinge)

In der üblichen Übersetzung von Richard Wilhelm heißt das:

Darum führt die Richtung auf das Nichtsein
zum Schauen des wunderbaren Wesens,
die Richtung auf das Sein
zum Schauen der räumlichen Begrenztheiten.[1]

Das „Geheimnis" ist der grenzenlose Ursprung, das nicht, das man nur sehen kann im Zustand der Wunschlosigkeit. Wenn man wünscht oder begehrt, was wir in unseren alltäglichen Geschäften immer tun MÜSSEN, sieht man die Begrenzung der Dinge, mit der sich jedes Ding vom anderen unterscheidet. Diese Stelle ist oft so interpretiert worden, dass es wünschenswert sei, immer wunschlos zu sein, denn dann sieht man das Geheimnis. Aber es ist nicht die Rede davon, dass man auf Dauer in der Wunschlosigkeit verweilt und damit ein besserer Mensch ist, als diejenigen, die noch dem Wünschen verhaftet sind.

Es ist ein Hin- und Hergehen zwischen unterschiedlichen Zuständen der Zeit. Einmal wunschlos, einmal inmitten der Welt und der Wünsche.

9.2.2 Ohne Tor: Hin- und Hergehen

Daitō Kokushi[2], der Gründer und einer der wichtigsten Zenmeister aus dem Daitokuji – Tempel in Kyōto, der eng mit dem Teeweg verbunden ist, hatte lange Jahre über das Koan KAN – Grenze, kein Durchgang - meditiert, bis ihm endlich der Durchbruch gelang. Dann schrieb er ein Gedicht:

---

[1] Die Übersetzung des Daodejing von Richard Wilhelm liegt in vielen Ausgaben vor. Die meisten Ausgaben des Daodejing beruhen auf Wilhelm's Übersetzung. Eine eigene Übersetzung liegt vor auf: http://teeweg.de/de/literatur/daodejing/nr1/index.html. Eine Buchausgabe ist in Vorbereitung.
[2] Shūho Myôchô (1282 – 1337), besser bekannt unter seinem Mönchsnamen Daitō Kokushi: Große Leuchte Landeslehrer. Er ist der Gründer des Tempels Daitōkuji, der aus 22 Subtempeln besteht.

9. Zen-Meister Dōgen und das Üben der Zeit.

> itsukai ūnkan o to kashi owari
> nanbokutōsai katsuru tsūsu
> sekisho chihō yū hinshū o botsu
> kiyaku tō kiyakutei seifū o[1]
> „Ein einziges Mal die Wolken-Sperre vollständig
> durchdringend hinübergegangen:
> Süden Norden Osten Westen: lebendiger Weg weitet sich
> abends am Ort, morgens spielend:
> Verschwinden von Gast und Gastgeber
> Fuß Kopf Fuß – von unten bis oben reiner Wind."

Die Wolken-Sperre Ūnkan ist das Kōan KAN - Sperre, das der chinesische Zenmeister Ūnmon[2] von Wolkentor-Berg gegeben hatte. „Ein einziges Mal hindurchgegangen durch dieses torlose Tor" kann man sich hin und her bewegen zwischen den Zuständen des Stehens auf dem hohen Gipfel und dem Gehen auf der Tiefe des Meeresgrundes.

9.2.3 Erweisen durch die Dinge

Ähnliche Gegensätze wie zwischen dem hohen Berggipfel und dem tiefen Meeresgrund baut Dōgen immer wieder auf. Einer der Gegensätze ist der zwischen dem „dreiköpfig-achtarmigen Wächtergott" und dem „bald sechzehn bald acht Fuß großen Buddha". Vermutlich spricht Dōgen auch hier nicht von abstrakten Gedanken, so wie er die Einübung der zwölf Tagesstunden an „diesem" konkreten Tag, der genau jetzt ist, verlangt.

Solche Wächterfiguren standen am Eingang der Tempel. Noch heute stehen grimmig schauende Wächterfiguren am Eingang von nahezu jedem Tempel in Japan. Sie schrecken Feinde ab und schützen den heiligen Ort des Tempels. Dennoch gehören sie nach dem buddhistischen Denken zu den niedrigsten Daseinsformen überhaupt. Der

---

[1] 一回雲関透過了／南北東西活路通
夕処朝遊没賓主／脚頭脚底起清風
Eine ausführliche Interpretation unter:
http://www.teeweg.de/de/religion/Zen/koan/kan.html

[2] Yúnmén Wényǎn (862 or 864 – 949 CE), japanisch: Unmon, wörtlich Wolken-Tor, benannt nach seinem Tempel am Wolkentor Berg.

Buddha dagegen, der im Innersten des Tempels geborgen ist, wird entweder stehend (16 Fuß hoch) oder sitzend (8 Fuß hoch) dargestellt. Von dem Buddha sagt Dōgen weiter:

> „Dieser (*kore*) sechzehn Fuß große Goldleib ist Zeit, und weil er Zeit ist, kommen ihm Herrlichkeit und Glanz der Zeiten zu."

Dōgen spricht nicht von irgendeinem Buddha, sondern von diesem dort – japanisch: *kore*. Dabei kann er sicher mit dem Finger auf die Buddhafigur, die möglicherweise ihm gegenüber auf dem Altar sitzt, weisen. Zugleich zeigt er seinen Schülern, die noch nicht „erwacht" sind zu ihrer Buddha - Natur, dass ein Erwachen zu einer bestimmten Zeit möglich ist, so wie es in der Geschichte viele Erwachte gegeben hat. Indem er auf den Goldbuddha zeigt, ruft er seine Schüler in das Erwachen durch ihr Üben in der Zeit. Das Gleiche gilt wohl auch für den achtarmigen, dreiköpfigen Wächtergott.

JETZT ist hier der Goldbuddha, JETZT ist hier der Wächtergott. Stehe ich vor dem Wächtergott, dann ist hier nicht der Goldbuddha, sondern eben der Wächtergott. Beide erscheinen je in ihrer Zeit und in der konkreten Situation. Wenn ich sie ganz und gar wahr-nehme, ohne mit meinen Gedanken irgendwo anders zu sein, dann ist zu einer Zeit der Goldbuddha und zu einer Zeit der Wächtergott.

Noch deutlicher wird der Sachverhalt vielleicht am nächsten Gegensatzpaar:

> Zu einer Zeit Stab und Wedel
> Zu einer Zeit Pfeiler und Gartenlaterne.

Stab und Wedel sind die Zeichen der Autorität und Herrschaft des Abtes. Pfeiler und Gartenlaterne sind die ganz alltäglichen Dinge des Lebens im Kloster. Stab und Wedel stehen für das Üben des Buddhaweges in der Meditationshalle, Pfeiler und Gartenlaterne sind die Dinge des alltäglichen Lebens, die »besorgt« und versorgt werden müssen. Damit ist wieder ein ähnlicher Gegensatz aufgebaut, wie in allen Versen. Wenn wir die zwölf Stunden einüben, so tun wir dies, indem wir ganz im Augenblick sind, im Ū-JI. Gleichgültig, ob die Mönche in der Meditations-

9. Zen-Meister Dōgen und das Üben der Zeit.

halle sitzen und meditieren oder sich im Gespräch über die heiligen Dinge mit dem Rōshi befinden oder den alltäglichen Verrichtungen oder der Arbeit im Garten nachgehen, alles ist Einübung der Zeit. Auch die tägliche Arbeit ist das Üben der zwölf Stunden. Auch - oder gerade auch - die Arbeiten des Alltages ist das Üben der Zeit. Denn zu einer Zeit sind wir Pfeiler zu einer Zeit Gartenlaterne. Wir sind die Gartenlaterne, weil wir gerade im Augenblick die Gartenlaterne pflegen, sie reinigen und ihr Licht anzünden. Und zwar in einer Achtsamkeit, dass wir in diesem Augenblick ganz zur Gartenlaterne werden.

9.2.4 Die Zypresse im Garten.

Der alte Meister Zhaozhou[1], den die Japaner Jōshū nennen, wurde einmal von einem Mönch nach dem Sinn des Kommens von Bodhidharma aus dem Westen gefragt. Diese Geschichte ist so berühmt, dass sie in vielen Texten des Zen enthalten ist.[2] Und auch Dōgen erzählt und kommentiert die Geschichte in dem Kapitel Hakujushi[3], das sogar nach dieser Geschichte von der Zeder oder Zypresse benannt ist. Der Baum Hakujushi 栢樹子 ist ein immergrüner Nadelbaum ähnlich einer Zeder oder einer Zypresse. [4]

> Eines Tages fragte ein Mönch den großen Meister (Jōshū oder Zhaozhou): «Was war die Absicht unseres Vorfahren (Bodhidharma), als er vom Westen (von Indien nach China) kam?«
> Der Meister antwortete: »Zypresse im Garten!«
> Der Mönch sagte: »Meister, lehrt einen Menschen nicht mit

---

[1] Zhaozhou Congshen, früher als Chao chou geschrieben, chinesisch 趙州從諗 Japanisch Jōshū Jūshin; * 778; † 897. Viele der Geschichten im Hekiganroku oder im Mumonkan handeln von dem alten Zenmeister, der erst im Alter von 80 Jahren begann, als Zenmeister zu wirken.
[2] Eine Version steht im Mumonkan, dem ‚Torlosen Tor', eine im Hekigan roku oder chinesisch Biyän lu und eine in den Aufzeichnungen vom Zenmeister Joshu, dem Joshu roku.
[3] Dōgen, Shōbōgenzō, Kapitel Hakujushi
[4] In manchen Übersetzungen wird der Baum als Eiche bezeichnet, aber es ist ein Nadelbaum,
platycladus orientalis, eine ursprünglich chinesische Zedernaart. Das Schriftzeichen 栢 wird in Japan für den Eichebaum kashiwa benutzt, daher die Verwechslung.

einem Außen-Ding!«

Der Meister antwortete: »Ich lehre einen Menschen nicht mit einem Ding!«

Der Mönch fragte erneut: »Was war die Absicht unseres Vorfahren, als er vom Westen kam?«

Der Meister antwortete: »Zypresse im Garten!«[1]

Die Zypresse im Garten scheint ein Außending zu sein, so wie die anderen Dinge, die Dōgen nennt, wie der Goldbuddha oder der Wächtergott, wie Stab und Wedel oder wie Pfeiler und Gartenlaterne. Die Antwort des Meisters hätte also auch lauten können: »Laterne im Garten!« Aber das Gespräch fand eben in dem Tempel des Jōshū statt, der berühmt war für die alten Zypressen. Hier gab es viele Zypressen und sogar einen Zypressenwald. So heißt der Tempel heute noch auf Chinesisch Bailin-shi[2] 柏林寺, Zypressenwald Tempel. Er wird also auf die Frage des Mönchs genau auf die Zypresse gezeigt haben, die vor ihnen stand. Die Zypressen können sehr alt werden. Es könnte sogar sein, dass die Zypresse des Jōshū heute noch dort steht.

Aber der Mönch hatte ja nicht nach einem Ding, sondern nach der Absicht Bodhidharma gefragt, mit der er in den Osten kam. Darum sagt er: »Meister, zeige oder erkläre nicht einen Menschen durch ein Ding!« Jōshū erklärt, dass die Zypresse kein Außending ist. Sie ist auch nicht Bodhidharma oder seine Absicht, mit der er in den Osten kam. Es wir erzählt, dass Bodhidharma ohne ein Wort zu sagen mit dem Finger auf das Herz der Menschen zeigt, um sie wachzurütteln, damit sie sie selbst werden. Er hätte auch auf die Zypresse zeigen können, die weder ein Ding noch Buddha noch der Herz-Geist des Menschen ist. Sie entzieht sich der Trennung in Subjekt und Objekt - wenn der Mönch sich ganz auf den Augenblick eingelassen hätte. Dann wäre sie die Zypresse in seinem Herzen jetzt in diesem Augenblick.

---

[1] Der Originaltext des Beispiels bei Dōgen lautet:
大師、因有僧問、如何是祖師西意。師云、庭前柏樹子。僧曰、和莫以境示人。師云、吾不以境示人。僧云、如何是祖師西來意。師云、庭前柏樹子。
http://scbs.stanford.edu/sztp3/translations/shobogenzo/translations/hakujushi/

[2] Japanische Lesung: Byakurinji. Verwirrend ist es, dass für die Zypresse nur noch das Schriftzeichen 柏 verwendet wird, mit dem in Japan eine Eiche bezeichnet wird.

9. Zen-Meister Dōgen und das Üben der Zeit.

Dōgen fügt als Erläuterung hinzu: »Die Zypresse ist kein alter Schrein!« In China und Japan standen oft Zypressen als Schmuck an alten Schreinen. Der alte Schrein steht hier für längst vergangene Zeiten, in denen vielleicht einmal Bodhidharma hier gestanden hat. Aber diese Zeit ist längst vergangen. Nicht dagegen die Zypresse. Sie ist immer da, aber sie ist immer anders. Sie war einst jung und klein, jetzt ist sie alt und mächtig. Vielleicht wird sie noch lange Jahre weiter würdevoll da stehen. Aber sie ist imer auch gegenwärtige Zeit. Wenn sich der Mönch auf sie eingelassen hätte und nicht eine autoritäre Distanz zu Meister Jōshū aufgebaut hätte, indem er ihn mit ‚Meister' anredet, dann wäre der Geist der Drei zu einem Geist im Augenblick geworden: der Geist Bodhidharmas, der wollte, dass die Menschen erwachen in das JETZT, der Geist Jōshūs, der dem Mönch genau das Selbe zu sagen versucht und der Geist des Mönchs, der verstand. Dann wäre die Zypresse im Garten kein Ding außerhalb, sondern das Selbst der Drei in einem Geist. Dieser Geist ist die Buddhanatur.

> Einmal fragte ein Mönch den großen Meister (Jōshū): Ist die Zypresse Buddhanatur oder nicht?
> Der große Meister sagte: Sie ist!
> Der Mönch fragte? Zu welcher Zeit wird die Zypresse Buddha?
> Der große Meister sagte: Sie wartet, bis der leere Raum auf die Erde fällt.
>
> Der Mönch fragte: Wann fällt der leere Raum auf die Erde?
> Der große Meister sagte: Er wartet, bis die Zypresse Buddha wird! [1]

Dōgen spielt in diesem Beispiel mit der Doppeldeutigkeit des Wortes U - 有 haben oder sein. Die Buddhanatur 佛性 ist wie der Mond in einem Tautropfen.[2] Er ist ganz und gar in dem Tautropfen, aber er wird nicht nass und der Tautropfen wird nicht gesprengt. Auch in einer schmutzigen Pfütze ist die Buddhanatur, aber wie wird nicht beschmutzt. In jedem

---

[1] Shōbōgenzō, Hakujūshi:
大師有僧問、柏樹還有佛性也無。大師云、有。僧曰、柏樹幾時成佛。大師云、待虛空落地。僧曰、虛空幾時落地。大師云、待柏樹子成佛。

[2] Der Mond im Tautropfen: Shōbōgenzō Genjōkoan

Tautropfen ist die Selbe Buddhanatur ganz und gar. Nicht nur ein Teil. So ist in jedem Menschen die Buddhanatur, sogar im Verbrecher.

Die Zypresse ist oder hat die Buddhanatur, aber nicht als ein totes Stück Holz. Sie ist die Buddhanatur in dem Augenblick, in dem ‚der leere Raum auf die Erde fällt'. Der leere Raum ist KO KU 虚空, die leere Leere.[1] Die Zypresse ‚wartet', bis der leere Raum und die Erde eins werden. Sie wartet, weil es von uns abhängt, ob wir uns auf den Weg machen und die Leere zulassen.

Diese Leere, die zugleich die Fülle ist, kann in der Meditation erlebt werden. Wir machen uns leer von allen Gedanken und Konzepten und werden eins mit der Leere um uns. Die Leere entsteht, indem wir ausatmen und still werden. Dann plötzlich ‚fällt der leere Raum auf die Erde', das heißt, wir werden auf unserem Sitzkissen Eins mit Allem. In diesem Augenblick ist die Zypresse Buddha, aber auch wir selbst sind es in diesem Augenblick.

9.3 Exkurs: Heidegger - Das Ding

Ähnliche Gedanken über das »Ding« hatte Martin Heidegger. 1950 hatte er in München einen Vortrag gehalten mit dem schlichten Titel: »Das Ding«. Der Vortrag hatte alle Zuhörer verzaubert und in eine ganz fremde Welt entführt. So jedenfalls hat es mir mein philosophischer Lehrer erzählt, der den Vortrag miterlebt hatte. Und so stand es damals in der Zeit:

> Heidegger sprach „Über das Ding". Der kleine zierliche Mann mit dem Gesicht eines französischen Weinbauern las unter atemloser Stille seine Sätze von großen Blättern mit klarer Stimme ab. Der Bann der Persönlichkeit lag auf allen Gästen, einschließlich der – auf des Philosophen besonderen Wunsch – geladenen jungen Studenten.[2]

Heidegger hat sicher für den Augenblick einige seiner Zuhörer verzaubert, aber bei vielen ist er auf völliges Unverständnis gestoßen.

---

[1] ausführlich darüber oben Seite 170
[2] Die Zeit vom 5. Juni 1950

9. Zen-Meister Dōgen und das Üben der Zeit.

Seine Gedanken kamen in der Nachkriegszeit, in der es nur um wirtschaftliches Wachstum ging und nicht um spirituelle Erfahrungen bei den Menschen nicht an. Sie sind folgenlos verklungen. Heute meint man gar, dass nur noch das rasende Machen des wirtschaftlichen Erfolges zählt.Heidegger versuchte, das Ding von seiner philosophischen Auseinandersetzung mit Hölderlin her zu verstehen.

Besonders hatte ihn Hölderlins Gedichtentwurf »Griechenland« in der dritten Fassung beeinflusst:

> Fernher, am Tosen des Himmels
> tönt wie der Amsel Gesang
> Der Wolken heitere Stimmung gut
> Gestimmt vom Daseyn Gottes, dem Gewitter.
> Und Rufe, wie hinausschauen, zur
> Unsterblichkeit und Helden;
> viel sind Erinnerungen. Wo darauf
> tönend, wie des Kalbs Haut
> die Erde... Großen Gesezen nachgehet...[1]

Hier sind Himmel, Gott, die Menschen und die Erde in einem gemeinsamen ‚Konzert' der Stimmen in Eins versammelt.

Das Ding wie Heidegger es denkt, ist kein Gegen-Stand, der uns gegenüber steht und der ‚objektiv' aus einem intellektuellen und persönlichen Abstand heraus betrachtet und analysiert werden kann.

Das Ding ‚versammelt' Erde und Himmel, die Sterblichen und die Göttlichen. Die Erde ist die Nährende und Tragende. Sie ist nicht unabhängig vom Himmel, der mit seinen Gestirnen und dem Wetter die Zeiten vorgibt. Die Erde antwortet, indem sie zur rechten Zeit blüht, Frucht trägt und ruht. In Hölderlins Worten antwortet sie auf die Gewitter des Himmels, indem sie wie des Kalbs Haut, nämlich wie eine Trommel dröhnt. Himmel und Erde spiegeln sich gegenseitig ihr Wesen zu, denn der hohe und helle Himmel des Sommers ist ein anderer als der Himmel des trüben und dunklen Winters. Aber der Himmel geht und gibt die Zeit und die Erde folgt.

---

[1] Hölderlins Erde und Himmel, Martin Heidegger liest Hölderlin; CD Audiobook

Die Sterblichen sind, so sagt Heidegger, die Sterblichen nicht, weil sie irgendwann einmal sterben. Vielmehr sind sie die Sterblichen, weil sie ‚den Tod als Tod vermögen'. Sie vermögen den Tod, weil sie die Vergänglichkeit annehmen und deshalb ganz und gar im Augenblick, in der Zeit zu leben vermögen. Zugleich ist der Tod das ‚Vermögen', weil er dem Augenblick die unwiederbringliche Einzigartigkeit verleiht. Nur, weil wir den Tod vermögen, können wir den Augenblick leben, der uns die volle Intensität des Seins schenkt.

Die Göttlichen sind nicht die alten Götter, die abgehoben in einer völlig anderen Wirklichkeit existieren. Sie sind wie Hölderlins ‚Götter im Gasthaus«, die ‚wie die Liebenden, feierlich seelig', gemeinsam mit den Menschen die Freude des Augenblickes feiern.[1] Die Sterblichen leben AUF der Erde UNTER dem Himmel, indem sie auch ‚wenn lauter Mühe das Leben' aufschauen zum Himmel.[2] Sie sind wie ‚Rufe, wie hinausschauen zur Unsterblichkeit und Helden'.

So spiegeln sich die Vier einander jeweils ihr Wesen zu. Sie sind nicht jeder für sich, wie sie sind, sie sind nur im Bezug zueinander. Das ist nicht nur in einem positiven Verhältnis so. Auch wenn das Verhältnis umschlägt ins feindselige und der Mensch die Erde ausbeutet und als Lagerstätte für Energie oder Rohstoffe behandelt, so als sei er der Herr der Erde, antwortet die Erde wie in einem Spiegel. Führen wir den Krieg gegen die Erde, so wird sie antworten, indem sie eines Tages ihre nährende und dienend tragende Rolle verweigert. Das wird die Zeit sein, in der sich die Menschen verwundert die Augen reiben und fragen: Was bitte sollen denn die Himmlischen sein? Wenn wir uns als Herren der Welt aufführen, so verschwindet alles ‚Göttliche', aber wir stürzen in den Abgrund der Sinnlosigkeit.

Die Vier spiegeln sich ihr Wesen zu. Dabei verändern alle Vier ihr Wesen, indem sie auf das Spiegeln der Anderen antworten. Dieses gegenseitige Spiegeln nennt Heidegger das Spiegel-Spiel. Es ist ein

---

[1] siehe oben S 89: Hölderlins ‚Gang aufs Land'
[2] Hölderlin, in lieblicher Bläue: Darf, wenn lauter Mühe das Leben, ein Mensch / Aufschauen und sagen: so will ich auch seyn? / ja. So lange die Freundlichkeit noch am Herzen, die Reine, / dauert, misset nicht unglücklich der Mensch sich der Gottheit.

9. Zen-Meister Dōgen und das Üben der Zeit.

leichtes Spiel wie Kinder spielen und kein gewaltsames aufeinander Einwirken.

Was Heidegger sehr kompliziert als Geviert denkt, würde Jōshū ganz einfach »Zypresse im Garten!« benennen. Aber auch Heidegger meint, dass wir nicht unentwegt an die Vier in dem Geviert denken und auf die jeweils Drei anderen achten. Wir lassen die Vier in ihr jeweiliges Wesen, indem wir achtsam schonend mit den Dingen umgehen:

> »Der Aufenthalt bei den Dingen ist die einzige Weise, wie sich der vierfältige Aufenthalt im Geviert jeweils einheitlich vollbringt!«

Das klingt, als hätte Jōshū auf die Frage nach dem Buddha geantwortet: »Hast du deine Reisschale schon gewaschen?« Wir denken nicht an die großen Zusammenhänge, wir handeln unmittelbar im Augenblick mit den Dingen.

Heidegger diskutiert als Beispiel für ein Ding, das die Vier des Gevierts versammelt den Krug. Der Krug birgt das Geschenk des Tranks für die Sterblichen. Sie gedenken im Ausschenken der Himmlischen. Der Trank selbst, sei es Wein oder auch nur klares Wasser ist eine Gabe des Himmels und der Erde. So versammelt der Krug im einfachen Aus-schenken des Tranks die Vier in die Versammlung des Gevierts. Die Versammlung heißt in der alten deutschen Sprache ein Thing. Indem das Ding die Vier versammelt und in ihr je eigenes Wesen spiegelt, ‚ereignet sich Welt'.

Heidegger wählt nicht zufällig den Krug, aus dem die Schwaben ihr Viertele ‚schlotzen'. Das Wesentliche am Krug ist nicht die Form oder die Wandung, sondern die Leere. Denn nur durch die Leere kann er das Geschenk des Trankes fassen. Die Leere des Kruges ist keine Abwesenheit von Inhalten, denn er ist ja gefüllt mit Luft. Dann würde beim Einschenken nur eine Fülle durch eine andere ersetzt: Die Luft wird verdrängt vom Wein, der Wien wiederum von der Luft.

> Wie fasst die Leere des Kruges? Sie fasst, indem sie, was eingegossen wird, nimmt. Sie fasst, indem sie das

9.3 Exkurs: Heidegger - Das Ding

Aufgenommene behält. Die Leere fasst in zweifacher Weise: nehmend und behaltend.

Heidegger hatte sich damals intensiv mit dem Daodejing des Laotse auseinandergesetzt. Er wusste genau, dass man keine philosophische Auseinandersetzung mit fremden Texten ohne Sprachkenntnis wagen kann. Denn jede Übersetzung ist zugleich auch Interpretation. Als Philosoph kann man kein eigenes Verständnis eines Textes aufbauen, wenn man sich auf die interpretierte Übersetzung stützt. Darum hatte Heidegger versucht, zusammen mit einem chinesischen Studenten das Daodejing in der Originalsprache zu lesen. Nach etwa einem Jahr gab er diesen Versuch auf, denn ein Student kann nicht wirklich beim Verständnis derartig fremder Texte helfen. Auch die Chinesen verstehen den Text nicht mehr wirklich.

Heidegger hatte immer das Gespräch mit Japanern gesucht, weil er sehr am Denken des Zen interessiert war. Eines dieser Gespräche hat er veröffentlicht.[1] Heidegger suchte bei einem Japaner eine Antwort auf die ausweglose Situation des westlichen Denkens im Denken des Zen. Aber sein Gesprächspartner war ein Germanistikprofessor, der nach Deutschland gekommen war, weil er eine Lösung für die scheinbar ausweglose Situation des Denkens in Japan im Christentum suchte und auf eine Antwort Heideggers hoffte. Er hatte sich ein Leben lang mit der deutschen Kultur und insbesondere mit der Dichtung Hölderlins befasst. Heideggers Fragen zur japanischen Kultur irritierten ihn vollständig und offenbar fragte Heidegger in seinen Gesprächspartner hinein, was er ohnehin schon selbst gedacht hatte. [2]Ein anderer Gesprächspartner war Professor Koichi Tsujimura von der Kyōto-Schule für Philosophie an der kaiserlichen Universität Kyōto. Tsujimura hatte Heidegger noch als junger Student besucht, weil er auf Grund von Heideggers Schriften dachte, Heidegger sei ein Zenmeister. Bei seinem ersten Besuch stellte er ihm dann auch eine Frage wie in einem Zen Gespräch. Aber Heidegger meinte nur, die Antwort müsse wohl bei Aristoteles

---

[1] Heidegger: Unterwegs zur Sprache; Gespräch mit einem Japaner.
[2] Der Japaner war Tomio Tezuka. Er schreibt über sein Gespräch mit Heidegger in: T. Tezuka; Eine Stunde mit Heidegger; in: H. Buchner, Japan und Heidegger; Gedenkschrift der Stadt Meßkirch zum 100. Geburtstag Heideggers

9. Zen-Meister Dōgen und das Üben der Zeit.

Metaphysik Buch 1 stehen.[1] Tsujimura war erstaunt, denn so würde ein Zenmeister niemals argumentieren - Heidegger war eben doch ein Philosoph und kein Zenmeister. Tsujumura hatte Heidegger als Gastgeschenk eine Dose teuren Matcha Pulvertee aus Uji mitgebracht, der Heidegger sehr gemundet hat. Immer wieder forderte er in Briefen eine neue Lieferung des Tees, ohne jemals zu realisieren, wie teuer der Tee ist. So trank Heidegger bei seinen Studien immer Matcha aus Japan.[2]

Tsujimura gilt als der letzte Vertreter der Kyōto Schule der Philosophie.[3] Alle Vertreter dieser Schule waren praktizierende Zen Buddhisten und sie suchten den Dialog mit der westlichen Philosophie. Tsujimura hatte als junger Mann einen Kommentar des japanischen Philosophen Kuki Shūzō über Heideggers ‚Sein und Zeit' gelesen. Kuki war bei Heidegger gewesen und hatte ihn kennengelernt, als der noch an seinem Werk Sein und Zeit arbeitete. Später ging Kuki nach Paris, wo er den jungen Sartre als Französischlehrer engagierte. Aus Kukis Erzählungen über Heideggers Denken schuf Sartre dann seine Philosophie des Existentialismus.

Tsujimura übersetzte dann später ‚Sein und Zeit' ins Japanische. Dabei war seine Übersetzung von Dōgens U-Ji beeinflusst. Er übersetzte ‚Sein und Zeit' als *U-Ji*. Umgekehrt übersetzte Tsujimura Dōgen ins Deutsche. Seine Übersetzung ist stark geprägt von Heideggers Terminologie in Sein und Zeit. Uji übersetzt er als Sein-Zeit. Heidegger hatte sicher einen stärkeren Einfluss auf die japanische Philosophie als umgekehrt. Dazu fehlten Heidegger einfach die Sprachkenntnisse.

---

[1] Die Begebenheit wurde von Tsujimura in einem persönlichen Gespräch berichtet.
[2] Die Episoden der Begegnung mit Heidegger teilte Tsujimura einmal in persönlichen Gesprächen mit. Er war in München zu Besuch, nachdem er Heidegger wieedr einmal aufgesucht hatte.
[3] Die sogenannte Kyōto-Schule ist keine einheitliche Schule. Es werden unterschiedliche Vertreter zu dieser Schule gezählt. Gemeinsam ist Allen die Herkunft aus dem Zen und die Beschäftigung mit dem westlichen Denken. Heidegger war für diese Schule einer der wichtigsten Denker des Westens. Die wichtigsten Vertreter dieser Richtung waren Tanabe, Watsuji, Nishitani und Tsujimura. Tsujimura gilt als der letzte Vertreter dieser Schule.

9.3 Exkurs: Heidegger - Das Ding

Auch wenn Heidegger niemals eine Begegnung mit der Praxis des Zen hatte, so kommt sein Denken nahe in den Bereich, der im Zen als Erfahrung des Erwachens, des Satori bezeichnet würde. Heidegger sagt selbst mehrfach, dass er das Selbe zu sagen versucht wie der Zen. An Daisetz Suzuki,[1] dem Deuter des Zen für den Westen schrieb er in einem Brief:

> Wenn ich recht verstehe, so ist es (in Hinblick auf die Erfahrung des Zen) das, was ich in all meinen Schriften zu sagen versuchte!«[2]

9.3.1 Das dingende Ding

Das Ding ‚dingt‘, indem es die Vier in eins versammelt. Der Unterschied zwischen Subjekt und Objekt verschwindet und die Innigkeit von Himmel und Erde, Sterblichen und Göttlichen ‚ereignet‘ sich. Im Ereignen des Augenblicks liegt nicht nur ein Geschehen, es ist das Sich-selbst zu eigen werden.

> Die Vierung west als das ereignende Spiegel-Spiel der einfältig einander Zugetrauten. Die Vierung west als das Welten von Welt. Das Spiegel-Spiel von Welt ist der Reigen des Ereignens.

Welt ist nicht die Gesamtheit der Seienden als Ganzes. Sie ereignet sich in der Beziehung zu den Dingen. Ein Biologe, der durch den Wald geht, erfährt eine andere Welt als der Maler oder der Förster. Wenn der Förster durch den Wald geht, dann ist er in seiner Welt. Der Schreiner in seiner Werkstatt ist in seiner Welt, die dem Automechaniker völlig fremd ist. Die Welt ‚weltet‘ wenn wir in unserer Welt ankommen und zu Hause sind. Die weltende Welt schenkt im Ereignen die Geborgenheit und die Sicherheit des Selbst.

Das Welten der Welt ist der Reigen der Vier, die spielerisch spiegelnd den Reigen der Einfalt tanzen. Einfalt ist das Ineinander-gefaltet-Sein des Spiegelspiels. Es ist zugleich das Einfältige und Schlichte, das keine intellektuelle Höchstleistung erfordert, sondern lediglich der achtsam

---

[1] Daisetz Suzuki, *1879 + 1966; sein bekanntestes Werk: Zen und die Kultur Japans, 1958
[2] Zitiert nach: Hans-Peter Hempel; Heidegger und Zen

9. Zen-Meister Dōgen und das Üben der Zeit.

innige Umgang mit den Dingen. »Der Reigen ist der Ring, der ringt, indem er als Spiegelspiel spielt.«

Der Ring ist das ‚Ge-ringe', weil es die Vier ineinander ‚ringt' und vereignet. Zugleich ist er das Geringe, weil es nichts Großes ist, sondern der schlichte, achtsame Umgang mit den Dingen, die uns erweisen.

Hölderlin dichtet:

> Denn nicht Mächtiges ists, zum Leben aber gehört es,
> was wir wollen und scheinet schicklich und freudig zugleich.

Heidegger ‚spielt' mit den Worten, aber es ist kein sinnloses Wortgeklapper. Er eröffnet in diesem Spiel der Worte die offene Weite unseres Wesens. Wir müssen nur bereit sein, zu hören:

> Das Ding verweilt das Geviert. Das Ding dingt Welt. Jedes Ding verweilt das Geviert in ein je Weiliges von Einfalt der Welt. Wenn wir das Ding in seinem Dingen aus der wesenden Welt wesen lassen, denken[1] wir das Ding als Ding. Dergestalt andenkend lassen wir uns vom weltenden Wesen des Dinges angehen. So denkend sind wir vom Ding als Ding gerufen. Wir sind - im strengen Sinne des Wortes - die Be-Dingten. Wir haben die Anmaßung alles Unbedingten hinter uns gelassen. ... Dingen ist Nähern von Welt. Nähern ist das Wesen von Nähe. Insofern wir das Ding als Ding schonen, bewohnen wir die Nähe.

9.4 Dōgen: Sich Selbst erlernen.

Im *Genjō kōan*[2] schreibt Dōgen:

> Den Buddhaweg erlernen heißt, sich selbst erlernen. Sich selbst erlernen heißt, sich selbst vergessen. Sich selbst vergessen heißt, durch die zehntausend Dharma von selbst erwiesen werden.

---

[1] Das Denken des Dinges ist kein intellektueller Vorgang, es ist ein Zulassen und Erfahren.

[2] Übersetzung unter anderem in: Dōgen Shōbōgenzō, Anders philosophieren aus dem Zen, Ohashi und Elberfeld

9.4 Dōgen: Sich Selbst erlernen.

Dharma kann sehr unterschiedliche Bedeutungen haben. Es ist das große kosmische Gesetz, nach dem alles geordnet ist was existiert. Besonders ist es das Gesetz, dass alles entsteht und auch wieder vergeht. Buddha hat dieses kosmische Gesetz erkannt und in seiner Lehre erläutert. Darum sind die Worte des Buddha, die dem kosmischen Gesetz entsprechen, ebenfalls Dharma. Daraus ergeben sich Regeln und Verhaltensformen: Dharma. Und zuletzt ist Dharma die Lehre Buddhas, dass Erlösung vom Leid möglich ist.

Die zehntausend Dharma sind hier einfach die zehntausend Dinge oder alle Dinge, in denen sich das kosmische Gesetz ganz konkret verwirklicht. Wie können wir durch die Dinge „erwiesen" werden?

Im Teeweg[1] üben wir, uns selbst vollkommen zu vergessen. Wenn ich den Teelöffel nehme, bin ich ganz und gar beim Teelöffel. Meine Atmung und meine Bewegung werden EIN Fluss, und achtsam bewege ich den Leib auf den Teelöffel zu, ohne „die Hand zu benutzen". Wie von selbst liegt der Teelöffel in der Hand, und ich werde zum Teelöffel. Nun vergesse ich den Teelöffel, weil ich mich nun ganz der Teedose zuwende – ich werde zur Teedose. Bei Kindern können wir beobachten, wie sie völlig selbstvergessen im Spiel aufgehen und ganz und gar in ihrer eigens für und durch das Spiel geformten Welt aufgehen. Sie sind dann ganz bei den Dingen und werden Prinz oder Räuber, Prinzessin oder Hexe, indem sie durch die Dinge dazu „erwiesen" werden. Die Dinge, durch die ein spielendes Kind als Prinzessin erwiesen werden kann, sind vielleicht ein alter Lumpen, der zum goldenen Gewand erklärt wird. Im Spiel geben die Dinge den Spielenden ihre Deutung, die ihrerseits die Dinge so deuten, dass sich der Gesamtzusammenhang des Spieles zu einer kleinen Welt formt – zu einer Zeit! Ebenso selbstvergessen sollten wir den Tee spielen oder vielleicht sogar unser ganzes Leben.

---

[1] Die Übung des Sich-Vergessens gilt nicht nur im Teeweg Chadō 茶道 sondern in allen Zenkünsten. Aber der Teeweg ist wie eine praktische Interpretation von Heideggers Ding, das dingend die Welt weltet. der Teeweg ist hier aus ganz persönlichen Gründen als Beispiel gewählt.

9. Zen-Meister Dōgen und das Üben der Zeit.

So ist es zu verstehen, dass wir „zu einer Zeit Pfeiler und Gartenlaterne oder dreiköpfiger-achtarmiger Wächtergott oder Goldbuddha" sind. Zu einer Zeit sind wir Teelöffel zu einer Zeit Teedose.

Jeder kennt solche Augenblicke der Selbstvergessenheit, etwa beim Hören eines Musikstückes oder eines Gedichtes, beim Betrachten eines Kunstgegenstandes oder einer Landschaft. Wir vergessen uns selbst vollkommen und SIND die Landschaft oder das Bild. Zu dieser Zeit SIND wir Buddha! Aber selbst, wenn ich verständnis- und empfindungslos etwa vor dem Buddha mit dem Goldleib stehe, weil ich keinen Zugang zu ihm finde, erweist er mich zu dieser Zeit als das, was ich bin, nämlich als der Verständnis- und Empfindungslose ohne Zugang.

Dōgen zählt also in seinem Gedicht Ū-JI nicht einfach irgendwelche Dinge draußen in der Welt auf, die ohne jede Bedeutung für uns selbst sind. Er nennt nur Dinge, die „uns erweisen", indem unser Herz – Geist mit den Dingen in Verbindung tritt und zu den Dingen wird. Jōshūs Zypresse ist nicht irgendein Baum, sondern genau die konkrete Zypresse, die im Augenblick der Frage unmittelbar vor dem Meister und dem Mönch im Garten steht.

Das ist »Ich-anordnen als die gesamte Welt wirken lassen«, wie Dōgen sagt. Im Buddhismus gibt es nicht die Vorstellung eines festen „Ich", das durchgängig dasselbe bleibt. Das Ich bestimmt sich aus dem Umgang mit den Anderen. Im Umgang mit den anderen konstituiert sich das Ich. Wenn ich auf dem Abt Stuhl sitze und Stab und Wedel trage, reagieren die anderen, indem sie mir die nötige Achtung entgegen bringen, dann bin ich Abt.

Wir können immer wieder beobachten, wie Menschen in ihrer Arbeit gemobbt werden und wie sie allmählich ihre Selbstachtung und ihr Selbstverständnis verlieren. Von außen betrachtet können wir nicht verstehen, wie der Gemobbte allmählich seine Selbstachtung verliert – wir als Beobachter sind ja nicht betroffen. Aber der Gemobbte fragt sich: „Bin ich wirklich der dumme Kerl, wie mein Chef behauptet?" Zunächst kann man dem sein eigenes Selbstbewusstsein entgegensetzen, aber allmählich verliert man das Selbstvertrauen, macht Fehler und weiß schließlich nicht mehr, wer man wirklich ist, und man versteht die Welt nicht mehr. Mit dem Verlust des „Ich-anordnen" verlieren wir auch die gültige Deutung unserer Welt, die damit scheinbar zusammenbricht.

Auf der anderen Seite kann die Konfrontation mit „diesem Goldleib" (des Buddha dort in der Halle) oder der Zypresse im Garten mich wachrufen und mahnen, selbst zum Buddha zu werden. Dann weiß ich, dass ich üben muss, und verstehe meine gesamte Welt von diesem Goldbuddha her. Wenn sich das Ich aus der Begegnung mit den Dingen konstituiert, wird damit zugleich eine ganze Welt gezeugt.

Das Liebespaar sieht, versteht und erlebt einen Baum völlig anders als ein Biologe oder ein Förster oder ein Schreiner. Sie verstehen Welt aus dem Zusammenhang ihres Ich, ihr Ich wird bestimmt aus dem Zusammenhang von Welt, wie sie sie erleben.

9.4.1 Hinz und Kunz und die „übernatürlichen Kräfte"

In den letzten beiden Versen des Gedichtes spannt Dōgen noch einmal einen riesigen Gegensatz auf:

> Zu einer Zeit Hinz und Kunz,
> zu einer Zeit große Erde und leerer Himmel.

Wörtlich steht im japanischen Text: »Zu einer Zeit der dritte (Sohn des) Zhang oder der Vierte (des) Li.« Zhang und Li waren damals in China so geläufige und häufige Namen wie bei uns Hinz und Kunz. Wir könnten die Stelle auch als „Herr und Frau Mustermann" übersetzen. Hinz und Kunz ist Jeder-Mann und Jede-Frau ohne jede Besonderheit. Nach der konfuzianischen Gesellschaftsordnung hatte nur der erste Sohn innerhalb der Familie eine wichtige Stellung. Der dritte oder gar der vierte Sohn waren unbedeutende Niemande ohne jeden Rang. Diesen unbedeutenden Allerwelts-Niemanden steht ‚die große Erde und der leere Himmel' entgegen.

‚Große Erde' und ‚leerer Himmel' spannen den gesamten Raum auf, in den die zehntausend Dinge erscheinen können. Es ist hier ein ähnlicher Gegensatz genannt, wie in den Eingangsversen, in denen der

9. Zen-Meister Dōgen und das Üben der Zeit.

hohe Gipfel dem tiefen Meeresgrund gegenübersteht. Anfangs- und Endverse sind wie ein Spiegel:

> Gipfel des hohen Berges / tiefer Meeresgrund –
> Jedermann / 10.000 Dinge
> Offene Weite / tiefer Abgrund –
> Alltäglichkeit / offene Weite.

„Zu einer Zeit Hinz und Kunz" meint, dass auch der Zenmeister Zeiten hat, wo er wie ganz gewöhnliche Menschen agiert und lebt. Wenn er zum Supermarkt fährt, um einzukaufen, so muss er sich wie jeder andere auch an die Verkehrsregeln halten. Wenn er den Einkaufswagen durch die Regalreihen schiebt, schwebt er nicht etwa 10 cm über dem Boden oder leuchtet still vor sich hin. Das wäre zwar recht praktisch, weil man dann sehr viel Strom sparen könnte und abends keine Beleuchtung einschalten muss, aber Zenmeister sind eben keine mystisch ‚Erleuchteten' mit wunderbaren Fähigkeiten. Im Zen und in den Zen-Künsten geht es nicht darum, „übernatürliche Fähigkeiten" zu entwickeln wie das gleichzeitige An-Weilen an verschiedenen Orten, über dem Boden Schweben oder Licht aussenden. Im Kapitel Jinzū[1] des Shōbōgenzō schreibt Dōgen über diese „übernatürlichen Kräfte". Zwei Kräfte nennt er ganz besonders, nämlich „Wasser holen und Feuer anzünden". Wasser holen ist eine „übernatürliche Kraft", die jeder hat, allerdings muss man sie „verwirklichen". Im Teeweg wird oft ein Gedicht des chinesischen Laienbruders Pang[2] zitiert:

> Wasser holen, Brennholz sammeln, Feuer anzünden,
> Tee schlagen und trinken, das ist alles.

Pang studierte fleißig die Sutren und war sehr bewandert im Buddhismus, dennoch wollte er kein Mönch werden. Er weigerte sich auch, die weiße Robe des Laienanhängers zu tragen. Lieber blieb er ein einfacher Kaufmann, der seinen Geschäften nachging und in seiner freien Zeit las und übte. Damit ist er ein Vorbild für alle diejenigen, die sich im Zen

---

[1] Jin-zū 神通 mit dem ersten Schriftzeichen werden in Japan die Kami, die ‚Götter' geschrieben. Die chinesische Lesung ist ‚shin'. Aber eigentlich sind die Kami nichts anderes als die 100.000 Wesen, die sich in der Natur verwirklichen, den Bäumen, den Quellen, den Felsen ...
[2] Páng Jūshì; Japanisch Hōkoji (740–808)

9.4 Dōgen: Sich Selbst erlernen.

üben, ohne einem Orden oder einer Vereinigung als Mitglied anzugehören und dabei mitten im Berufsleben stehen.

Eines Tages studierte er ein Sutra, als er plötzlich ausrief: »Schwierig schwierig! Es ist so, als wollte man zehn Maß Sesamsaat gleichmäßig in einem ganzen Baum verteilen!« Seine Tochter antwortete: »Einfach, einfach! Es ist so, als würdest du die Füße auf den Boden setzen, nachdem du aus dem Bett aufgestanden bist!« [1]

Einmal fragte ihn sein Zenmeister nach den Tätigkeiten, mit denen er sich befasst hatte, seit er das letzte Mal bei ihm war. Aber Pang sagte, dass er nichts anderes getan hatte, als das, was von selbst auf ihn zugekommen war. In den letzten zwei Zeilen des Gedichtes spricht er von den ‚Jinzū, den übernatürlichen oder göttlichen Kräften:

Übernatürliche Kräfte und geistigen Übungen:
Wasser holen und Brennholz sammeln.

神通並妙用
運水及搬柴

Die „übernatürlichen oder göttlichen Kräfte" und die ‚geheimen' Übungen sind ganz normale, alltägliche Vorgänge, die wir in unserem Leben bewusst vollziehen. Wenn wir darüber nachdenken, was es heißt, dass wir Wasser holen können, so geraten wir in ein tiefes Erstaunen. Schon das Wasser an sich ist eine wunderbare Sache. Wie ist es zu verstehen, dass Wasser die Lebensgrundlage von allen Lebewesen ist? Wie kann eine solch einfache Sache wie H_2O solche Kräfte und Fähigkeiten entfalten? Vom einfachen Reinigen mit Wasser bis hin zum Wasser als Lebenselixier schlechthin! Wir können sehr viel länger ohne Nahrung auskommen als ohne Wasser. Und dann haben wir Menschen auch noch die wunderbare Fähigkeit, Brunnen anzulegen, Wasser zu speichern und zu holen. Wenn wir alltäglich den Wasserhahn aufdrehen, haben wir es verlernt, das Wunderbare des Wassers überhaupt in den Blick zu bekommen.

Vor langer Zeit war ich einmal mit dem Zelt in Griechenland unterwegs. Es war ein heißer und sehr sonniger Tag, das Meer war strahlend

---

[1] zitiert nach »The sayings of layman Pang«, übers.:

9. Zen-Meister Dōgen und das Üben der Zeit.

blau und lockte, aber weit und breit kein Trinkwasser. Da zeigte mir ein Hirt einen Ziehbrunnen in der Nähe. Unten in der dunklen Tiefe glitzerte der Wasserspiegel, der in tausend Scherben zerbrach, als der Brunneneimer auf die Wasseroberfläche fiel. Es war, als würde das Licht der Sonne in der Tiefe das lebenspendende Wasser wie kostbare Edelsteine aufleuchten lassen. Es war schon ein wenig anstrengend, das Rad zu drehen und den Eimer nach oben zu ziehen, aber dann kam das köstliche, kalte und klare Wasser nach oben. Es war die Gabe des Himmels, die in der Tiefe des Brunnens gesammelt war und darauf wartete, dass ein Mensch kam, um seinen Durst zu stillen. Dieses Erlebnis des Wasser Holens war eine göttliche Erfahrung der ‚übernatürlichen Kräfte. Jeder Mensch hat die Fähigkeit, Wasser zu holen. Aber wir müssen uns aufmachen und zum Brunnen gehen. Wenn wir das nicht tun, wird es kein Wasser geben!

Im Teeweg spielt das Wasser eine große Rolle. Natürlich wird der gute Geschmack des Tees von der Wasserqualität beeinflusst. Wir benutzen heißes Wasser aus dem Teekessel und kaltes Wasser aus einem Keramikkrug, der an den Brunnen erinnert. Das Wasser wird mit einer Schöpfkelle genommen, die so gestaltet ist, dass die Empfindung entsteht, als würden wir das Wasser mit der hohlen Hand aus dem Brunnen oder der Quelle schöpfen. Die Teeschale wird mit heißem Wasser vorgewärmt, dann wird der Tee in die Schale gegeben und mit heißem Wasser vermischt. Beim Beenden der Teezubereitung spülen wir die Schale mit kaltem Wasser aus.

Kürzlich hat ein Schüler das kalte Wasser in die Schale gespült, als er ganz plötzlich mit einem erstaunten, fast glücklich erschrockenem Blick innehielt: Das kalte Wasser ist viel schwerer als das heiße Wasser und es macht ein wunderbares Geräusch in der Schale wie ein klarer Wasserfall in den Bergen! Wenn uns ganz plötzlich bewusst wird, welch wunderbares Geschenk das Wasser ist, dann können wir Jōshū fragen: Hat das Wasser Buddhanatur? Seine Antwort wäre sicher: Es hat!

Wenn das Wasser aus dem Wasserhahn kommt, so ist das sehr bequem. Aber das Wasser steht immer zur Verfügung und der Umgang wird zur selbstverständlichen Gewohnheit. Das Gewohnte wird dann bald zum Gewöhnlichen. Wenn die Dinge, mit denen wir täglich umgehen gewöhnlich werden, so bemerken wir sie bald überhaupt nicht mehr. Der Umgang mit den Dingen wird zu einem erfahrungslosen und unbewussten Tun. Erst wenn wir die Dinge in ihre ganz besonderen Schönheit wahr-nehmen, erfahren wir uns selbst im Umgang mit den Dingen. Das ist das Erweisen durch die Dinge.

Und was ist es für eine wunderbare Fähigkeit, Brennholz zu sammeln und Feuer anzuzünden. Da ist ein Stück Holz und wir können es in einen Zustand versetzen, in dem es Licht, Wärme oder Hitze freisetzt, mit dem wir Essen kochen, Keramik brennen oder Metalle schmelzen können. Welch unvorstellbares Wunder! Aber wer wundert sich denn noch, wenn er ein Holzfeuer anzündet. Aber das Staunen ist der Anfang der Philosophie, wie Aristoteles sagt, oder es ist der Anfang des Erwachens aus dem alltäglichen Tiefschlaf.

So werden ganz alltägliche Dinge zu einer Erfahrung der wunderbaren Fähigkeiten des Lebens und zu einer Verwirklichung der Buddhanatur.

Im Hekiganroku wird von einem Mönch berichtet, der sich in die Berge zurückzog, um zu üben. Nach einiger Zeit kamen die Tiere und brachten Früchte vor die Höhle und die Vögel legten Blumen nieder. Der Übende wurde sehr traurig, weil er begann, „übernatürliche Kräfte" zu entwickeln, so dass sogar die Tiere ihm huldigten. Er wusste, dass er noch einen langen Weg des Übens vor sich hatte. Endlich kamen keine Tiere mehr, um ihm zu huldigen, und die Vögel brachten keine Blumen mehr. Er war geworden wie Hinz und Kunz – nichts Besonderes! Nun wusste er, dass er das Ziel seines Übens erreicht hatte. Er war zum „Mensch ohne Rang" geworden.

‚Zu einer Zeit wie Hinz und Kunz' meint zwar, dass man so wie jedermann im ganz alltäglichen Leben wird, aber genau das ist das letzte Ziel des Übens im Zen und in den Zen-Künsten. Wozu dann der ganze Aufwand des Übens und der Anstrengung?

9. Zen-Meister Dōgen und das Üben der Zeit.

Eine erfahrene alte Teemeisterin hat einmal über den Zustand des „Erwachten" Gesagt: „Ich erkenne, dass ich derselbe Idiot bin wie vorher – aber es macht mir nichts mehr aus!"

Hinz und Kunz als Unerwachte sind im Leiden und getrieben von den Dingen. Hinz und Kunz als Erwachte sind frei! Im Kapitel *Genjōkōan* berichtet Dōgen von einem Zenmeister Hōtetsu, der von einem Mönch gefragt wird, wieso er denn den Fächer benutzt, wo doch die Wind-Natur ständig und überall ist. Als Antwort benutzt der Meister einfach seinen Fächer, da erwachte der Mönch. Die Wind-Natur ist ebenso wie die Buddhanatur ständig und überall, aber man muss sie „verwirklichen". Ebenso ist die übernatürliche Fähigkeit immer und überall, aber man muss sie verwirklichen. Hinz und Kunz sind von ihrer Natur aus Buddha, aber sie müssen diese Natur verwirklichen! Und das geschieht in der Übung des Alltags.

9.4.2 Die weite Erde und der leere Himmel

Die letzte Zeile des Gedichtes ist schwierig. Dōgen schreibt:

有時 大地虛空 *U ji daichi koku*
Zu einer Zeit wie große Erde und leerer Himmel.

Das meint sicher die ganze Weite allen Seins zwischen Himmel und Erde. Im Daodejing „ist" zunächst nur das Dao, das aber nirgendwo als einzelnes, abgrenzbares „Ding" vorkommt, das sich aber in allen zehntausend Dingen entfaltet. Danach entstehen Erde und Himmel als der leere Raum, in den hinein die zehntausend Dinge erscheinen können. Das ‚Danach' ist keine zeitliche Abfolge, sondern bezeichnet nur eine Rangfolge. Erst das Dao, dann Himmel und Erde. Diese Trennung geschieht aber immer und jeden Augenblick.

In der japanischen Lesung heißt es:

MU MEI TEN CHI NO SHI   無名 天地 之 始
YU MEI MAN BUTSU NO BŌ   有名 萬物 之 母

Nicht Name: des Himmel - Erde Ursprung
Haben Name: der 10 000 Dinge Mutter

Die Schreibweise Dōgen's für die beiden letzten Schriftzeichen ist merkwürdig. Dōgen benutzt nicht das Schriftzeichen 天 *Ten* für Himmel, das den Himmel als Strich abbildet, der über dem Kopf eines einem großen Menschen ist, sondern das Zeichen für *Sora* oder in der chinesischen Lesung *KU*, das ebenfalls Himmel meint, aber als den weiten, leeren Raum. *Ku* ist nicht nur der Himmel, sondern die Leere, die der Inder Nagarjuna als *sunyata* bezeichnet. Im altindischen Denken ist es *akasha*, der leere Himmel oder der leere Raum, der die Voraussetzung dafür ist, dass die Dinge erscheinen und sich zeitigen können.

Der Himmel ist *Ku* oder *sora* - 空 - der (leere) Himmel. Das Schriftzeichen zeigt ursprünglich eine Höhle, in der Tropfsteine von der Decke herabhängen. Die Leere des Himmels ist der heitere, aufgeräumte, blaue Himmel ohne jede Wolke. Wenn man an einem klaren Sommertag auf einer Wiese liegt und zum Himmel schaut, so erfährt man die Leere des Himmels: Es ist, als würde man in die offene Weite des heiteren Himmels fallen. In diese Leere hinein können Gedanken ziehen wie kleine Wolken am Sommerhimmel. Aber die Wolken verdecken den Himmel nicht, sie ziehen weiter, so wie unsere Gedanken in der Meditation. Von dieser Leere des Himmels spricht das *Hannyashin Gyō*, das Herzsutra. Dort heißt es, dass die Erscheinungen (*Shiki* - Farben) die Leere (*ku*) sind und die Leere die Erscheinungen. (*Shiki soku ze ku - ku soku ze shiki*). Zenmeister Dōgen sagt, dass wir im Zazen, der Meditation im Sitzen, diese Leere um uns herum erfahren. Wir werden allmählich Eins mit dieser Leere.

9.4.3 Das Üben der Leere: der Atem

Scheinbar ist die Leere des Himmels noch gedoppelt durch das Wort KO – Leere: *KO KU* 虚空 – leere Leere. Das Zeichen *KO* 虚 kann die Bedeutung von leer, unbefangen oder gelassen haben, aber auch hohl, eitel, nichtig, unnütz, falsch, unecht, unwahr, unwirklich, Schein, nominell, vorteilslos bedeuten. Die Leere KO 虚 ist eine Leere des Menschen. Im Buddhismus bezeichnet KO das Frei-sein von Wünschen und Begehrlichkeiten. Es ist der Mensch, der sich leer macht und sein Selbst

9. Zen-Meister Dōgen und das Üben der Zeit.

zurücklässt. Zusammen mit dem Zeichen für den offenen Mund 口 bedeutet das Zeichen im Chinesischen *xu* - langsam ausatmen, leer werden, wörtlich wohl ‚den Mund leeren'. Atmet man langsam aus, so bedeutet dies auch das Los-lassen, das Sich-frei-machen vom Persönlichen und leer werden vom Ego. Im späteren Daoismus bezeichnet dieses Wort eine von sechs Arten des Ausatmens.

Auch in den Übungen des Teeweges – so wie in den anderen japanischen Wegen - ist das Ausatmen sehr wichtig. Alle Bewegungen, die Kraft erfordern, wie das Aufstehen und Hinsetzen oder das Heben von schweren Gegenständen werden in der Ausatmung getan, weil man beim Ausatmen mehr Kraft im Unterbauch hat und das *KI* 気 – die Lebensenergie besser fließt. Aber auch ganz leichte Dinge werden im Ausatmen getan. Sen no Rikyū[1], der große Meister des Teeweges, hat als Regel aufgestellt, dass man Schweres so handhaben soll, als sei es leicht, Leichtes so als sei es schwer. Dies ist eine geheime Anweisung zur Atmung. Sowohl das Schwere als auch das Leichte werden im Ausatmen getan. So trägt der Atem die gesamten Handlungen und formt den Rhythmus unserer Bewegungen.

Das Schriftzeichen für die Leere KO 虚 zeigt im oberen Teil das Zeichen für den Tiger, im unteren Teil sind Hügel zu sehen. Es ist das Bild eines Tigers, der kraftvoll und geschmeidig über die Hügel des weiten und leeren Graslandes streift. Ebenso kraftvoll und geschmeidig soll der Atem sein, mit dem wir ausatmen, und das, was wir im rechten Ausatmen tun, wird weich und geschmeidig, aber zugleich kraftvoll wie der Tiger.

Im Zhuangzi gibt es die Geschichte vom Meister Nanguo Ziqi, der offenbar in Meditation auf seine Armlehne gestützt zum Himmel aufschaut und langsam ausatmet (xu). Plötzlich war er in tiefer Meditation versunken und hatte scheinbar jedes Bewusstsein eines Ich-Begleiters (sein Ego?) verloren. Meister Yan Cheng Zi-You - nach einer Übersetzung heißt er ‚Herr Wanderer von völliger Gemütsruhe" - der vor ihm

---

[1] Sen no Rikyū *1522 +1591

steht, ist erstaunt, als er den Meister sieht, wie dessen Herz oder Geist (*kokoro*) »wie tote Asche« wird. Alle Leidenschaften und persönlichen Gefühle, Ängste und Sorgen sind von ihm abgefallen. Meister Ziqi sagt:

> Gerade habe ich mich selbst (meinen Ich-Begleiter) verloren. ...

Auch in den Zen Künsten geht es darum, uns leer und frei von Gedanken zu machen. Beim Bogenschießen etwa geht es nicht darum, das Ziel zu treffen, es geht darum, leer zu werden, ganz beim Ziel zu sein, ja - Ziel zu werden. Das Treffen ist dann Nebensache.

Der Zenmeister Takuan schreibt in einem Brief vermutlich an den Schwertmeister Musashi, dass der Schwertkämpfer seinen Geist keinen Augenblick an irgendeiner Sache festmachen darf. Der Gegner wird diesen Augenblick des Festhaltens an einer Sache für seinen Angriff ausnutzen.

Wenn Dōgen für den „leeren Himmel" die Schriftzeichen *KO KU* 虚空 benutzt, so ist das möglicherweise ein Hinweis auf das Üben, denn im Sazen, dem Zen im Sitzen, achtet man auf das Ausatmen. An einer Stelle schreibt Dōgen, dass man die Meditation beginnen soll, indem man durch den geöffneten Mund ausatmet. Das ist die daoistische Atmung des Sich- leer-Machens. Während des Sitzens spürt man den leeren Raum um sich herum, so Dōgen. Man macht sich also zunächst selbst leer, um in die Leere einzukehren und sie aufzunehmen.

Durch das Üben werden wir die große Erde und der leere Himmel, um sein zu können wie Hinz und Kunz! In der Leere spürt man die Kraft, die in allen 10.000 Dingen waltet, und gewinnt festen Stand in den Dingen des Alltags.

Die Übersetzung der Dōgenverse stammt von Prof. Ryosuke Ōhashi, meinem Studienfreund und Schüler von Tsujimura, mit dem wir schon vor Jahrzehnten versucht hatten, diesen Text zu verstehen. Nach langer Zeit habe ich ihn auf einer Veranstaltung im Benediktushof wieder getroffen. Dort hat er einen Vortrag gehalten über die Zeit bei Zenmeister Dōgen und den Text Ū-JI. Am Ende des Seminars hatte ich die Freude, für ihn im Beisein von zwei chinesischen Teemeisterinnen eine „geheime", auf chinesische Ursprünge zurückgehende Teezeremonie durchführen zu dürfen. Am Ende sagte er, meine Zeremonie sei eine Interpretation seines Vortrages und des Gedichtes von Dōgen gewesen.

So kehrte durch die Vermittlung eines Japaners und interpretiert von einem Deutschen die Teezeremonie, die aus chinesischen Ursprüngen über Japan nach Deutschland gekommen war, wieder zurück zu den Chinesen, und wurde von ihnen erstaunt als Zuschauer verfolgt. Es passt zu unserer Zeit der weltweiten Begegnungen, dass die Chinesen die japanisch-deutsche Teezeremonie mit dem iPhone filmten.

So geschah zu einer Zeit die Begegnung von Menschen verschiedener Kulturen aus dem Geist einer alten Zenkunst.

Teil III

Das Üben

Über dem Fluss ein Halbmond
im Boot ein Sack und ein Mönch[1]

Hakuin Zenji

---

[1] Hakuin Ekaku Zenji 1686 - 1768; Bild mit freundlicher Genehmigung von Prof. Walter Gebhard, Bayreuth

9.5 Das Erwachen und der Mond

Zenmeister Hakuin Ekaku war einer der wichtigsten Zenmeister Japans in der neueren Zeit. In seiner Tuschemalerei zeigt er sich selbst in der ironischen Form eines Selbstporträts als Hōtei, der immer mit dem Sack voller Gaben auftaucht. Am Himmel steht die Sichel des Halbmondes, die sich vermutlich im Wasser des Sees spiegelt. Hakuin / Hotei ist so innig mit seinem Gabensack verbunden, dass er freundlich lachend aus dem Sack herausschaut, der die Form des Mondes widerspiegelt. Hakuin ist im Mond und der Mond ist in ihm.

Im Kapitel Genjōkōan schreibt Dōgen über den Mond und das Erwachen:

> Das Erwachen ist wie der Mond im Wasser.
> Der Mond wird nicht nass, das Wasser nicht gebrochen.
> Das Licht ist weit und groß, trotzdem ist es in der kleinsten Pfütze.
> Der ganze Mond, ja der ganze Himmel findet im Tautropfen am Gras oder auch nur einem Topfen Wasser Platz.
> Das Erwachen bricht den Mneschen nicht,
> sowenig wie der Mond das Wasser zerbricht.

9.5.1 Hakuin: Lobpreisung des Zazen

Der Zenmeister Hakuin hat einen Lobgesang auf die Übungen der Zenmeditation verfasst, der heute noch oft vor der Meditation rezitiert wird. Dieser schöne Text soll hier wenigsten auszugsweise zitiert werden.

HAKUIN ZENJI ZAZEN WASAN

Alle Lebewesen sind im Ursprung Buddha,
es ist wie Wasser und Eis:
Ohne Wasser kein Eis.
Kein Lebewesen ohne Buddha.

9.5 Das Erwachen und der Mond

Das Nahe nicht kennend töricht in der Ferne suchen.
Wie einer, der mitten im Wasser aufschreit vor Durst,
wie ein Kind aus wohlhabendem Haus,
das umherirrt unter den Armen.

Verloren auf des Unwissens dunklen Pfaden
ziehen wir dahin durch die sechs Welten,[1]
von dunklem Pfad zu dunklem Pfad
Wann werden wir frei von Geburt und Tod?

O das verdienstvolle Sitzen![2] Ihm sei höchstes Lob!
Mildtätigkeit, Gebote, Zerknirschung
und zahlose andere gute Werke -
alle haben ihren Ursprung im Zazen.

Wer nur einmal Zazen erfolgreich versucht,
löscht zahllos vergangene Schuld.
Wo sind die dunklen Pfade geblieben?
Das reine Land ist nicht fern.

Das Tor zur Einheit von Ursache und Wirkung steht offen.
Der eine Weg, nicht zwei noch drei, führt geradeaus.
Deine Form ist Nicht-Form,
dein Gehen und Kommen geschieht genau dort, wo du bist.
Dein Gedanke der Nicht-Gedanke.
Dein Singen und Tanzen ist nichts als die Stimme des Dharma.

Wie grenzenlos frei der Himmel des Samadhi.
Wie hell der volle Mond der vierfachen Weisheit.
In diesem Augenblick, was mangelt dir?
Nirvana vor unseren Augen.
Das Lotus-Land an diesem Ort.
Dieser Leib - das Leben des Buddha.

---

[1] Die sechs Welten oder Daseinsbereiche sind die Welt der Götter, der zornigen Götter, der Menschen, der Tiere, der hungrigen Geister und der Hölle.
[2] Hakuin verwendet im Text nicht den klassischen Ausdruck Zazen, Zen im Sitzen für die Zenmeditation, sondern 座 の 功, Za no ko, wörtlich: Sitzen - verdienstvolles Werk, große Leistung im Sitzen, Ansammlung von Erfahrung im Sitzen.

9.6 Verwirklichung der Buddhanatur

Derjenige Mensch, der alle Illusionen und Täuschungen abgelegt hat und zu seinem eigenen Wesen erwacht ist, ist ein Buddha. Buddha ist kein göttliches Wesen, das verehrt werden muss. Der historische Buddha ist lediglich ein Vorbild für alle Menschen, ihm nachzueifern und selbst ein Buddha zu werden. Er hat mit seinem Leben gezeigt, dass dieser Weg möglich ist.

Das Wort Buddha bezeichnet den ‚Erwachten'. Oft wird das Wort im Westen als der ‚Erleuchtete' übersetzt. Aber diese Bezeichnung ist geprägt von Platons Philosophie und der westlichen Mystik, in der oft von Lichterfahrungen die Rede ist.

Für Platon sind die Ideen die eigentliche Wirklichkeit jenseits der Erfahrung der alltäglichen Dinge. Im Höhlengleichnis[1] beschreibt er Menschen, die in einer Höhle gefangen und so angekettet sind, dass sie nur in eine Richtung schauen können. Diese Höhle ist die alltägliche Realität, in der die Menschen leben, unfrei gekettet an die Dinge. In Ihrem Rücken, für sie unsichtbar tragen Gaukler Gegenstände hin und her. Ein Feuer ganz hinten in der Höhle wirft Schatten der Gegenstände auf die Höhlenwand, welche die Gefesselten sehen können. Sie halten nun diese Schatten und ihren steten Wechsel für die reale Wirklichkeit, ohne jemals erkennen zu können, dass sie einer Täuschung unterliegen. Wenn sie den alltäglichen Blick auf die vermeintlichen Dinge beibehalten und versuchen, die Gesetzmäßigkeit im Wechsel der Dinge zu verstehen, bleiben sie grundsätzlich gefesselt.

Erst wenn es ihnen - nicht ohne Hilfe - gelingt, sich von der scheinbaren Wirklichkeit abzuwenden, den Blick umzuwenden und die Schatten als Täuschung zu erkennen, können sie einen ersten Schritt zu ihrer Befreiung tun. Dazu sind die völlige Abkehr von den alltäglichen Dingen und die Umwendung weg vom Gewohnten und Alltäglichen nötig. In einem weiteren Schritt können die Gefangenen der Höhle dann den Aufstieg an die Oberwelt wagen. Auch hier betrachten sie zunächst die Schatten, die im Strahlen der reinen Sonne entstehen. Erst ganz zuletzt

---

[1] Platon Politeia, Buch VII; 106 ff

gelingt es ihnen, die Sonne selbst in ihrem Strahlen zu erkennen. Und nur dieses Licht der Sonne in ihrem Leuchten, das keine Konturen und somit keine einzelnen Dinge mehr erkennen lässt, ist die reine, wahre Wirklichkeit. Sie ist der genaue Gegensatz zu den Dingen des Alltags und völlig abgelöst von der gewöhnlichen Wahrnehmung.

Der erste notwendige Schritt zu dieser ‚Erleuchtung' ist die Erkenntnis, dass die Dinge des Alltags Täuschung sind und dass die Beschäftigung mit dem Alltag an diese Täuschung fesselt und die Freiheit raubt.

Aber Zenmeister Dōgen vertritt eine völlig andere Auffassung. Alle Dinge, auch oder sogar gerade die Dinge des Alltags sind eine Verwirklichung der Buddhanatur, des *Busshō* 仏性. Das erste Schriftzeichen 仏 bedeutet Buddha, das zweite 性 *shō* ist die Natur, das Wesen einer Sache. 仏性同体 *Busshō dōtai* - alle Wesen sind dasselbe wie die Buddhanatur.

> Diese Lehre ist das Drehen des Dharma-Rades und das Löwengebrüll unseres großen Meisters Shakyamuni. Sie ist die Sicht aller Buddhas und der Vorväter [1]... Alles was existiert, ist Buddhanatur - busshō. [2]

Dōgen verwendet das Verb 有 - *U*, das mit sein oder haben übersetzt werden kann. Oft liest man, dass die Dinge die Buddhanatur ‚haben'. Aber sie haben sie nicht als etwas, das sie noch zusätzlich zu ihrer eigentlichen Natur besitzen können. Vielmehr ‚sind' sie voll und ganz Buddhanatur.

Aber wenn alle Dinge die Buddhanatur sind und wenn der Buddha die Befreiung vom Leiden erreicht hat, woher kommt dann das Leiden? Und noch eine Frage drängt sich auf: Wenn ich ebenso wie alle Wesen die Buddhanatur bin, wozu soll ich dann üben?

In dem Kapitel *Busshō* diskutiert Dōgen das berühmte Kōan von Meister Jōshū. Ein Mönch fragte eines Tages den Meister: »Ist mein Hund Buddhanatur?« Jōshū antwortete schlicht: »Nicht!«

---

[1] 仏祖 Bu-sō wird oft übersetzt als Buddha und die Patriarchen.
[2] Dōgen, Shōbōgenzō, Busshō

9. Zen-Meister Dōgen und das Üben der Zeit.

Aber wenn alle Wesen vollkommen die Buddhanatur sind, wieso ist dann der Hund des Mönches nicht Buddhanatur? Jōshu hatte auf Chinesisch schlicht geantwortet: 無 - *WU*. Die Japaner sprechen das Wort aus als *MU*.

Einmal dachte ich über dieses Rätsel nach, als gerade mein Hund vor mir saß. Ich fragte ihn ganz eindringlich: »Bist du die Buddhanatur?« Er war sehr verlegen, denn offenbar verstand er die Frage nicht. Zumindest wusste er nicht, was er antworten sollte. Nach einiger Zeit spitze er das Maul und gab einen Laut von sich: *WU*! War das die Lösung des Kōans?

Dōgen ergänzt die Darstellung der Frage mit einer weiteren Geschichte: Eines Tages kam ein anderer Mönch zu Meister Jōshū und fragte: »Ist mein Hund die Buddhanatur?« Jōsū antwortete: »Ja!«

Busshō, die Buddhanatur ist nicht ein Etwas, das sich zusätzlich in dem Hund befinden würde über die Natur des Hundes hinaus. Der Hund ist Hund und er ist *busshō*. Nur das fragende und irrende Bewusstsein vollzieht die Unterscheidung. Wenn wir aufhören zu fragen und einfach im vollen Bewusstsein sitzen selbst busshō zu sein, dann wird die Frage, ob der Hund ebenfalls die Buddhanatur ist oder nicht völlig hinfällig. Aber um in diesen Zustand der Verwirklichung zu gelangen, bedarf es der Übungen und des Loslassens der irrenden Bewegungen des Bewusstseins.

Einst gab es den Meister Baso, der ein Schüler Nangakus war. [1] Baso übte fleißig das Sitzen in Stille, das Zazen ohne jemals in seinen Übungen nachzulassen. Dōgen erzählt:

> Baso lebte in einer Hütte beim Kloster Denpō und übte zehn Jahre lang unermüdlich Zazen. Man kann sich vorstellen, was eine Regennacht in der nur mit Schilf bedeckten Hütte bedeutet. Selbst wenn im Winter Schnee den kalten Boden bedeckte, unterbrach Baso seine Praxis nicht.
> Eines Tages ging Nangaku zu Basos Hütte und fragte: »Was macht Baso in diesen Tagen?«
> Baso antwortete: »In diesen Tagen macht Baso nichts anderes

---

[1] Baso Dō-itsu, 709 - 788; Nangaku Ejō, 677 - 744

9.6 Verwirklichung der Buddhanatur

als Zazen.«
Nangaku: »Was beabsichtigst du damit?«
Baso entwortete: »Ich möchte durch Zazen ein Buddha werden!«
Da hob Nangaku einen Ziegelstein auf und rieb ihn an der Felswand. Als Baso dies sah, fragte er: »Was macht der Meister da?«
Nangaku: »Ich poliere einen Ziegelstein!«
Baso: »Was beabsichtigst du damit?«
Nangaku antwortete: »Ich poliere den Ziegelstein, um daraus einen Spiegel zu machen!«
Baso: »Wie kannst du durch Polieren aus einem Ziegel einen Spiegel machen?«
Nangagu fragte: »Wie kann Zazen dich zu einem Buddha machen?« [1]

Was bedeutet die Aussage von Baso, dass er ein Buddha werden möchte? Dōgen fragt: »Bedeutet diese Aussage, dass ein Buddha zu einem Buddha werden will? Oder bedeutet es, einen Buddha zu einem Buddha zu machen? Oder sind da plötzlich zwei Buddha da? [2]

Wenn alle Wesen ohnehin die reine Buddhanatur sind, wozu übt dann Baso das Zazen, um Buddha zu werden? Er ist ja ohnehin die Buddhanatur. Sind dann nach dem Üben zwei Buddha da? Nein, vor dem Üben ist da Baso, während des Übens ist da der übende Baso und nach dem Uben ist ebenfalls Baso. Vor dem Uben war Baso die reine Buddhanatur, nach dem Üben ist er ebenfalls die reine Buddhanatur. Aber im Üben hat er sich selbst und seine Buddhanatur unmittelbar erfahren.

Dōgen zitiert ein altes Sprichwort: »Tausendmal hören ist weniger als einmal sehen. Tausendmal sehen ist weniger als einmal erfahren!«

Vor langer Zeit hatte ich angefangen, den Teeweg zu üben. Ich hatte schon viel davon gehört und gelesen. Dann wurde zu den Olympischen Spielen in München vom Großmeister Hoūnsai Sōshitsu XV der Urasenke ein japanisches Teehaus gestiftet. Dort führte ein junger

---
[1] Dōgen, Shōbōgenzō, Kokyō
[2] Shōbōgenzō, Zezenshin, (Bambusnadel des Zazen)

9. Zen-Meister Dōgen und das Üben der Zeit.

japanischer Teemeister die Zeremonie vor. Ich war derart fasziniert, dass ich sofort am nächsten Tag mit dem Unterricht anfing. Die Bewegungen waren eigenartig faszinierend und von großer Schönheit. Sie waren für mich der erlebnisreiche Zugang zu einer ganz anderen Welt. Ich war bei den Übungen wie verzaubert. Aber eines Tages übte ich eine Zeremonie, als mich plötzlich der Gedanke überkam: »Wozu übt man das? Was bringt es mir für mein alltägliches Leben? Ist das Üben nicht reine Zeitverschwendung?« Aber dann spürte ich wieder die Schönheit in den Bewegungen, spürte, wie mein Körper lebendig wurde und die Bewegungen wurden wieder wie ein Tanz. Und ich wusste, dass ich diesen Weg weiter üben würde. Bis an mein Lebensende! Denn der Weg endet nie. Und nur im Üben erfährt man die Schönheit der Übungen und verwirklicht die Buddhanatur.

Am Schluss des Kapitels Genjōkōan erzählt Dōgen eine weitere Geschichte.

> Als der Zen-Meister Hōtetsu vom Berg Mayoku seinen Fächer benutze, kam ein Mönch und fragte: »Die Wind-Natur ist beständig, kein Ort, an dem sie nicht kreist. Wozu benutzt der verehrte Vorsteher seinen Fächer?«
> Der Meister sagte: »Du weißt nur, dass die Wind-Natur beständig ist, aber du kennst nicht den Sachverhalt, dass sie an keinem Ort NICHT kreist!« Der Mönch fragte: »Wie steht es mit dem Sachverhalt, dass sie an keinem Ort nicht kreist?« In diesem Augenblick benutzte der Meister seinen Fächer. Der Mönch verneigte sich tief.

Die Wind-Natur ist beständig und an jedem Ort, genau wie die Buddhanatur. Aber es genügt nicht, um diese Natur des Windes zu wissen, man muss sie durch Tun verwirklichen. Wenn der Meister den Wind spüren will, weil die Hitze groß und fast unerträglich ist, dann benutzt er den Fächer. Die Bewegung des Fächers bringt die bisher verborgene Wind-Natur zum Vorschein. Benutzt der Meister den Fächer nicht, so ist die Wind-Natur dennoch da, aber sie wird nicht verwirklicht und man spürt sie nicht. Man kann noch so viel über die Natur des Windes nachdenken, sie wird nicht zum Vorschein kommen. Das

9.6 Verwirklichung der Buddhanatur

Denken allein nutzt nichts, man muss den Körper einsetzen, um die Wind-Natur zum Vorschein zu bringen. Alle Wesen sind Buddhanatur, aber sie müssen diese Buddhanatur verwirklichen. Sonst kommt sie nicht zum Vorschein.

Wie heißt es in dem Gedicht des Laienbruders Pang?

> 神通並妙用
> 運水及槃柴
> Welch wunderbare Kräfte:
> Wasser holen und Brennholz sammeln.

Jeder Mensch hat die wunderbare Fähigkeit, Wasser zu holen. Aber wenn wir nicht zum Brunnen gehen und das Wasser schöpfen, bleibt es verborgen in der Tiefe der Erde.

So ist es mit der Praxis des Übens. Man wird nicht durch das Üben ein Buddha. Aber man verwirklicht die Buddhanatur. In dem Augenblick, wo ich mich entschließe, zu üben, bin ich ein übender Buddha sagt Meister Dōgen. Wir müssen uns nur inständig auf das Üben einlassen.

Ich hatte einmal einen Schüler, der bei den Übungen des Teeweges immer wieder sagte: »Das müsste man mal üben!« Mit dieser Bemerkung distanzierte er sich von dem, was er gerade tat, nämlich Üben. Er meinte: Ich habe das Gefühl, dass ich das, was ich übe, nicht wirklich kann.« Aber wenn ich übe, bin ich eben ein Übender, der auf dem Weg ist. Wenn ich aber sage, man »müsste das einmal üben«, entferne ich mich aus dem Augenblick des Übens und verschiebe das auf später - irgendwann einmal. Man müsste: Aber ich tue es nicht und ich werde es nie tun, nämlich mich wirklich auf die Situation des Übens einlassen.

Es kommt nicht darauf an, dass man Fehler macht oder die Übungen wie ein Anfänger übt. Dafür übt man ja! Es kommt lediglich darauf an, sich wirklich auf das Üben einzulassen. Und den WEG zu beschreiten. Mit Leib und Geist.

9. Zen-Meister Dōgen und das Üben der Zeit.

9.6.1 Mit Leib und Geist üben

Im *Shōbōgenzō* gibt es ein Kapitel mit dem Titel ‚*Shinjin Gakudō*' 身心 学道 etwa: ‚Üben des Weges mit Leib und Geist'.

Shin 身, der Leib ist ‚diese Ansammlung roten Fleisches' wie Dōgen sagt. Aber es ist nicht nur die Ansammlung toter Materie:

> Der Leib verwirklicht sich im Erlernen des Weges und das Erlernen des Weges entsteht aus dem Leib. [1]

Der Leib ist nicht einfach nur ‚diese Ansammlung von rotem Fleisch'. Er verwirklicht sich im Erlernen des Weges, das heißt, erst im Erlernen des Weges wird der Leib zu dem, was er ist. Umgekehrt wird der Weg nur durch den Leib verwirklicht. Der ‚Leib' ist das lebendige Stück Fleisch, das seine Erfahrungen auf dem Weg macht, der nur durch den Leib gegangen werden und als eben dieser Weg erscheinen kann. Wir übersetzen hier Shin 身 nicht mit Körper. Der Körper wird allzu oft im abendländischen Denken als die leblose Maschine gesehen, die einfach nur funktioniert. Dieser Maschine steht dann der Geist gegenüber, der rein immateriell ist. Aber der Leib ist mehr als nur eine Maschine. Alle Empfindungen sind sowohl leiblich als auch geistig. Wenn wir mit eingefallenen Schultern und hängendem Kopf stehen oder sitzen, dann ist das nicht nur eine Körperhaltung. Es ist die Art, wie wir unsere gesamte Wirklichkeit wahrnehmen: eng und bedrückt. Alles lastet auf den Schultern und die Last drückt uns nieder. Wenn wir mit offenem Herzen stehen oder sitzen und frei atmen können, dann ist die Welt weit und offen.

Das alte Schriftzeichen 身 für den Leib zeigt in der Siegelschrift deutlich eine schwangere Frau mit einem Kind in ihrem Bauch. Der Leib ist nicht nur unser materieller Körper, er lebt und gibt Leben weiter. »Leben und Sterben, Kommen und Gehen sind der wahre Körper des Menschen.« Unser Körper ist nicht einfach nur der individuelle Körper, wir tragen in uns die Erinnerungen unserer Vorfahren und wir geben unsere Erfahrungen, die wir mit Körper und Geist machen an unsere

---

[1] Shōbōgenzō, Shinjin gakudō

9.6 Verwirklichung der Buddhanatur

Nachkommen weiter. Aber unser Körper reicht nicht nur in die Vergangenheit und Zukunft, auch unsere Mitmenschen gehören dazu.

In der modernen Hirnforschung hat man Spiegelneuronen entdeckt.[1] Sie bewirken, dass wir die Empfindungen anderer Menschen, die uns gegenüberstehen ‚sehen' können. Wir sehen die Körperhaltung und spüren die Empfindungen des Anderen in uns selbst. Meistens lassen wir diese Erfahrung nicht zu, aber in den Wegen können wir lernen, den Anderen zu spüren. In den Übungen des Teeweges ist es wichtig, dass unsere Atmung und Körperhaltung als Gastgeber frei und ruhig ist. Dann überträgt sich der ruhig Atem und der kraftvolle Herzschlag unbewusst über das Sehen auf die Gäste. Gast und Gastgeber werden eins. Im Teeweg gibt es das Wort *Mu Hin Shu* 無賓主 Nicht Gast Gastgeber.[2] Das heißt nicht, dass Gast und Gastgeber verschwinden oder nicht vorhanden sind, sie werden Eins. Ich mache immer wieder die Erfahrung, dass beim aufmerksamen und intensiven Zuschauen bei einer Teezeremonie nach kurzer Zeit Gast und Gastgeber im selben Rhythmus atmen und dass für den Gast die Empfindung entsteht, als würde er selbst die Bewegungen machen.

Der Körper endet nicht mit der Hautoberfläche. Wir sehen, wir atmen die umgebende Luft ein und wir spüren die Empfindungen unseres Gegenüber. Martin Heidegger hat den Menschen bestimmt als das In-der Welt-sein. Da ist nicht ein toter Körper, in dem gefangen eine Seele wohnt, die dann zeitweilig auch noch eine Beziehung zur Außenwelt aufnimmt. Wir sind mit unseren leibhaftigen Wahrnehmungen immer schon in-der-Welt. »Das ganze Universum ist der wahre Körper des Menschen!«[3]

Der Leib ist Geist und der Geist ist körperhaft! Sowohl der Leib als auch der Geist verändern sich im Üben. Wir werden durch das Üben viel

---

[1] Warum ich fühle, was du fühlst: Intuitive Kommunikation und das Geheimnis der Spiegelneuronen; Joachim Bauer

[2] vergleiche das Gedicht von Daito Kokushi: Verschwinden von Gast und Gastgeber oben Seite 149

[3] Diese Bestimmung des Körpers stammt vom chinesischen Zenmeister Chosa Keishin (854–935). Dōgen zitiert sie im Kapitel Shinjin gakudō

9. Zen-Meister Dōgen und das Üben der Zeit.

aufmerksamer auf die Wahrnehmungen des Leibes und viel offener für den Geist.

Die griechischen Begriffe sind Soma σῶμα und Psyche ψυχή, Körper und Seele. Noch bei Homer war *Sōma* keine Bezeichnung für den Körper, sondern für den leblosen Leichnam. *Psychē* war nicht die Seele, sondern der letzte Atemzug eines Sterbenden, den man als kühlen Hauch am Handrücken spüren konnte. Das Verb *psychō* bedeutet hauchen, kühlen. War der letzte Hauch, den man am Handrücken spüren konnte, ausgehaucht, dann blieb nur noch der Empfindungs- und bewusstlose Leichnam *Sōma* übrig. Homer verwendet die beiden Worte niemals für einen lebendigen Menschen. Gefühle und Empfindungen sitzen für ihn nicht in der Psyche, sondern im lebendigen Leib. Die Angst etwa schnürt die Kehle zu, Wut beginnt im Bauch, steigt höher bis zum Herzen und ergreift schließlich die Kehle. Dagegen ist ein wohlgeordnetes Zwerchfell die Sophrosyne, die gelassene Besonnenheit. Der Leib Dōgen's ist, obwohl es dieser ‚Klumpen roten Fleisches' ist, kein toter Leichnam wie Soma. Er ist voller Empfindungen.

Shin 心 ist das ‚Herz' als Sitz der Empfindungen UND des Denkens. Manchmal übersetzt man *Shin* auch als Herz-Geist. Damit wird ausgedrückt, dass der Geist, anders als im Westen zugleich auch der Sitz der Gefühle und Empfindungen ist. Der Ausdruck *Shinjin*, Leib - Herz ist lautlich eine Doppelung. *Shin* wird nur in der Zusammensetzung der beiden Worte ais *Jin* gesprochen. Eigentlich steht im japanischen Text *shin-shin*. Das erste *Shin* ist der Leib, das zweite *Shin* der Geist. Die Zusammensetzung zeigt, dass beide eine Einheit bilden und nicht wirklich zu trennen sind. Der Leib ist Geist und der Geist ist Leib. Ohne Leib können wir nicht denken oder empfinden. Ohne das Denken mit dem Herzen können wir den Leib nicht wirklich in seiner Reinheit erfahren.

Das Lernen - *gaku* 学 - das auf dem Buddha-Weg, dem Dō 道 erforderlich ist, unterscheidet sich von dem Lernen mathematischer Formeln oder vom Lernen dessen, was andere vor mir gesagt oder geschrieben haben. Lernen ist kein bloßes Zur-Kenntnis-Nehmen. Lernen, *gaku* 学 zeigt das Bild eines kleinen Kindes 子 unter einem

Dach. Das Dach bildet den Schutzraum für das Lernen. Es ist ein kleines Kind, das lernt und auf dem Weg des Lernens zu einem eigenständigen Menschen heranreift. Dazu braucht es einen Raum, der geschützt ist vor Ablenkungen. Nur wenn ich mich geborgen fühle, bin ich bereit, mich wirklich auf das Neue einzulassen, das mit dem Lernen auf mich zukommt. Lernen ist das Zulassen der Erfahrung des Neuen und bisher unbekannten.

Eine Er-Fahrung im ursprünglichen Sinne des Wortes macht man nur, wenn man aufbricht in fremde Welten und sie er-fährt. Die altgermanischen Dialekte besitzen ein Wort für Gehen, Reisen und namentlich zu Schiff fahren (goth. ga-leiþan, alts. ags. lîdan, altnord. lîða), welches auch im Althochdeutschen als lîdan bezeugt ist. Lîdan ist nicht nur das Reisen und Unterwegs-sein, es ist zugleich das Erleiden des Heimwehs, das Leiden, das man erfährt im fremden Land. Das alte deutsche Wort Ellende - Elend heißt dann auch außerhalb des eigenen Landes, eben im fremden Land, im Aus-Land, dem El-lend sein. Vielleicht bleibt häufig die theoretisierende Philosophie deshalb erfahrungslos, weil sie sich fürchtet vor dem Ellende, das einem auf dem Weg ins Fremde zustoßen kann.

Vom deutschen Philosophen Husserl erzählt man eine Geschichte, die wohl sehr bezeichnend für die westliche Philosophie ist. Husserl legte 1920 seine Ethik vor. Es wird eine Episode berichtet, dass ihn jemand fragte, ob er sich denn selbst an das halte, was er in seiner Ethik geschrieben habe. Husserls Antwort: »Hat man schon jemals einen Wegweiser gesehen, der den Weg geht, den er weist?«

Während des Studiums habe ich es oft erlebt, das Seminarteilnehmer mit wunderbar gesetzten Worten die Philosophie Heideggers erklärten. Sie sprachen in geschliffenen Worten und präzisen Ausdrücken, aber eben im Heidegger - Jargon. Mein Lehrer sagte dann gewöhnlich: »Das haben Sie sehr schön gesagt, aber könnten Sie das einmal mit ihren eigenen Worten wiederholen!« Der Erfolg war in aller Regel ein hilfloses Stottern. Es waren zwar die Worte gelernt, aber sie wurden nur nachgeplappert. Es war keine persönliche Erfahrung dahinter.

9. Zen-Meister Dōgen und das Üben der Zeit.

In China gibt es eine alte Geschichte[1] von dem berühmten Dichter Bai Juyi[2]. Er fragt den Zenmeister Niao Ke[3] nach dem Kern der buddhistischen Weisheit.

> Bai Juyi fragte Meister Niao Ke (Vogelnest).
> »Was ist die Essenz des Buddhagesetzes?«
> Niao Ke sagte: »Meide Schlechtes, tu Gutes«
> Bai Juyi sagte: »Das kann sogar ein dreijähriges Kind verstehen!«
> Niao Ke Vogelnest erwiderte:
> »Ein dreijähriges Kind ist sicher in der Lage, es zu sagen, aber ein achtzig Jahre alter Mann hat es vielleicht noch nicht verwirklicht.«

Es geht nicht um das intellektuelle Verstehen, sondern um die Verwirklichung im Leben. Die westliche Philosophie hat keine Methode entwickelt, um das Gedachte auch wirklich mit Leib und Seele zu gehen und zu erfahren, inständig zu erlernen.

Nur wenn es einen geschützten Raum gibt, in dem ich mich auf das Neue und Unbekannte einlassen kann, bin ich bereit zum Lernen. Dieser Schutzraum muss nicht ein realer Raum sein. Sicher ist es wichtig, sich zum Üben in einen Raum zu begeben, der ungestört und ruhig ist. Aber auch ein Lehrer, der den Weg vor mir gegangen ist, kann das Vertrauen geben, dass der Weg nicht in gefährliche Abgründe führt. Dieser Lehrer muss nicht leibhaftig anwesend sein, es genügt zu wissen, dass vor mir andere den Weg gegangen sind.

Lernen ist nicht nur ein Lernen von Lernstoff, den man aus-wendig lernt. Das Lernen des Weges ist ein in-wendig Lernen. Unser Lernen in der Schule ist viel zu sehr auf das Lernen und Vermitteln von »Lernstoff« ausgerichtet. Das Lernen, um das es hier geht, ist das Lernen, ein

---

[1] Die Geschicht wird von Zenmeister Ikkyū in seiner Gedichtsammlung von der ‚Verrückten Wolke' erzählt.
[2] Bai Juyi 白居易; 772 - 846, berühmter Dichter. Von ihm sind über 2800 Gedichte erhalten.
[3] Zenmeister Niao Ke, 741 - 824, sein Name bedeutet Vogelnest, weil er in Baumwipfeln sitzend meditierte.

Mensch oder genauer ein Buddha zu werden. Auch der Schreiner »lernt« sein Handwerk. Er lernt aber nicht nur die verschiedenen Holzarten und die Funktion eines Hobels theoretisch kennen. Er muss auch lernen, den Hobel mit seinen eigenen Händen unter Einsatz seines Leibs richtig zu gebrauchen. Heidegger schreibt einmal, Denken lernt man nicht, indem man liest, wie andere Philosophen gedacht haben, sondern indem man sich in das Element des Denkens begibt. Auch schwimmen lernt man nur, wenn man sich in das Element des Schwimmens begibt und nicht durch Lesen von Büchern über das Schwimmen. Wir schätzen das Denken der Hand[1] viel zu gering ein, wenn wir meinen, dass Lernen nur einen »geistigen« Aspekt hat. Wenn der Schreiner das Hobeln lernt, kann er das nur erfolgreich bewältigen, wenn er versteht, was er tut und wenn er zugleich das Verstandene verwirklichen und in Handlung umsetzen kann. Auch wenn wir den Zen ‚lernen', muss die Hand, muss der Leib beteiligt sein, oder wie Dōgen sagt: shin-jin gaku dō, den WEG mit Herz UND Leib lernen.

9.6.2 Der Herzgeist

Shin 心 ist das Herz, das denkt und empfindet. Das Herz rechnet und das Herz empfindet. Wir denken im Westen den Geist viel zu abstrakt. In Ostasien kann man den Geist nicht ohne die Empfindungen denken. Empfindungen aber haben ihren Sitz im Körper. Schon das Schriftzeichen 心 zeigt das Bild des Herzens als leibhaftiges Organ. Man kann die unterschiedlichen Herzkammern erkennen. Aber mit dem Herzen sind das Denken, das Empfinden, das Gemüt, der Geist verbunden. Oft wird *shin* deshalb mit Herzgeist übersetzt, um die Unterscheidung zum westlich gedachten Geist zu verdeutlichen.

---

[1] Kai van Eikels; das Denken der Hand. Dort wird von Heidegger und von japanischen Künsten her das ‚Denken der Hand' untersucht.

9. Zen-Meister Dōgen und das Üben der Zeit.

9.6.3 Shittashin - der bewusste Geist

Hier im Westen müssen wir das Lernen mit dem eigenen Leib betonen. In Japan war das eine Selbstverständlichkeit. Darum beginnt Dōgen auch seine Erläuterungen über *Shinjin* Leib und Geist mit dem zweiten Teil, dem Geist.

Geist, oder besser Herz-Geist wird unterschieden in den ‚bewussten Geist' und den ‚unbewussten Geist'. Der ‚bewusste Geist ist *Shittashin* [1], das wählende und stets bewegte und suchende Bewusstsein. Das Yogasutra des Patanjali definiert den Yoga als:

> Yogash citta–vritti–nirodhah
> Yoga ist das Zur-Ruhe-Bringen des unruhig wählenden Bewusstseins.

Das Yogasutra des Patanjali[2] entwickelt die ausführliche Analyse des Bewusstseins, die ich kenne. Patanjali unterscheidet fünf Arten der Bewegungen des *citta*, die nicht nur Bewußtes in unserem Sinne sind. Es gibt zutreffendes Wissen, eingebildetes Wissen, Verblendung, Schlaf und Erinnerung.[3] Das zutreffende Wissen kann entweder durch eigene Erfahrung gewonnen werden, durch richtige Schlussfolgerungen aus dem unmittelbar Erfahrenen oder durch richtige Tradition. Ein Lehrer kann zutreffendes Wissen vermitteln, das nicht durch eigene Erfahrungen gewonnen wurde, das aber unter Umständen durch eigene Erfahrung bestätigt werden kann.

Genauso mächtig wie das richtige Wissen, ja vielleicht oft sogar noch mächtiger ist das eingebildete Wissen, das durch falsches Denken falsche Wahrnehmung entsteht. Das zeigt die Zen-Geschichte von drei Männern, die in der Dunkelheit spazieren gehen und einer vermeintlichen Schlange begegnen.[4] Aus seiner inneren Angst heraus

---

[1] 質多心 chit-ta-shin ist eine lautliche Wiedergabe des Sanskritwortes Citta- kombiniert mit den chinesischen Zeichen für Shin, Geist-Herz. Die Kanji haben keine inhaltliche Bedeutung, sie geben lediglich die Sanskrit Laute wieder.
[2] Patanjali; Lebenszeit unbekannt, vermutlich zwischen dem 2. und 4. Jh. Er gilt als Verfasser des Yogasutra, der klassischen Schrift aller Yogasysteme.
[3] Die fünf Arten in Sanskrit: Pramāna, viparyaya, vikalpa, nidrā, smrtayah
[4] Siehe oben ab S.129

glaubt er etwas zu erkennen, was überhaupt nicht vorhanden ist.
Einige Zeit später gehen die Drei wieder in der Dunkelheit spazieren. Da liegt vor ihnen auf dem Weg eine zusammengerollte Schlange. Aber der Mann lacht nur, weil er dort wieder einmal ein Seil vermutet. Und schon wurde er von der Schlange gebissen.

Geradezu gefährlich ist die Verblendung durch vermeintliches Wissen in Ideologien. Wie oft gibt es Menschen, die ganz extrem ihr falsches Wissen verteidigen. Vielleicht reagieren diese Menschen umso aggressiver, je mehr sie vermuten, dass ihr Wissen möglicherweise falsch sein könnte. Das kann man bei aggressiv verteidigten Ideologien beobachten. Je wenige man sich seines Wissens sicher ist, desto aggressiver verteidigt man es, weil eine Hinterfragung möglicherweise das Unwissen aufdecken würde..

Zenmeister Linji, den die Japaner Rinzai nennen, hat das Wort geprägt, dass das Bewusstsein ein wilder Affe ist.

Im Zhuangzi gibt es die Geschichte von einem Affenhüter, der die Unruhe der Affen stillen konnte, indem er ihren Wünschen entsprach:

> Es war einmal ein Affenhüter, der seine Tiere mit kleinen Kastanien fütterte. "Ich werde euch drei am Morgen und vier am Abend geben", sagte er ihnen. Da waren alle Affen verärgert. "Also gut", sagte der Affen Hüter, "ich werde euch vier am Morgen und drei am Abend geben." Da waren alle Affen hocherfreut über dieses Geschäft. Ohne irgendetwas an dem Namen oder der Realität der Menge, die er ihnen zu fressen gab, zu verändern, handelte der Affenhüter doch im Einklang mit den Gefühlen der Affen.

Wie oft handeln wir wie die Affen. Es wird uns etwas angeboten, das wir empört ablehnen. Erst wenn wir vermeintlich eine eigene Wahl getroffen haben, sind wie zufrieden.
Ich hatte einmal auf einer Gruppenreise eine Teilnehmerin, die ein Einzelzimmer gebucht hatte. An jedem Ort, an dem wir ankamen, lehnte sie das ihr angebotene Zimmer empört ab. Man zeigte ihr dann ein viel schlechteres Zimmer, das sie dann dankbar annahm. Sie hatte ihren

9. Zen-Meister Dōgen und das Üben der Zeit.

eigenen Willen durchgesetzt. Viele Jahre später gestand sie mir, dass sie inzwischen eingesehen hatte, wie dumm sie damals war, weil sie immer ein schlechteres Zimmer bekommen hatte. »Aber ich hatte immer den Eindruck, dass ich schlecht behandelt werde, wenn ich keine eigene Wahl treffe!«

Die Täuschungen durch das Bewusstsein zeigt auch die Geschichte von den koreanischen Mönchen Uisang und Wonhyo, denen das Wasser in der Höhle erst wunderbar süß schmeckte.[1] Als sie dann den Totenschädel im Wasser entdeckten, war es faulig und übel schmeckend. Außerdem träumten beide in der Nacht von schrecklichen Ungeheuern.

Wonhyo erwachte und verstand nun, dass es sein eigenes Bewusstsein war, das ihm diese Ungeheuer zeigte. Sogar noch im Schlaf gaukelte es ihm die Ungeheuer vor und sein Bewusstsein übernahm die Kontrolle. Alles was wir sehen und erkennen ist nicht die Realität, sondern es ist geprägt von unserem Bewusstsein.

Wonhyo gewann so die Überzeugung, dass er das Erwachen, das er in China suchen wollte, schon vorhanden war. Er brauchte die weite und gefährliche Reise nicht mehr anzutreten.

9.6.4 Karidashin - Geist der Gräser und Bäume

Der Herz-Geist entscheidet, wie wir die Welt erkennen und erleben. Aber es gibt nicht nur den bewussten Geist. Dōgen erwähnt den *karidashin*. Das Sanskritwort, das lautlich durch die japanischen Schriftzeichen wiedergegeben wird, ist *hridaya*. In einer alten chinesischen Schrift wird dieser Geist als 草木心 *sō-moku-shin*, Gräser-Baum-Herz Geist bezeichnet. Auch Gräser und Bäume haben einen 'Geist' bzw. ein Herz. Sie ‚kennen' die Tages- und Jahreszeiten und sie ‚wissen' um das Wetter. Sie treiben Blätter zur genau richtigen Zeit, sie blühen und tragen Früchte zur rechten Zeit. Niemand muss ihnen sagen, wann sie das tun müssen. Bäume haben offenbar auch ein ‚Wissen' umeinander. Bei einem Sturm weichen die gepeitschten Äste

---

[1] Siehe oben ab S. 129

einander aus. Wachsen Bäume der gleichen Art in einer Gruppe zusammen, so nehmen sie gemeinsam die Gestalt an, die auch ein einzelner Baum haben würde. Als Gruppe bilden sie ein neues Individuum.

Auch wir Menschen haben einen solchen Gräser-und-Baum-Geist. Dieser Geist ‚weiß', dass wir nachts im Tiefschlaf nicht aus dem Bett fallen dürfen. Er weiß, dass Speisen oder Wasser in der Kehle einen anderen Weg nehmen müssen, als die Luft, die wir atmen. Nietzsche hat das die ‚große Vernunft des Leibes' genannt, die viel umfassender ist als die so leicht in die Irre zu führende Vernunft des Geistes. Normalerweise wissen wir nicht um diesen Geist, aber er auch wirksam, ohne dass wir ihn bemerken.

Aber auch dieser Gräser-und-Bäume-Geist kann geübt werden. Wer hat nicht schon einmal erlebt, dass ihm die Angst die Kehle zuschnürt und wir kurzatmig werden ließ. Dabei muss die Angst keinen realen Grund haben. Ich habe einmal miterlebt, wie eine Shakuhachi Schülerin bei einem Konzert plötzlich keinen Atem mehr hatte. Eine imaginäre Angst schnürte ihr die Kehle zu und sie brachte keinen Ton mehr hervor. Die Angst war nicht real aus der Situation gekommen. Es war die Erinnerung an Angst und Atemnot, die seit der Kindheit immer wieder aus dem Nichts aufgetaucht war. Diese Angst sitzt vielleicht im Herzen oder auch im Nacken in Form von Verspannungen. Aber es genügt nicht, dlese Verspannungen mit Massage oder ähnlichen Techniken zu lösen. Sie kommt sofort wieder und die Muskeln verspannen sich erneut. In den Zenmeditationen können wir üben, diese Angst, die ihren Sitz im Gräser-und-Bäume-Geist hat loszulassen.

Heinrich von Kleist erzählt in seinem Aufsatz über das Marionettentheater von einem Bären in Russland, der von keinem noch so guten Fechtmeister mit der Klinge getroffen werden kann. Der Bär reagiert überhaupt nicht auf Finten und Tricks, aber wenn ein ernsthafter Angriff mit der Klinge erfolgt, dann schiebt er den Angriff einfach mit der Tatze beiseite. Weil er dem wählenden Bewusstsein nicht folgt, kann er voll und ganz dem Karidashin folgen.

9. Zen-Meister Dōgen und das Üben der Zeit.

Dieser *Karidashin* musste auch von den Samurai geübt werden. Es gibt die Geschichte von einem alten Schwertmeister, der als Einsiedler in den Bergen lebte. Ein Samurai kam zu ihm, um von ihm die Schwertkunst zu erlernen. Aber der alte Schwertmeister ließ ihn Brennholz sammeln, Wasser holen und Essen kochen. Immer wieder schlug er seinem Schüler unerwartet mit einem Knüppel in den Rücken oder auf den Kopf. Schließlich beschwerte sich der Schüler, dass er nicht gekommen war, um sich mit alltäglichen Arbeiten zu befassen und dazu auch noch immer wieder geschlagen zu werden. Aber der alte Schwertmeister erklärte ihm, dass er schon längst mit dem Unterricht begonnen hatte. Der Schüler musste lernen, unerwartete Angriffe zu spüren und ihnen auszuweichen. Der Alte übte den *Karidashin* seines Schülers. Dieser *Karidashin* wird nicht durch unser wählerisches Bewusstsein gehindert und kann deshalb unmittelbar, ohne ‚Einschaltung des Verstandes reagieren.

Ein heute in Japan lebender Schwertmeister hat diesen Geist bis zur Vollkommenheit geübt. Seine Tochter schießt unerwartet mit dem Bogen auf den Vater. Manchmal schießt sie vorbei, manchmal aber würde der Pfeil den Vater durchbohren, wenn er den heranschwirrenden Pfeil nicht mit dem Schwert zerschlagen würde. Auf Pfeile, die ihn nicht treffen würden, reagiert der Schwertmeister überhaupt nicht.

Für uns ganz überraschend bestimmt Dōgen den Geist als die gesamte Wirklichkeit der scheinbar äußeren Dinge:

> Die Berge, die Flüsse, die große Erde, die Sonne, der Mond und die Sterne sind Geist.

Genauso gut könnten wir sagen: Die Zypresse im Garten oder Stab und Wedel oder die Laterne im Garten sind Geist. Die Berge, die Flüsse, die Seen und die große Erde sind Geist. Aber, so fährt Dōgen fort, es gibt ganz unterschiedliche Berge. Hohe Berge, flache Berge, spitze und runde Berge. Und möglicherweise erleben die Götter eine ganz andere große Erde und einen anderen Himmel als wir. Ja, es könnte Wesen geben, die den Himmel als große Erde sehen. Es gibt so viele Ansichten der Wirklichkeit, wie es unterschiedliche Wesen und unterschiedliche Menschen gibt. Welcher Berg ist dann der ‚wahre Berg' und welcher Geist der ‚wahre Geist'? Es gehört zur Freiheit des Geistes, dass wir wissen, dass unsere eigene enge Sicht der Dinge nicht die Einzige ist.

Im Kapitel »Herbstfluten« des Zhuangzi wird mehrfach die Geschichte vom Frosch erzählt, der in seinem Brunnenloch sitzt und dieses Brunnenloch für die ganze weite Welt hält. Stolz lädt er die Riesenschildkröte des Ostmeeres ein, ihn in seinem Brunnen zu besuchen.[1]

> »... Hier ist wirklich gut sein«, sagte der Frosch zu einer Schildkröte vom Ostmeer. »Will ich mal ausgehen, dann hüpfe ich auf dem Brunnenrand umher; dann komme ich zurück und ruhe mich in den Löchern aus, wo die Ziegel aus der Brunnenwand herausgebrochen sind. Ich steige ins Wasser, bis es mir zu den Achselhöhlen reicht und es mein Kinn trägt. Wenn ich durch den Schlamm wate, bedeckt er meine Füße und meine Zehen sinken ein. Schaue ich mich um, dann sehe ich Krebse und Kaulquappen, doch keiner könnte es mit mir aufnehmen. Außerdem gehört das ganze Wasser in diesem Loch mir ganz allein und alle Freuden des zerfallenen Brunnens stehen mir zur Verfügung. Das ist wirklich das Größte. Warum schaut ihr nicht einmal herein, mein Herr, und überzeugt euch selbst.« Doch bevor die Schildkröte auch nur den linken Fuß ins Wasser gesetzt hatte, war sie mit dem rechten Knie schon stecken geblieben. Nachdem sie sich wieder befreit hatte, zog sie sich ein wenig zurück und erzählte dem Frosch dann vom Meer.
> .... Als der Frosch in dem zerfallenen Brunnen das hörte, erschrak er so sehr, dass er kaum noch wusste, wie ihm geschah.
>
> ... Man kann mit dem Frosch, der fest am Grund seines Brunnens sitzt, nicht über den Ozean sprechen, denn er sitzt fest in seinem Reich. Man kann mit einer Sommermücke nicht über das Eis sprechen, denn sie ist auf ihre eigene Jahreszeit

---

[1] Zhuangzi Buch 17.4 Kapitel Herbstfluten

9. Zen-Meister Dōgen und das Üben der Zeit.

beschränkt. Man kann mit einem Intellektuellen nicht über den WEG sprechen, denn er ist ein Gefangener seiner eigenen Doktrin.[1]

Der Zenmeister Ikkyū[2] zitiert in einem seiner Gedichte die Geschichte vom Frosch aus dem Zhuangzi. Er war vom leeren und sinnlosen Treiben der Mönche im Daitokuji - Tempel entsetzt. Sie hatten zu seiner Zeit offenbar das Ganze aus den Augen verloren und betrieben nur noch eifrig die Zeremonien und Rituale, ohne zu wissen wozu. Aber erst wenn sich die Übungen des Zen im alltäglichen Leben verwirklichen würden, dann hätte Zen seine Erfüllung gefunden - so dachte Ikkyū. In einem Gedicht, in dem er auf die Geschichte aus dem Zhuangzi Bezug nimmt, verspottet Ikkyū das ganze, sinnlose Treiben der Mönche:

> Wer gewohnt ist, große Fische zu fangen
> Lacht über das Gebaren der Frösche. Sie wühlen im Schlamm,
> gewichtig, eilig, immer geschäftig;
> am Grunde des Brunnens
> Wähnen sie sich
> Ehrfurchtgebietend und groß.
> Bemitleidenswert! -
> Die Welt der Priester
> Ist nichts weiter
> als ein Brunnenloch.[3]

Das Wissen um die eigene Beschränktheit der Ansichten und die vielen möglichen anderen Weltsichten verursachen aber dennoch keine Angst oder Unsicherheit.

Im Wissen um die Vielfalt der Ansichten und Meinungen gibt es dennoch den Einen-Geist I-shin 一心., wörtlich ‚Eins-Geist'. Dieser Eins-Geist ist von Augenblick zu Augenblick. Er ist weder innen noch außen. Ihm wird nichts weggenommen, wenn der Augenblick verschwindet, und ihm wird mit dem nächsten Augenblick nichts

---

[1] Zhuangzi, Buch 17.1 das Anfangskapitel der ‚Herbstfluten ist ein Gespräch zwischen dem Grafen des Gelben Flusses und dem Herrn des Nordmeeres über die Relativität der Dinge.
[2] Ikkyū Sōjun (jap. 一休宗純; * 1. Februar 1394; † 12. Dezember 1481)
[3] Ikkyū: Gedichte von der Verrückten Wolke

hinzugefügt. Dōgen nennt diesen ‚reinen Geist' roten Geist der Bruchstücke, den *sekishin henpen* 赤心片片. Rot ist die Farbe der Reinheit. Der rote Geist ist der aufrichtige und reine Geist eines Kindes, der *Hen hen* jeweils ‚Bruchstück' des gegenwärtigen ist. Darum ist dieser Geist »nichts anderes als die Hecken, die Mauern, die Ziegel und die Kieselsteine«.

Er ist die Zypresse im Garten.

10. Praxis des Übens

Es gibt viele Formen des Übens. In Japan sind viele vom Buddhismus beeinflusste Übungswege entstanden. Dazu gehören die friedlichen Kunst-Wege wie Blumenstecken, Tuschemalerei, Teeweg oder auch das Schreiben von Haiku. Ein weiterer Bereich sind die Kampfkünste, die sich vom ursprünglichen Zweck, das effektive Kämpfen zu erlernen zu Meditationswegen entwickelt haben. Leider werden diese Kampfwege im Westen oft als Sport verstanden. Aber in ihrem Wesenskern sind sie Wege zu sich selbst.

Welchen der Wege man übt, hängt von den persönlichen Vorlieben oder auch einfach davon ab, ob man einen geeigneten Lehrer findet. Dōgen sagt, dass wir die einzelnen Übungswege nicht miteinander vergleichen oder gar gegeneinander ausspielen sollte. Wichtig ist nur, dass man sich auf den Weg des Übens begibt.

Die Kunstwege wie Teeweg, Blumenstecken, Schreibweg oder die Kampfwege wie Kendo oder Kyudo können ohne Lehrer nicht geübt werden. Aber das Sitzen in Stille kann man allein erlernen. Es ist zwar besser, einen erfahrenen Lehrer zu haben, und in der Gruppe sind die Übungen oft intensiver. Aber man kann Anleitungen zur Praxis auch in guten Büchern finden. Es ist immer noch besser, sich selbst ohne Anleitung zu üben als überhaupt nicht zu üben!

Darum sollen hier aus der eigenen Erfahrung und nach der Tradition der großen Lehrer einige Hinweise gegeben werden.

10. Praxis des Übens

10.1 Das Üben der Leere

Um mit dem Einüben der Leere zu beginnen, wird es nötig sein, sich von der Hektik des Alltags zu entfernen und einen stillen Ort zu suchen. Vorher stellen wir das Telefon und das Handy ab, damit uns niemand vorzeitig von unserer Reise zurückholen kann. Wenn es die Möglichkeit gibt, ist es sicher gut, in der Wohnung einen bestimmten Platz für die Übungen zu reservieren. Das ist dann ein vom Alltäglichen abgegrenzter ‚heiliger' Bezirk. Ebenso kann es sinnvoll sein, bei den Meditationen ganz bestimmte Kleidung zu tragen, die nur bei den Übungen getragen wird. Damit bleiben sie rein vom Alltag und seinen Anhaftungen. In allen Religionen wird an den heiligen Orten besondere Kleidung getragen, die nur für diese Gelegenheit vorbehalten bleibt.

10.1.1 Üben im Sitzen

Am besten beginnen wir unseren Versuch, wenn wir uns bequem auf einen Stuhl setzen. Nein, ich meine keinen bequemen Polsterstuhl, da sinkt man in sich zusammen und kommt ins Dösen. Wir haben ja eine lange Reise vor uns, also müssen wir ganz wach sein! Man muss dazu auch nicht die Beine verrenken oder irgendwelche Positionen wie ein Fakir einnehmen. Das tut viel zu weh, wenn man das nicht geübt hat. Dann tut der Rücken weh und die Beine schmerzen. Wir wollen ja nicht versuchen, ein Fakir zu werden, sondern einfach nur einen Drachen zu fliegen!

Wem das keine allzu großen Schmerzen bereitet, kann auch traditionell auf dem Boden sitzen. Dazu legt man ein festes Kissen auf eine Decke oder eine Meditationsmatte. Wenn das Kissen die Form eines leichten Keils hat, dessen Neigung nach vorn geht, dann ist das sehr gut. Sonst formt man einfach die Sitzunterlage zu einem Keil. Dann hat das Gesäß einen festen Halt und die Knie werden nach vorn auf den Boden gedrückt. Gesäß und die beiden Knie, die auf dem Boden liegen, bilden ein stabiles Dreieck. Dann sitzt man fest und stabil wie ein Berg. Man liest oft, dass der volle Lotossitz *Kekka fuza* empfohlen wird. Dabei legt man den rechten Fuß auf den linken Oberschenkel und den linken Fuß auf den rechten. Das klingt einfach, ist aber sehr schwierig. Die meisten Menschen haben mit dieser Art des Sitzens große Probleme. Auch viele Zemönche können diesen Sitz auf Dauer nicht durchhalten.

Beim halben Lotossitz wird nur ein Fuß auf dem gegenüberliegenden Oberschenkel gelegt. Der andere Fuß wird dicht an den Körper herangezogen, damit der Sitz stabil wird. Der Nachteil dieser Haltung ist es, dass die Wirbelsäule im Bereich der Lendenwirbel verbogen und schief wird. Man muss einiges an Spannung aufwenden, um die Wirbelsäule wieder gerade zu richten.

Für meinen Geschmack viel besser ist die sogenannte burmesische Haltung. Beide Füße liegen mit dem Fußrücken flach auf dem Boden. Der rechte oder der linke Fuß wird so dicht an den Körper herangezogen, dass die Ferse den Damm berührt. Der andere Fuß liegt eng angeschlossen davor. Die Hände liegen locker und entspannt im Schoß. Meistens liegt die linke Hand mit der Handfläche nach oben in der offenen rechten Hand. Die beiden Daumen berühren sich ganz sanft ohne Druck. Das ist die traditionelle Haltung der Hände in den Zenklöstern Japans.

Man muss unbedingt darauf achten, keinen runden Rücken zu machen. Wenn man das Becken so nach vorne kippt, dass ein leichtes Hohlkreuz entsteht, dann kann sich der Oberkörper entspannen und wir atmen tief in den Unterbauch. Nach einiger Zeit spürt man, wie sich das Becken beim Einatmen weitet. Wir atmen förmlich mit dem Becken, nicht mit dem Bauch. [1]

Einfach bequem sitzen! Am besten lockern wir die Kleidung. Nichts soll drücken oder einengen. Eine weite, lockere Robe ist ideal, weil sie wärmt, ohne einzuengen. Am besten trägt man weder Socken noch Strümpfe, die engen zu sehr ein. Keine Angst vor kalten Füßen, die werden nach einiger Zeit wunderbar warm und lebendig. Am besten öffnet man das Fenster, denn frische Luft ist bei den Atemübungen sehr

---

[1] Eine sehr ausführliche Anleitung zum Zen-Training mit allen Aspekten findet sich bei: Katsuki Sekida, Zen - Training, ISBN 978-3-451-059360

förderlich. Der Raum sollte eher kühl als zu warm sein. Ist der Raum zu warm, kann man sich nicht so gut konzentrieren.

Wer nicht bequem auf dem Boden sitzen kann, nimmt einfach einen Stuhl.
Ein einfacher Holzstuhl mit einer geraden Sitzfläche ist am besten geeignet. Wir sitzen auf der Vorderkante des Stuhles, die Füße flach auf dem Boden, die Oberschenkel neigen sich leicht nach vorn. So können wir bequem sitzen, die Hände locker mit den Handflächen nach unten auf den Oberschenkeln oder ineinander gelegt wie es vorher beschrieben ist. Der Rücken ist verspannt und die Schultern schmerzen? Lassen wir einfach den Oberkörper und die Schultern locker nach vorn fallen. Vielleicht können wir die Schulter leicht ausschütteln oder kreisen lassen, bis sie warm werden - aber nicht zu viel schütteln, sonst wird uns schwindlig.

Jetzt richten wir den Oberkörper wieder auf und achten dabei darauf, dass alles schön locker bleibt. Am besten geht das, wenn wir die Hüfte im Becken leicht nach vorn kippen, so dass wir ein leichtes Hohlkreuz bekommen. Und siehe da, die Schultern sind locker, weil sich die Wirbelsäule ganz von allein aufrichtet. Sie ist nicht kerzengerade, sondern in einer Form wie ein leicht geschwungenes S - oben am Rücken etwas nach außen gebogen, im Kreuzbein ein schwaches Holzkreuz. Das Kinn ziehen wir ein, davon bekommt man ein schönes Doppelkinn, aber die Wirbelsäule wird ganz gerade. Plötzlich spüren wir, dass wir mit dem Haarwirbel am Hinterkopf an den Himmel anstoßen.

Die Augen bleiben vorzugsweise offen, damit wir nicht ins Träumen geraten. Der Blick geht an der Nasenspitze entlang auf den Boden. Die Augenlider können ein wenig nach unten fallen, sodass es von außen so aussieht, als wären die Augen geschlossen. Wir richten den Blick aber nicht auf ein Objekt, das wir mit dem Blick fixieren. Eher richtet sich der Blick nach innen, ohne dass wir etwas Bestimmtes sehen würden. In chinesischen Texten ist die Rede von der Umkehrung des Lichtes.[1] Die Augen und das Sehen haben die Eigenschaft, dass sie viel Energie auf sich ziehen und alle anderen Sinne übertönen. Das merkt man, wenn

---

[1] Ausführlich darüber in meinem Buch: Heilige Drachen Bd. 1, Seite 294 ff

man in einen Raum kommt, in dem der Fernseher läuft. Der ist fast immer viel zu laut. Das Sehen nimmt so viel Energie weg, dass für das Hören nicht mehr genug bleibt. Außerdem zieht das Sehen unsere Aufmerksamkeit nach außen zu den Dingen, die uns umgeben. Aber dort finden wir nicht die Stille, die wir suchen, die ist nur in uns zu finden. Deshalb hören wir auf ,die Dinge außen zu sehen.

Jetzt haben wir schon eine ganz wichtige Voraussetzung für unsere Übung erledigt: Wir haben die Aufmerksamkeit von den Dingen außen abgezogen und sind jetzt ganz bei uns selbst.

Der Buddha hat einmal gesagt: „Wenn der Mönch steht, weiß er: ‚Ich stehe!' Wenn er sitzt, weiß er: ‚Ich sitze!' Wenn er ausatmet, weiß er: ‚Ich atme aus!', wenn er einatmet, weiß er: ‚Ich atme ein'!" Wie oft tun wir gerade das nicht. Wenn wir am Schreibtisch sitzen, wissen wir nicht: ‚Ich sitze!", weil wir mit den Gedanken bei den Terminen sind. Jetzt klingelt auch noch das Telefon und der Kollege steht in der Tür und muss ganz dringend noch etwas wissen. Oder einfach mal ratschen. Wir tun das alles, ohne zu wissen, DASS wir es tun. Die Dinge des Alltags bedrängen uns und reißen uns aus unserer Mitte. Dann ist nur noch Stress!

JETZT sitzen wir auf dem Stuhl oder auf dem Boden und beobachten, wie wir sitzen. Die Füße berühren den Boden. Man kann den Boden spüren! Werden nicht sogar die Füße leicht warm? Die Hände fühlen sich warm und lebendig an. Jetzt atmen wir langsam und tief ein, dann ganz, ganz langsam, so wie es angenehm ist, wieder aus. Spüren wir den Atem unten im Kreuz, dort wo die Wirbelsäule am Becken aufsitzt? Die Gegend der Nieren bewegt sich leicht, vielleicht wird sie sogar warm. Im unteren Bauch spüren wir beim Ausatmen eine Kraft. Die Bauchdecke ist nicht locker und kraftlos sondern kraftvoll gespannt. Die Lungenflügel werden mit der Anspannung des Unterbauches kraftvoll zusammengedrückt. Die Bauchdecke bewegt sich nicht nach außen, sondern eher nach innen. Dadurch bewegt sich das Zwerchfell innen auf und ab. Beim Einatmen massieren die Lungenflügel und das Zwerchfell alle Organe des Unterbauches, dann atmen wir kontrolliert und langsam wieder aus. Allmählich wird das Atmen immer tiefer und ruhiger.

10. Praxis des Übens

Auf einmal merken wir, dass wir nur noch beobachten - die Gedanken sind so mit dem Beobachten beschäftigt, dass wir aufhören, unsere Gedanken unruhig kreisen zu lassen. Wenn wir versuchen, mit dem Denken aufzuhören, so spielt das Denken verrückt. Der chinesische Zen - Meister Lin Ji - oder wie ihn die Japaner nennen: Rinzai - hat das Denken einen wilden Affen genannt. Im Alltag spielt dieser Affe verrückt, aber wenn wir versuchen, ihm die Nahrung zu entziehen, kommt er in die Krise und fängt erst recht an, wie wild herumzutoben. Aber wenn wir dem Affen Futter geben, indem wir ihn genau beobachten lassen, wie wir atmen, dann wird der Affe ganz still und schaut ebenfalls zu: "Jetzt atmet ‚Das-da' ein, jetzt atmet ‚Das-da' aus!" Es ist schön, wie wir ganz still werden, wenn wir ausgeatmet haben. Es ist ein Genuss, eine Weile im absoluten Nicht-Tun zu bleiben: NICHT einatmen - NICHT ausatmen! Einfach nur still sitzen. Dann kommt das Einatmen ganz von selbst. Wie von selbst füllen sich die Lungen und wir spüren das bis ganz unten in den Hüften, die sich im Rücken weiten. Atmen wir überhaupt noch mit den Lungen, nicht vielmehr mit dem Becken? Atmen wir oder werden wir geatmet? Das nannten die chinesischen Weisen: Er saugt den Wind ein!

Die Zunge im Mund wird ganz still, weil sie nichts mehr reden oder tun muss. Sie liegt leicht gewölbt am Gaumen. Bildet sich nicht langsam ganz viel Speichel im Mund? Woher kommt der? Er fließt von hinten in den Gaumen und füllt langsam den ganzen Mundraum. Aber wir müssen merkwürdigerweise nicht schlucken. Ganz oben im Kopf, dort wo der Haarwirbel am Himmel anstößt, liegt nach der Vorstellung der Chinesen ein fünfgipfeliges Gebirge. Dort im Nebel des Himmels bildet sich der Tau, der langsam den Gaumen herunterfließt und auf der Zunge landet. Das nannten die Chinesen: „Er trinkt den Tau!"

Langsam werden wir ganz schwer, aber es ist nicht so, als würde uns eine Last niederdrücken - wir sind frei und fliegen wie auf einem Drachen durch die Wolken, aber dennoch sitzen wir fest und sicher auf dem Drachenrücken. Ganz unten an der Wirbelsäule, dort wo wir fest auf dem Boden sitzen, spüren wir, wie wir auf dem Drachenrücken fest verankert sind. Das ist auch gut so, denn sonst würden wir oben in den Lüften verloren gehen. Dort unten ist der Kontakt mit dem Drachen, der uns trägt.

Plötzlich wird der untere Bauchraum ganz weit und lebendig. Die Energie pulsiert nun im ganzen Körper, aber wir sind ganz fest am Boden verankert. Ein Zenmeister[1] hat einmal beschrieben, dass wir uns wie ein dicker fetter Kürbis fühlen, der fest auf dem Boden liegt. Das ist ganz wichtig, denn sonst erhebt man sich und fliegt weg. Darum immer tief in das Becken atmen! Plötzlich spüren wir, dass wir nicht allein im Raum sind. Wie bei einem Kürbis wachsen oben auf dem Kopf Ranken, die uns mit den Anderen verbinden. So sitzt zwar jeder im Raum still für sich, aber wir spüren auf geheimnisvolle Weise auch die Anderen.

Dann kehren wir mit unserer Aufmerksamkeit zurück in den Alltag. Jetzt hat uns die Welt wieder. Ist nicht der Alltag stiller geworden?

Waren wir jetzt wir selbst, die träumen, einen Drachen zu fliegen, oder sind wir ein Drache, der träumt, er wäre wir selbst? Vielleicht sind wir alle in unserem tiefsten Inneren Drachen, die sich nur im Alltag nicht trauen zu fliegen? Was würden denn die anderen dazu sagen?

Man kann ganz für sich allein das Sitzen in Stille üben. Aber die Erfahrung zeigt, dass es einfacher ist, in der Gruppe zu sitzen. Die Gemeinschaft stärkt die Konzentration. Aber es ist immer noch besser, regelmäßig allein zu sitzen als überhaupt nicht zu üben!

---

[1] Kosho Uchiyama Rōshi (1912 - 1998) aus der Tradition Dōgens. Ushiyama Rōshi war Abt des Antaiji. Einer seiner Nachfolger ist der deutsche Abt Muhō, der in Berlin geboren wurde.

10.1.2 Üben im Liegen

Man muss nicht unbedingt sitzen, um die Stille zu erfahren. Man kann auch sehr gut im Liegen üben. Im indischen Yoga heißt diese Übung *Shavasana* - die Totenstellung. Die Beschreibung der Übung klingt ganz einfach, aber wenn wir richtig üben wollen, ist die volle Aufmerksamkeit erforderlich. Sie ist die einfachste und zugleich schwierigste Übung des Yoga.

Wir bereiten eine feste aber dennoch weiche Unterlage vor. Vielleicht kann man eine Decke auf den Boden legen. Die Kleidung ist locker und engt nicht ein. Dann legen wir uns mit dem Rücken auf den Boden. Es wird gut sein, ein kleines Kissen unter den Kopf zu legen, damit der Hals und die Schilddrüse nicht überdehnt werden. Dann wird der Kopf durch das kleine Kissen nach vorn gedrückt und das Kinn neigt sich zur Brust hinunter. Wir können die Augen schließen und beobachten, welche Empfindungen im Körper aufsteigen.

Die Hände liegen entweder locker auf den Rippenbögen oder wir strecken sie leicht abgespreizt auf die Seite mit den Handflächen nach oben. Die Füße liegen etwa ein oder zwei Handbreit auseinander. Dann beginnen wir langsam, die Außenkanten der Füße auf den Boden zu legen. Das ist am Anfang etwas ungewohnt, geht aber schließlich ganz von selbst. Dabei spüren wir, wie eine Spannung an der Innenseite der Beine bis in den Unterbauch strömt. Der Unterbauch öffnet sich und wir haben ein weites, freies Gefühl. Langsam steigt eine Energie von den Füßen über die Innenseite der Beine bis in den Bauchraum. Schließlich steigt die Energie weiter bis zu den Ohren und der ganze Körper wird warm und lebendig. Allmählich wird der gesamte Körper vollkommen entspannt und locker und die Wirbelsäule legt sich wie auf einer weichen, tragenden Unterlage vollkommen entspannt ab.

Langsam hebt und senkt sich die Bauchdecke und eine warme Energie strömt von dort in den ganzen Körper. Es fühlt sich fast an, als würde eine Handbreit unter dem Nabel eine Lotosblüte aus dem Teich aufsteigen und aufblühen.

10.1 Das Üben der Leere

In Indien erzählt man vom Gott Vishnu, der auf der Weltenschlange Ananta liegt und schläft. Die Weltenschlange oder der Urdrache Ananta - der Grenzenlose - schwebt im Weltenmeer, aus dem alles entsteht.

Zu Füßen Vishnus sitzt seine weibliche Seite oder auch seine Gemahlin Lakshmi, die ihm die Füße massiert. Wohl deshalb werden sie warm und lebendig wie bei der Übung des *Shavasana*. Aus seinem Buchnabel steigt eine Lotosblüte, auf der der vierköpfige Brahma sitzt.[1] In einer seiner vier Hände hält Vishnu das Muschelhorn, mit dem er den Urklang *Om* erzeugt, dem Anfang von allem.

Abb. 7 Vishnu schläft auf der Weltenschlange Ananta

Spüren wir nicht, wie der Rücken immer wärmer wird und wie wir - wie Vishnu von dem Weltendrachen Ananta - sicher und geborgen getragen werden? Ananta ist die vitale Energie, die alles Lebendige trägt und nährt. Aus dieser Energie kann Vishnu als der Weltenschöpfer die gesamte Wirklichkeit entstehen lassen. Die Wärme der Füße steigt bis in

---
[1] Eine genaue Beschreibung der Szene mit dem dazugehörigen Mythos findet sich in meinem Buch Heilige Drachen Bd. 1, S. 59 ff

den Bauchraum und von dort steigt der Lotos auf, den den gesamten Raum ausfüllt. Der Lotos trägt Brahma, der ebenfalls ein Weltenschöpfer ist. Aber Brahma ist eher das geistige Wirken, die freie schöpferische Entfaltung des schaffenden Geistes. Aber er kann nicht sein ohne die vitale Basis von Ananta und Vishnu.

Sollten wir bei dieser Übung einschlafen, dann ist das auch nicht weiter schlimm. Wir haben dann eben einen erholsamen Schlaf gehabt.

Wenn wir bei dieser Übung nicht einschlafen, dann werden die Empfindungen immer stärker und wir spüren neue Lebensenergie aus der Stille aufsteigen, die ihren Sitz direkt in unserem Bauchraum hat.

Langsam sollten wir uns wieder lösen und in die Welt zurückkehren. Gestärkt durch die Urkraft des Lebens, die in der Stille entspringt, können wir uns wieder dem tätigen Leben zuwenden.

10.1.3 Das Hören der Stille

Im Gesang ‚Archipelagos' hatte Hölderlin das uralte Meer der Griechen angerufen:

> Töne mir in die Seele noch oft, daß über den Wassern
> Furchtlosrege der Geist, dem Schwimmer gleich, in der Starken
> Frischem Glücke sich üb' und die Göttersprache das Wechseln
> und das Werden versteh' und wenn die reißende Zeit mir
> Zu gewaltig das Haupt ergreift und die Not und das Irrsal
> Unter Sterblichen mir mein sterblich Leben erschüttert,
> Laß der Stille mich dann in deiner Tiefe gedenken.

Manchmal geht es uns ebenso wie dem Dichter. Die reißende Zeit und ‚das Irrsal' lässt uns nicht zur Ruhe kommen. Wir wollen hier nicht über den Text philosophieren, sondern ihn als eine Anweisung zur Meditation nehmen. Oben auf der Oberfläche tobt das Meer. Eine Welle reißt die nächste fort. Aber wer hat nicht schon erlebt, wie dieses rastlose Tönen der Wellen eine tiefe Stille in uns erzeugt? Dazu ist es nicht nötig, in der Weise der Philosophen über die Vergänglichkeit und die Stille in der Tiefe des Meeres nachzudenken. Wir müssen einfach nur: HÖREN!

Das Hören ist ein völlig anderer Sinn als das Sehen. Im Sehen richten wir den Blick nach außen auf das Andere. HIER bin ich, DRAUSSEN ist das Andere, das ich sehe. Das Sehen bringt uns nach außen in die Welt. Zugleich nimmt das Sehen so viel Energie von den anderen Sinnen weg, dass sie fast verstummen. Das Riechen etwa bleibt meistens unbewusst. Es ist sogar so, dass wir oft nicht mehr riechen oder auch schmecken können, wenn die Augen geschlossen sind. Mit geschlossenen Augen kann man kaum unterscheiden, ob man einen Apfel oder eine rohe Kartoffel isst.

Hören kann man mit geschlossenen Augen. Man muss nicht den Sinn nach außen auf die Reise in die Welt schicken, wir können nach innen hören. Das intensive Hören nach innen ist eine andere Art als das alltägliche Hören. Zenmeister Dōgen schreibt über das Sehen und Hören:

> Auch wenn man Leib-Geist gesammelt Farben anschaut, Leib-Geist gesammelt Töne vernimmt, ist dies Erfassen nicht, so nahe man sie auch erfasst, wie ein Spiegel das Spiegelbild aufnimmt, nicht so wie der Mond im Wasser. Während die eine Seite sich erweist, bleibt die andere dunkel.

Die ‚Farben' sind nicht einfach nur rot oder grün. Farbe ist Emotion. Alles was uns im Sehen an-geht, hat Farbe. Aber auch die Töne haben »Farbe«. Wir hören das bedrohliche Bellen eines Hundes völlig anders als das sanfte Rauschen des Meeres oder das bedrohliche Heulen des Sturmes. Lange bevor uns das Bewusstsein sagt, dass wir etwas bedrohliches Hören, ‚weiß' der Leib schon, dass er in der Gefahr handeln muss. Manchmal gaukeln uns unsere Sinne auch eine bedrohliche Wahrnehmung vor, weil wir das Gehörte oder Gesehene mit früheren Erfahrungen verknüpfen. Das geschieht schon lange, bevor unser Bewusstsein eingeschaltet wird.

Wenn wir in einer lauten Gegend wohnen mit viel Verkehrslärm, kann man dennoch versuchen, in die Stille zu kommen. Als ich im Münchner Englischen Garten angefangen hatte, den Teeweg zu üben, störte mich der Verkehrslärm. Das japanische Teehaus liegt zwar im Englischen Garten, aber unweit führt eine belebte Straße vorbei. Krankenwagen und

10. Praxis des Übens

Polizeisirenen kreischten und im hektischen Feierabendverkehr tönten aufgeregt die Autohupen. Mein Lehrer sagte damals: «Es ist gut, dass der Verkehrslärm da ist. Damit lernst du, dich zu konzentrieren!» Natürlich ist es schöner, wenn es keinen Lärm gibt, aber die Orte der reinen Stille werden immer seltener und kostbarer. Es ist unser Bewusstsein, dass uns sagt, dass dieser Lärm stört. Eine laut tickende Uhr im Zimmer hört man nach einiger Zeit auch nicht mehr.

Im meditativen Hören der Stille versuchen wir so zu werden wie der Spiegel, der Eins geworden ist mit dem Gespiegelten. Dann singt der Vogel nicht mehr draußen im Garten. Er hat sich bereits intensiv im Herzen eingenistet.

Wir sind zwar geneigt, den Ton draußen zu hören, aber wenn wir wirklich hören, dann richtet sich der Sinn nach innen. In den Zentempeln hört man ganz viele Geräusche. Glocken werden geschlagen, Gongs ertönen und das geschlagene Holzbrett ruft zur Meditation oder schlägt die Stunden. Die Fenster sind bei der Meditation weit geöffnet, sodass man alle Geräusche der Welt draußen hört. Der Regen fällt, der Wind singt um das Haus, ein Bach plätschert. Aber wir versuchen, die Geräusche nicht außen zu hören, sondern innen in uns selbst.

Wir saßen einmal bei einem Seminar in Griechenland am Strand. Der Sand war angenehm warm und wir konnten bequem einen Sitz formen. Wir schlossen die Augen und lauschten auf das Rauschen des Meeres. Die Wellen rauschten heran, schlugen auf den Sand und nahmen mit einem lauten Geräusch den losen Kies wieder mit in die Tiefe. Und wieder kam die nächste Welle an den Strand. Plötzlich hatten wir alle das Gefühl, dass wir mitten in den Wellen saßen, hochgehoben und sanft wieder im Sand abgesetzt wurden. Aber es war merkwürdig: Wir wurden nicht nass. Das Meer war in uns - oder waren wir im Meer? Wir waren zu Spiegeln geworden, die das Meer innig in uns aufgenommen hatten. Das Rauschen der Wellen und das sanfte Anheben und Absetzen verbreitete eine tiefe Stille in uns. Wir konnten uns nur schwer wieder von dieser Stille lösen.

Man muss nicht unbedingt nach Griechenland ans Meer fahren, um solche Übungen zu machen. Es gibt Orte mit einer wunderbaren Stille. Man kann einen Wald hören. Vor allem nachts hört man, wenn man genau hinhört, sogar das tonlose Tönen der Sterne.

Hier im Myōshinan benutzen wir oft bei den Meditationen Klangschalen und Gongs. Die Klangschalen haben einen sehr obertonreichen Klang, der ganz unmittelbar anspricht. Jeder hat eine Klangschale und lauscht mit geschlossenen Augen auf die Klänge im Raum. Nach Belieben schlägt jeder von Zeit zu Zeit seine Klangschale oder seinen Gong an. Anfangs ist es oft noch recht wirr und laut, aber die Klänge werden immer leiser und subtiler. Manchmal dauert es dann fast eine Ewigkeit, bis wieder jemand eine Klangschale anschlägt. Es ist, als wollte niemand die Stille zerreißen. Schließlich sitzen alle intensiv hörend in der Stille.

Rilke hat in den Duineser Elegien geschrieben:

> Stimmen, Stimmen. Höre, mein Herz, wie sonst nur
> Heilige hörten: daß sie der riesige Ruf
> aufhob vom Boden; sie aber knieten,
> Unmögliche, weiter und achtetens nicht:
> So waren sie hörend.
> Nicht, daß du Gottes ertrügest
> die Stimme, bei weitem. Aber das Wehende höre,
> die ununterbrochene Nachricht, die aus Stille sich bildet.

10. Praxis des Übens

Zenmeister Dōgen

10.2 Philosophie und Zen - oder: Was ist Zen?

Zenmeister Dōgen gilt als einer der größten Denker, die Japan hervorgebracht hat. Aber er war doch Zen-Meister! Ist der Zen nicht von Grund auf mißtrauisch gegenüber dem Wort und dem Philosophieren? Aber was ist Zen? Im Teeweg gibt es das Wort:

cha zen ichi mi 茶禅一味

Tee und Zen - Ein Geschmack

Aber im modernen Japan hört man: Zen ist Zen, Tee ist Tee. Der Teeweg hat nichts mit Zen zu tun. Im Zen meditiert man, indem man still im Lotossitz verharrt und indem man sich mit einem Kōan befasst. All das kommt im Teeweg nicht vor. Also ist der Teeweg kein Zen.

Im japanischen Alltag hat diese Meinung sicher ihre Berechtigung. So wie heute der Teeweg in Japan praktiziert wird, hat er wirklich nicht mehr viel mit Zen gemein.

Aber es gibt auch den Chiku-Zen bzw. den Sui - Zen. So bezeichnen die Komuso Mönchen ihr Spiel auf der Bambus (Chiku)-Flöte, wenn sie mit ihrem Atem blasen(sui) und Töne hervorbringen. Ihre Übung ist nur das Spielen der Shakuhachi, nicht das Sitzen im Lotossitz.[1]

Und nun gar Philosophie und Zen! Wenn es nicht ein großer Zen-Meister wie Dōgen gewesen wäre, der so wortgewaltig philosophiert hat, würde man das Ansinnen, Philosophie könne auch eine Art Zen sein empört zurückweisen.

Aber Zen muss sich nicht in der Form der Sitzmeditation abspielen. Das ist Za-Zen, Sitz - Zen und lediglich eine Form des Zen, freilich die Form, die in den meisten Zen-Klöstern geübt und praktiziert wird und die am auffälligsten ist. Für Dōgen - und nicht nur für ihn - ist auch die alltägliche Arbeit Zen. Diese Art des Zen vollzieht sich in den

---

[1] In Japan ist es nicht üblich, die beiden Wege der Shakuhachi und des Teeweges zu verbinden. Aber die Shakuhachi ist ein hervorragender Lehrer für die richtige Atmung. Viele meiner Schüler üben daher beide Wege.

10.2 Philosophie und Zen - oder: Was ist Zen?

Zen-Klöstern als Arbeit in der Küche oder im Garten. Das *samu*, die alltägliche Arbeit ist eine andere Form des Zen.

Rolf Elberfeld, der Mitherausgeber und Übersetzer von Teilen des Shōbōgebzō[1] schreibt:

> Zen scheint gerade in Europa dafür zu stehen, alle intellektuellen Gedankenspiele aufzugeben und die sprachliche Dimension radikal abzuschneiden. Die ist bei Dōgen explizit nicht der Fall, da er vielmehr umgekehrt den sprachlichen Ausdruck bis zur äußersten Grenze nutzt, um das Sichrealisieren von Wirklichkeit auch in der Sprache zu üben. ... Die Texte sind somit selber Formen, wie das Erwachen im buddhistischen Sinne geübt werden kann. Es handelt sich um Übungen des Erwachens. Das Philosophieren Dōgens ist nichts Anderes als eine Form des Zen. Allerdings ist das Philosophieren kein Selbstzweck, sowenig wie das Spielen auf der Shakuhachi oder das Üben des Teeweges Selbstzweck sind.

Das Wort Zen 禅 leitet sich vom indischen Sanskrit Wort *dhyāna* - Konzentration, Meditation, Versenkung ab. Im Yogasutra des Patānjali gehört *dhyāna* zu den inneren drei Blütenblättern der achtblättrigen Blüte des Yoga. Die äußeren fünf Blätter sind:

yama / niyama -	äußere und innere Disziplin
āsanam	Körperhaltung
prānāyāma -	Atemkontrolle
pratyāhāra -	das Abwenden der Sinne von den äußeren Gegebenheiten

Sind diese fünf Blütenblätter verwirklicht, so folgen als Krönung des Yoga die drei inneren Blätter:

dhāranā -	Konzentration
dhyāna -	die Meditation
samādhi -	als Ziel des Yoga

---

[1] Dōgen Shōbōgenzō, ausgewählte Schriften, anders philosophieren aus dem Zen, hrsg: Ōhashi und Elberfeld

10. Praxis des Übens

Āsanam, die Körperhaltung muss dabei nicht aus den klassischen Stellungen des Yoga bestehen, wie sie im Westen in den Yogakursen gelehrt werden. Auch der Sitz beim Sa-Zen, der Zen Meditation im Sitzen ist *āsanam*. Für Dōgen ist auch die Verrichtung alltäglicher Arbeit, sofern sie in Konzentration erfolgt, eine Art des *āsanam*.

Wenn man nach diesem System denkt, so ist etwa die Praxis des Teeweges weitestgehend auf die ersten Stufen, die innere und die äußere Disziplin beschränkt. Wenn man Glück hat, findet man einen Lehrer, der die Wichtigkeit der Körperhaltung und der Atmung vermitteln kann, was aber in der heutigen Praxis kaum noch der Fall ist. Alle anderen Punkte werden kaum oder überhaupt nicht berücksichtigt.

Und wo steht in diesem Denksystem des Patanjali die abendländische Philosophie?
Innere und äußere Disziplin? Körperhaltung? Atmung? Wozu braucht man solche Dinge zum Philosophieren? Philosophieren ist eine Sache des Geistes, des Verstandes und dient in den Ursprüngen der Philosophie bei Platon gerade dazu, sich von den Fesseln des Leibes zu befreien. Für Dōgen und alle Zen-Meister gehören Disziplin, Körperhaltung und Atmung völlig selbstverständlich zum Übungsweg des Zen, der auch ein Weg des Geistes ist. Sind die fünf äußeren Blütenblätter gegeben, so handelt es sich bei Konzentration und meditativer Haltung nach dem Yogasutra um *dhyāna*, Chinesisch *Cha'an* und Japanisch *Zen*.

Aber Denken und Philosophieren vollzieht sich doch lediglich im Medium der Sprache? Ja und nein. Es kommt darauf an, was man unter Sprache versteht. Für Aristoteles war Sprache der Ausdruck der Seele. Aber bevor die »Seele« - was auch immer das sein mag, etwas ausdrücken kann, muss sie zuvor einen Eindruck empfangen haben. Dieser Ein-druck wurde durch die Dinge verursacht. Dann würde der Aus-druck der Seele mithilfe der Sprache den Dingen außen ent-sprechen.

Platon geht in seinem Dialog Kratylos der Frage nach, wie denn die Dinge und die Namen, die sie benennen zusammenhängen.

> Hermogenes: Kratylos hier, o Sokrates, behauptet, jegliches Ding habe seine von Natur ihm zukommende richtige Benennung, und nicht das sei ein Name, wie Einige unter sich ausgemacht haben etwas zu nennen, indem sie es mit einem Teil ihrer besonderen Sprache anrufen; sondern es gebe eine natürliche Richtigkeit der Wörter, für Hellenen und Barbaren insgesamt die nämliche.

Aber was bedeutet für Dōgen Sprache bedeutet, wenn das Philosophieren sich in der Sprache vollzieht?

Sprache ist für Dōgen kein Mittel der Kommunikation, sowenig wie für die Komusō - Mönche das Erzeugen von Tönen auf der Shakuhachi Musik ist. Dōgen steht in seinem Denken noch sehr nahe an den indischen Wurzeln. In seiner Jugend hatte er den esoterischen Buddhismus der Tendai kennengelernt, ihm waren sicherlich auch die Ideen eines Kukai, des Gründers des Shingon nicht unbekannt. Shingon - das wahre Wort - ist die Übersetzung des indischen Wortes Mantra. Für Dōgen ist die Sprache und das Wort selbst ein Mittel, um zum Erwachen zu gelangen. Im Kapitel Zen-ji des Shōbōgenzō schreibt er:

> Die Reden, die zu tun haben mit Nachdenken seien nicht die Zen-Reden der buddhistischen Patriarchen (so meinen heute viele Zen - Buddhisten in China). Die Reden der buddhistischen Patriarchen seien unverständliche Reden.

> Daher hätten das Schlagszepter von Ōbaku und das Donnern von Linji (jap. Rinzai) nichts zu tun mit Verstehen oder Nachdenken. Dies sei das große Erwachen (大悟 - Dai Satori), das vor aller Zeit war. Es handele sich dabei um ein Mittel der alten Meister, mit einem Satz das Verhaftetsein an Worte abzuschneiden, und genau dies sei nicht verstehbar.

> Diejenigen, die diese Auffassung vertreten, sind noch nicht dem richtigen Meister begegnet und haben kein Auge für das inständige Lernen.

10. Praxis des Übens

> Sie wissen nicht, dass das Nachdenken Sprache ist und dass die Sprache das Nachdenken befreit!

Dōgen stellt sich gegen die auch heute im Westen weit verbreitete Auffassung, der Zen sei mit dem Nachdenken nicht zu erfassen und irrational. Als Beispiel gelten die Methoden Linji's (Rinzai), der nur mit lauten Schreien seine Schüler wachgerüttelt hat. Aber man muss bedenken, dass er überwiegend Söhne von einfachen Bauern unterwiesen hatte, die weder lesen noch schreiben konnten.

Für Dōgen ist gerade auch die Sprache und das Nachdenken ein wichtiges Medium, das Erwachen zu realisieren. Aber dazu muss er die Sprache so gestalten und formen, dass sie geeignet ist, im sprachlichen Nachdenken das Erwachen zu realisieren. Die Sprache ist wie der Finger, der auf den Mond zeigt. Der Mond ist das Erwachen. Wenn man den Finger, der auf den Mond zeigt, für den Mond selbst hält, so ist das nichts Anderes als Torheit. Aber ohne den Finger, der die Richtung weist, ist der Mond nur schwer zu finden. Und derjenige, der mit dem Finger die Richtung weist, muss zuvor den Mond verstanden und erfahren haben.

Freilich muss man sich davor hüten, einfach Dinge und Sätze nachzuplappern. Vielfach werden einfach nur die alten Sätze und Koan nachgeredet und man erspart sich das Nachdenken, indem man den Zen schlichtweg für irrational erklärt und versichert, er sei nur »aus dem Bauch heraus« zu realisieren. In einem unserer Seminare über Rilkes »Duineser Elegien« hat einmal ein Teilnehmer verwundert erklärt, er dachte, er sei hier in einem buddhistisch eingeweihten Kreis und nun lesen wir westliche Literatur. Aber Rilkes Denken war ihm so fremd und andererseits die Gedanken so vertraut, dass er begann, nachzudenken. Nach ein paar Tagen bemerkte er, dass er jetzt anfing zu verstehen, was er in der sprachlichen »Rutschbahn« - wie er sagte - der üblichen buddhistischen Erklärungen einfach nur nachgeredet hatte.

Sprache kann zum Erwachen führen, sie kann aber auch, wenn sie nur nachgeplappert wird, ein Hindernis sein. Dōgen's Sprache hat den

Vorzug, dass sie so schwierig ist, dass man zum Nachdenken gezwungen wird, man kann Dōgen nicht einfach nachplappern. Aber Dōgen versucht, mit Worten das Wesentliche zu sagen. So werden das Denken und die Philosophie zu einem Weg des Erwachens. Damit ist Dōgen nicht nur einer der größten Zen-Meister Japans, sondern auch einer der größten Denker dieses Landes, vielleicht der Größte überhaupt. Aber seine Philosophie weist weit über Japan hinaus, er zählt sicherlich zu den noch weitgehend unentdeckten philosophischen Denkern der Welt.

10.3   Dōgen: Biografie

Eihei Dōgen Kigen gilt als einer der eigenwilligsten und stärksten Denker, den Japan hervorgebracht hat. Er wird von den Anhängern aller buddhistischen Schulen Japans - nicht nur von der durch ihn gegründeten Sōtō Schule - verehrt. Er war nicht nur ein Praktiker des Zen, sondern zugleich auch ein hochgelehrter Mann, vielleicht der Gelehrteste seiner Zeit. Dōgen hat den Zen nach Japan gebracht und ihn zu einem ganz und gar japanischen Weg gestaltet, ohne dass er die Ursprünge in Indien und China vergessen hätte. Er war der große Brückenbauer, der für uns heute auch wieder ein Vorbild sein kann. Auch wir müssen wieder Brücken bauen zwischen der meditativen Kultur des Ostens und der rationalen, auf Effektivität ausgerichteten Denkweise des Westens.

Dōgen's Nachteil ist es, dass er ein Japaner war und in der altjapanischen Sprache geschrieben. Deshalb waren er und sein Werk im Westen weitgehend unbekannt. Erst in neuester Zeit bemüht man sich zunehmend um die Vermittlung seines Werkes in den Westen. Erst seit 2002 gibt es das ‚Soto Zen Text Project',[1] das von der Stanford-Universität unterstützt wird. Hier werden mehr und mehr original Texte Dōgen's zusammen mit der englischen Übersetzung für jedermann zugänglich publiziert.

Darum soll hier eine kurze Biografie folgen.

---

[1]   Soto Zen Text Project: http://scbs.stanford.edu/sztp3/index.html

10. Praxis des Übens

Dōgen entstammt einer Familie, die dem Hofadel angehörte. Sein Vater starb, als er zwei Jahre alt war. Der Tod der Mutter traf das siebenjährige Kind und vermittelte ihm eine tiefe Einsicht in die Vergänglichkeit aller Dinge. In ihrer Sterbestunde gab Dōgen seiner Mutter das Versprechen, Mönch zu werden.

Mit zwölf Jahren trat er in den Orden der *Tendai* auf dem heiligen Berg *Hie* nördlich von Kyōto ein und erhielt den Mönchsnamen Dōgen 道元 - Ursprung des Weges. Die *Tendai* waren die Vertreter der alten Schulen des Buddhismus aus der Heian-Zeit. Sie waren so mächtig, dass sie eine eigene Armee von Kriegermönchen unterhielten und in ganz wesentlicher Weise die Politik des Landes mitbestimmten. In der Zeit um 1200 entstanden viele neue buddhistische Schulen in Japan. Fast alle der Gründer kamen aus der Tradition der *Tendai*.

Nach einer Zeit der Wanderungen und Besuche verschiedener Klöster wurde Dōgen 1217 im *Kenninji* in Kyōto ein Schüler von *Myōzen* (1184-1225), dem Nachfolger von *Eisai*[1], der die Zen Meditation aus China nach Japan gebracht hatte. Aber im Kenninji wurden die Zen-Übungen mit magischen und anderen Praktiken aus der Tendai Tradition vermischt, denn der Einfluss und die Machtpolitik der Tendai ließ eine reine Zenpraxis ohne diese Elemente nicht zu.

Diese Vermischungen der reinen Zen Praxis mit anderen Elementen befriedigte Dōgen immer weniger und es zog ihn nach China, dem Geburtsland des Zen, um dort den ursprünglichen Zen zu studieren.

Im Frühjahr 1223 brach er zusammen mit seinem Lehrer Myōzen zu einer Reise ins Reich der Mitte auf. Nach der Ankunft in einem mittelchinesischen Hafen blieb Dōgen noch drei Monate auf dem Schiff. Der Zen war zu der Zeit in China in einer schweren Krise und Dōgen fand keinen Lehrer, der ihm entsprochen hätte.

Die erste tiefere Annäherung mit dem chinesischen Zen erfuhr er durch den Küchenmeister eines Tempelklosters, der auf das Schiff gekommen war, um japanische Shiitake Pilze zu kaufen. Der alte Mönch

---

[1] Eisai 1141 - 1215 war ursprünglich ebenfalls ein Tendai Mönch. Er ging nach China und brachte von dort die Zen - Meditation und den ersten Tee mit. Er lehrte nach seiner Rückkehr aus China Zen und Tendai im Kenninji

10.3 Dōgen: Biografie

erklärte Dōgen den Stellenwert der Zen-Übung in der Küche und die Wichtigkeit der Übungspraxis auch im alltäglichen Leben.

Ein Besuch im Tempelkloster des alten Mönchs wurde für Dōgen zu einer unauslöschlichen Erfahrung, die er 14 Jahre später in seiner Schrift "Die Belehrung durch den Mönchskoch" (*Tenzo no kyokun*) beschrieb.

Der alte Mönch hatte ihm gezeigt, dass die alltägliche Arbeit religiöse Übung ist und jede Arbeit Zen-Übung sein kann - eine Erkenntnis, die Dōgen sein Leben lang in vielen Formen gelebt und gelehrt hat.

Dōgen studierte in verschiedenen chinesischen Tempeln, bis schließlich sein Lehrer Myōzen starb. Wenig später erhielt Dōgen das Siegel der Erleuchtung und der Nachfolge in der Sōtō-Schule.

Einige Zeit bleibt er noch in China, um seine Erfahrung zu vertiefen. Ein Angebot als Meister in China zu bleiben lehnte er ab und kehrte 1227 "mit leeren Händen" nach Japan zurück. Dies war der Beginn des japanischen Sōtō-Zen.

Nach der Rückkehr ging Dōgen in den *Kenninji* Tempel in Kyōto, um für den Gefährten Myōzen die Bestattungsriten abzuhalten. Während seines Aufenthaltes dort schrieb er 1227 seine Anleitung zur Übung des Zazen, das *Fukanzazengi*.

Aber der Einfluss der *Tendai* auf den Kenninji war sehr stark, und so zog sich Dōgen 1230 in einen kleinen Landtempel zurück. Dort lehrte er seine Schüler Zazen und die Verwirklichung der Buddha-Natur durch stete Übung und alltägliche Arbeit.

Der Tempel nahe der Hauptstadt Kyōto gelegen, wurde bald ein Mittelpunkt für Zen-Übende. Dort schrieb Dōgen das erste Kapitel seines Hauptwerkes *Shobogenzo* (Schatzkammer des Auges des wahren Dharma). Drei Jahre später zog er aus der Enge des kleinen Tempels in einen größeren Tempel, den er weiter ausbaute. Viele begabte Schüler kamen zu Dōgen, ebenso zahlreiche Laien, um unter seiner Führung ernsthaft Zen zu üben.

Der Zustrom von Schülern und Anhängern erweckte zunehmend Neid und Feindseligkeit der Tendai-Mönche des Hiei-Berges, und das nahegelegene Kyōto entwickelte sich zu einem Zentrum der

10. Praxis des Übens

konkurrierenden Rinzai-Schule. Im Jahre 1243 brach Dōgen, der rivalisierenden Atmosphäre überdrüssig, in die abgelegene Provinz Echizen auf, wo er nach mehreren Zwischenstationen den Tempel Eiheiji (Tempel vom ewigen Frieden) gründete, der heute noch das Zentrum seiner Schule ist.

Dōgen's Gesundheit gab ernsten Anlass zur Besorgnis. Oft ans Zimmer gebunden, schrieb er die letzten Zeilen des *Shobogenzo*, welches nicht mehr die geplanten 100 Bücher erreichen sollte. Im August 1253 reiste Dōgen mit einem Vertrauten nach Kyōto, um ärztliche Hilfe und sorgfältige Pflege zu erhalten, aber seine Krankheit, vermutlich eine Lungenkrankheit, war zu weit fortgeschritten. Dōgen starb am 28. August 1253.

Abb. 8
Dōgen Zenji betrachtet den Mond
Hōkyōji Tempel Fukui

Kurz vor seinem Tode verfasste er zwei japanische Lieder, in denen sein Geist lebt[1]:

Asahi matsu	Auf Blatt und Gräsern
Kusa-ha no tsuyo no	harrend der Morgensonne
hodo naki ni	rasch hinschmelzend der Tau.
isogi na tatte	Eile nicht so, du Herbstwind,
so nobe no akikaze	der auf dem Feld sich erhebt!

---

[1] Zitiert nach: Heinrich Dumoulin, Geschichte des Zen-Buddhismus, Band II: Japan, Francke Verlag Bern

Yo no naka wa	Wem vergleich ich wohl
nan ni tatoen	Welt und des Menschen Leben?
mizutori no	Dem Mondesschatten,
hashi furu tsuyu ni	wenn er im Tautropf berührt
yadoru tsuki kage	des Wasservogels Schnabel.

11. Anhang - Ein Gespräch über Hölderlin

Viel hat erfahren der Mensch. Der Himmlischen viele genannt,
Seit ein Gespräch wir sind
Und hören können voneinander.

Hölderlin

Die folgenden Texte sind in Vorbereitung eines Seminars über Hölderlins Text »In lieblicher Bläue...« entstanden. Während dieser Zeit entwickelte sich über E-Mail eine rege Diskussion mit einem japanischen Professor aus Kyōto, der diesen Text auf seiner Webseite auf Japanisch publiziert hat. Meine Antworten auf seine Mails sind hier z.T. wiedergegeben. So stellten also die folgenden Texte ein Gespräch über Hölderlin zwischen Deutschland und Japan dar. Ich gebe diese Texte hier wieder, weil sie zeigen, dass wir inzwischen mitten in einem ostwestlichen Gespräch begriffen sind. Es ist an der Zeit, dieses Gespräch von beiden Seiten intensiv zu führen.

11.1 In lieblicher Bläue

Der Student Wilhelm Waiblinger hatte den vermeintlich wahnsinnigen Hölderlin[1] in seinem Tübinger Turm oft besucht und war mit ihm die Weinberge gegangen. Dort saß der Dichter meistens stundenlang,

---

[1] Über den »Wahnsinn« Hölderlins ist viel gestritten worden. Bertaux vertritt die These, dass der Dichter nicht wahnsinnig gewesen ist, sondern sich der politischen Verfolgung wegen ‚revolutionärer Umtriebe' entzogen hat. Bertaux: Friedrich Hölderlin. Suhrkamp, Frankfurt/M. 1978 ISBN 3-518-02148-6 (Neuauflage: Insel, Frankfurt/M. 2000 ISBN 978-3458343523)

schaute in die Landschaft und sagte nur: "Schön Herr, schön!" Das, was ihn so tief berührt hat, war die heimatliche Natur.

Aber ganz so wahnsinnig war er wohl gar nicht, er hielt sich nur in seinem Tübinger Turm die unliebsamen Besucher vom Leibe. Waiblinger schreibt in seinem Roman über den wahnsinnigen Bildhauer Phaeton, den er nach dem Vorbild Hölderlins gestaltet hatte:

> Alles, was er bekommen konnte von Papier, überschrieb er in dieser Zeit. Hier sind einige Blätter aus seinen Papieren, die zugleich einen tiefen Blick in den schrecklichen Zustand seines verwirrten Gemütes geben. In der Urschrift sind sie abgeteilt wie Verse nach pindarischer Weise.

Ja, in der Urschrift! Aber Waiblinger das "Genie" hat halt die Verse nicht verstanden. Er dachte ja auch, Hölderlin habe gesagt: "Ich verstehe die Kamalaten-Sprache nicht!" Das war genau zu der Zeit, als im griechischen Kalamata die Freiheitskämpfe der Griechen ihren Höhepunkt hatten. Hölderlin konnte zwar perfekt Griechisch, aber eben nur Altgriechisch. Die Sprache der Griechen aus Kalamata, das Neugriechisch verstand er nicht. Naja, das ist wohl so wie mit den Schattenmorellen aus dem Chateau de Moreille: Was man nicht versteht, verdreht man.

Vielleicht – nein sicher – hat Waiblinger ja auch so manches von den Niederschriften Hölderlins nicht verstanden. Den Text "In lieblicher Bläue" hat er vermutlich dem Dichter entwendet, der alles Papier, dessen er habhaft werden konnte, vollschrieb. Wie dem auch sei, hier der Text, wie ihn Waiblinger in seinem Roman wiedergibt – ohne Berücksichtigung der Versform in pindarischer Weise. Hoffen wir, dass Waiblinger wirklich so phantasielos war, wie es sein "Roman" zeigt.

Sogar die Form des Werkes ist eine Kopie der hölderlinschen Dichtkunst. Dann hat Waiblinger vermutlich, weil er es nicht besser wusste, den Text einfach abgeschrieben und lediglich die Schreibung in Zeilen, wie sie Hölderlin geschrieben hatte verändert. Aber wissen kann man das nicht, weil das Original aus Hölderlins Hand verschwunden ist.

> In lieblicher Bläue blühet mit dem metallnen Dache der Kirchturm. Den umschwebt Geschrei der Schwalben; den umgibt die rührendste Bläue. Die Sonne geht hoch darüber und färbt das

Blech im Winde; aber oben stille kräht die Fahne. Wenn einer unter der Glocke dann herabgeht, jene Treppen; ein stilles Leben ist es, weil, wenn abgesondert so sehr die Gestalt ist, die Bildsamkeit herauskommt dann des Menschen. Die Fenster, daraus die Glocken tönen, sind wie Tore an Schönheit. Nämlich, weil noch der Natur nach sind die Tore, haben diese die Ähnlichkeit von Bäumen des Waldes. Reinheit aber ist auch Schönheit. Innen aus Verschiedenem entsteht ein ernster Geist. So sehr einfältig aber die Bilder, so sehr heilig sind die, daß man wirklich oft fürchtet, die zu beschreiben. Die Himmlischen aber, die immer gut sind, alles zumal wie Reiche, haben diese Tugend und Freude. Der Mensch darf das nachahmen. Darf, wenn lauter Mühe das Leben, ein Mensch aufschauen und sagen: So will ich auch sein? Ja. So lange die Freundlichkeit noch am Herzen, die reine, dauert, mißt nicht unglücklich der Mensch sich mit der Gottheit. Ist unbekannt Gott? Ist er offenbar wie der Himmel? Dieses glaub' ich eher. Des Menschen Maß ist's. Voll Verdienst, doch dichterisch, wohnt der Mensch auf dieser Erde. Doch reiner ist nicht der Schatten der Nacht mit den Sternen, wenn ich so sagen könnte, als der Mensch; der heißt ein Bild der Gottheit.

Gibt es auf Erden ein Maß? Es gibt keines. Nämlich es hemmen den Donnergang nie die Welten des Schöpfers. Auch eine Blume ist schön, weil sie blüht unter der Sonne. Es findet das Auge oft im Leben Wesen, die viel schöner noch zu nennen wären als die Blumen. O, ich weiß das wohl! Denn zu bluten an Gestalt und Herz und ganz nicht mehr zu sein, gefällt das Gott? Die Seele aber, wie ich glaube, muß rein bleiben; sonst reicht an das Mächtige auf Fittichen der Adler mit lobendem Gesange und der Stimme so vieler Vögel. Es ist die Wesenheit, die Gestalt ist's! Du schönes Bächlein, du scheinst rührend, indem du rollst so klar wie das Auge der Gottheit durch die Milchstraße. Ich kenne dich wohl; aber Tränen quillen aus dem Auge. Ein heiteres Leben seh ich in den Gestalten mich umblühen der Schöpfung, weil ich es nicht unbillig vergleiche den einsamen Tauben auf dem Kirchhofe. Das Lachen aber scheint mich zu grämen der Menschen; nämlich ich hab ein Herz. Möcht ich ein

11. Anhang - Ein Gespräch über Hölderlin

Komet sein? Ich glaube. Denn sie haben die Schnelligkeit der Vögel; sie blühen am Feuer und sind wie Kinder an Reinheit. Größeres zu wünschen, kann nicht des Menschen Natur sich vermessen. Der Tugend Heiterkeit verdient auch gelobt zu werden vom ernsten Geiste, der zwischen den drei Säulen wehet des Gartens. Eine schöne Jungfrau muß das Haupt umkränzen mit Myrtenblumen, weil sie einfach ist, ihrem Wesen nach und ihrem Gefühl. Myrten aber gibt es in Griechenland.

Wenn einer in den Spiegel sieht, ein Mann, und sieht darin sein Bild wie abgemalt; es gleicht dem Manne. Augen hat des Menschen Bild; hingegen Licht der Mond. Der König Ödipus hat ein Auge zu viel vielleicht. Die Leiden dieses Mannes, sie scheinen unbeschreiblich, unaussprechlich, unausdrücklich. Wenn das Schauspiel ein solches darstellt, kommt's daher. Wie ist mir's aber, gedenk ich Deiner jetzt? Wie Bäche reißt das Ende von Etwas mich dahin, das sich wie Asien ausdehnt. Natürlich dieses Leiden, das hat Ödipus. Natürlich ist's darum. Hat auch Herkules gelitten? Wohl. Die Dioskuren in ihrer Freundschaft haben die nicht Leiden auch getragen? Nämlich wie Herkules mit Gott zu streiten, das ist Leiden! Und die Unsterblichkeit im Neide dieses Lebens, diese zu teilen, ist ein Leiden auch. Doch das ist auch ein Leiden, wenn mit Sonnenflecken bedeckt ein Mensch, mit manchen Flecken ganz überdeckt zu sein! Das tut die schöne Sonne; nämlich die zieht alles auf. Die Jünglinge führt die Bahn sie mit Reizen ihrer Strahlen wie mit Rosen. Die Leiden scheinen so, die Ödipus getragen, als wie ein armer Mann klagt, daß ihm etwas fehle. Sohn Laios, armer Fremdling in Griechenland! Leben ist Tod, und Tod ist auch ein Leben.

Es bräuchte viele glückliche Stunden, diesen Text zu befragen und ansatzweise zu verstehen. Einmal hatten wir ein Wochenendseminar mit einer intensiven Auseinandersetzung über diesen Text. Am Ende des Seminars waren wir mit dem Text so weit gediehen, dass wir verstanden, dass man nun noch einmal ganz von vorn beginnen müsste, denn die Gespräche über den Text hatten erst einmal den Horizont eröffnet, in dem ein Verständnis vielleicht möglich sein würde.

11.2 Denken in Bildern – Denken in Begriffen

»In lieblicher Bläue blühet mit dem metallenen Dache der Kirchturm. Den umschwebt Geschrei der Schwalben; den umgibt die rührendste Bläue. Die Sonne geht hoch darüber und färbt das Blech. Im Winde; aber oben stille kräht die Fahne.«

Hölderlin denkt in sinnlich erfassbaren Bildern, die unmittelbar zum Herzen sprechen. Aber diese Bilder sind so reich, dass man lange darüber nachsinnen kann. Je länger man nach – sinnt, desto reicher und inhaltsschwerer werden die Bilder.

Die Bilder erschließen sich umso mehr, je mehr ich sie von meiner eigenen Erfahrung und meinem eigenen Empfinden her verstehe. Sind dann nicht die Bilder rein subjektiv? Ist nicht objektives Begriffsdenken weitaus genauer?

Schon ganz früh haben die drei Freunde Hegel, Schelling und Hölderlin einen "Entwurf" für ihren künftigen philosophischen Lebensweg niedergeschrieben, in dem diese Problematik behandelt ist. Das Papier findet sich in der Handschrift Hegels in Hegels Papieren. Aber der leidenschaftliche Ton spricht eher dafür, dass Hegel eine "Rede" Schellings mitgeschrieben hat. Eine Fülle von Gedanken in diesem Papier ist aber derart "poetisch", dass sie nur von Hölderlin stammen können. Das Papier ist als "das älteste Systemprogramm des deutschen Idealismus" bekannt.

In dem Papier ist die Rede von Ideen zur Natur, zum "Menschenwerk", zum Staat (von dem es "keine Idee gibt, weil er etwas Mechanisches ist") und der Freiheit. Dann hebt der Sprecher – Schelling? – zum Höhepunkt seines Gedenkens an:

> Zuletzt die Idee, die alle vereinigt, die Idee der Schönheit, das Wort in höherem platonischen Sinne genommen. Ich bin nun überzeugt, dass der höchste Akt der Vernunft, der, indem sie alle Ideen umfaßt, ein ästhetischer Akt ist und daß Wahrheit und Güte nur in der Schönheit verschwistert sind. Der Philosoph muß ebenso viel ästhetische Kraft besitzen als der Dichter. Die Menschen ohne ästhetischen Sinn sind unsere Buch-

stabenphilosophen. Die Philosophie des Geistes ist eine ästhetische Philosophie.

Die Idee der Schönheit vereinigt alle Ideen. Die Schönheit ist "ästhetisch", das heißt wörtlich – sinnlich". Im Altgriechischen bedeutet Aisthesis nichts anderes als die reine Sinnlichkeit. Der Philosoph muss also "sinnlich" werden, seine Gedanken müssen so sein, dass sie sich nicht in der dünnen Luft des "Geistigen" verflüchtigen.

> Man kann in nichts geistreich sein, ... ohne ästhetischen Sinn. Hier soll offenbar werden, woran es eigentlich den Menschen fehlt, die keine Ideen verstehen und treuherzig genug gestehen, daß ihnen alles dunkel ist, sobald es über Tabellen und Register hinausgeht.

Der Gegensatz zum Geist–reichen, wörtlich: Reich an Geist – ist der Buchstabenphilosoph oder derjenige, der nur in Tabellen oder Registern denken kann, wie Schelling verächtlich sagt. Ihm bleibt der Geist fremd.

Dieses neue, sinnliche Denken in Schönheit soll ‚beflügelt' sein, so wie Schelling auch der ‚langsamen, an Experimenten mühsam schreitenden Physik' wieder Flügel geben möchte.

Dazu ist zuvor ein erzieherisches Werk nötig: Die Menschen müssen wieder lernen, in Bildern zu denken. Derjenige, der in diesem Systementwurf die Aufgabe dieser Erziehung übernehmen muss, ist der Dichter:

> Die Poesie bekommt dadurch eine höhere Würde, sie wird am Ende wieder, was sie am Anfang war – Lehrerin der Menschheit; denn es gibt keine Philosophie, keine Geschichte mehr, die Dichtkunst allein wird alle übrigen Wissenschaften und Künste überleben.

Die Poesie wird "Lehrerin der Menschheit"!? Menschheit meint hier in Schellings Sprachgebrauch nicht die Menschen insgesamt, sondern die Menschlichkeit. Die Poesie wird zu der Lehrerin, die den Menschen hin zu mehr ‚Menschheit' führt, damit er wieder im echten Sinne ein Mensch sei. Nun, da seine Gedanken im Überschwang der Be-Geisterung fliegen, kann Schelling auch die Religion erneuern. Die ‚neue Religion', die er fordert, ist eine Religion der Sinnlichkeit. Gott und das Göttliche müssen für ihn sinnlich erfahrbar sein. Dann kann jeder Mensch Gott selbst erfahren und die Priester verlieren ihre Funktion. Im echten revolutionären Pathos heißt es:Zu gleicher Zeit hören wir so oft, der große Haufen müsse eine sinnliche Religion haben. Nicht nur der große Haufen, auch der Philosoph bedarf ihrer. Monotheismus der Vernunft und des Herzens, Polytheismus der Einbildungskraft und der Kunst, dies ist's, was wir bedürfen!

Monotheismus der Vernunft und des Herzens gegen Polytheismus der Einbildungskraft und der Kunst? Hölderlin spricht jedenfalls in seinen Gedichten von Gott und von den "Himmlischen", also von vielen Göttern. Für ihn steht Christus gleichberechtigt neben Herakles oder Dionysos. Christus ist für ihn der letzte der antiken Götter. Nun gilt es, aus der heimatlichen Natur das Göttliche neu zu erfahren – sinnlich zu erfahren. Der Text ‚In lieblicher Bläue' fährt nach der Schilderung des Kirchturmes oben fort:

> Innen aus Verschiedenem entsteht ein ernster
> Geist. So sehr einfältig aber die Bilder, so sehr heilig sind die, dass
> man wirklich oft fürchtet, die zu beschreiben.
> Die Himmlischen aber, die immer gut sind,
> alles zumal, wie Reiche, haben diese, Tugend und Freude.
> Der Mensch darf das nachahmen.
> Darf, wenn lauter Mühe das Leben,
> ein Mensch aufschauen und sagen: So will ich auch seyn?
> Ja. So lange die Freundlichkeit noch am Herzen, die Reine, dauert,
> misset nicht unglüklich der Mensch sich mit der Gottheit.
> Ist unbekannt Gott? Ist er offenbar wie der Himmel?
> Dieses glaub' ich eher.
> Des Menschen Maaß ist's-

Gott ist offenbar wie der Himmel!? Der Himmel zeigt sich in "lieblicher Bläue" oder verdeckt mit "Gesangeswolken"[1]. Wechselt die Ansicht Gottes, so wie die Anblicke des Himmels wechseln in den Zeiten und Wettern? Die liebliche Bläue ist dann das "monotheistische" des Him-

---

[1] und den Himmel breit lauter Hülle nachher / Erscheinend singen Gesangeswolken; Entwurf zu ‚Griechenland

11. Anhang - Ein Gespräch über Hölderlin

mels. Sie ist der offene, klare Himmel, der sich rein und unverhüllt zeigt. Aber er ist damit auch zugleich die reine lichte Leere, oder wie man im Buddhismus sagt, das Ku – die Leere des Himmels.[1] Der nächtliche Himmel dagegen ist nicht leer, gerade auch, wenn er sich rein und klar zeigt. Mit seinen Sternen und dem Gang des Mondes, des "Schattens der Erde" wie Hölderlin sagt, gibt gerade er das Maß der Zeit.

In dem Systementwurf fährt Schelling mit einem neuen Gedanken fort:

> Zuerst werde ich hier von einer Idee sprechen, die, soviel ich weiß, noch in keines Menschen Sinn gekommen ist: Wir müssen eine neue Mythologie haben, diese Mythologie aber muss im Dienste der Ideen stehen, sie muss eine Mythologie der Vernunft werden.
>
> Ehe wir die Ideen ästhetisch, d. h. mythologisch machen, haben sie für das Volk kein Interesse; und umgekehrt, ehe die Mythologie vernünftig ist, muß sich der Philosoph ihrer schämen.

Schelling führt den Gedanken nicht weiter aus. Was ist das "Mythologische"? Der Mythos fasst die Erfahrungen der Götter in Geschichten, die sinnlich erfassbar und nachvollziehbar sind. Die Erfahrung des Göttlichen wird nicht in abstrakte Gedanken oder Systeme gefasst. Aber die Mythologie, die Schelling meint, muss eine neue Mythologie werden. Die Zeit der alten Götter ist endgültig vorbei. Aber da beginnt ein nahezu unüberwindliches Problem. In "Heimkunft" schreibt Hölderlin:

> Wenn wir segnen das Mahl, wen darf ich nennen, und wenn wir
> Ruhn vom Leben des Tags, saget, wie bring ich den Dank?
> Nenn ich den Hohen dabei? ….
> Schweigen müssen wir oft; es fehlen heilige Namen,
> Herzen schlagen und doch bleibet die Rede zurück?
> Die alten Namen tragen nicht mehr, aber neue Namen fehlen.
> Wie soll man dann den Dank sprechen?

Aber vielleicht genügt eine einfache Geste. In der Teezeremonie verbeugen wird uns mit der Teeschale in der Hand als Zeichen des Dankes, bevor wir den Tee trinken. Dank für wen? Für Gott, für das Wetter, für die

---

[1] Das Schriftzeichen 空, *Ku* oder *sora* Leere oder Himmel zeigt den Boden und die Decke einer leeren Höhle. Es bedeutet sowohl die Leere als auch den (leeren) Himmel.

Sonne, die den Tee reifen ließ? Oder einfach nur für den Bauern, der sorgsam den Tee angebaut, gepflegt und verarbeitet hat? Da fehlen die Worte. Aber die einfache Geste geht tief zu Herzen, wenn sie mit echter Aufrichtigkeit ausgeführt und nicht nur ein einfaches, unverstandenes Ritual ist. Mit der Verbeugung, die aus dem Herzen kommt, wird mehr gesagt als mit tausend Worten. Hölderlin gibt einen Lösungsansatz, der in eine ähnliche Richtung geht:

> Aber ein Seitenspiel leihet jeder Stunde die Töne,
> Und erfreuet vielleicht Himmlische, welche sich nahn.

Für den alten Meister Kong, den wir meistens als Konfuzius kennen, war es gleichgültig, ob es die Göttlichen gibt oder nicht, welche Namen sie haben oder wie sie in ihren eigentlichen Wesen sind. Wichtig war ihm, dass die Menschen die Göttlichen in Ritualen, Musik und Tanz verehren. Diese Verehrung stiftet Rituale und Bräuche, die Rituale und Bräuche stiften Gemeinschaft unter den Menschen. Damit stiften die Göttlichen, wer oder was auch immer sie sein mögen, gleichgültig ob sie existieren oder nicht, Gemeinschaft und Harmonie unter den Menschen.

Hölderlin, der Poet, dessen Poesie Lehrerin der Menschheit sein soll, sieht die Probleme der Namenlosigkeit und er sucht nach neuen Ansätzen. Als Poet hat er eine herausragende Stellung:

> Sorgen wie diese, muß, gern oder nicht, in der Seele
> Tragen ein Sänger und oft, aber die anderen nicht.

Der "Sänger" muss Sorge tragen, dass sein Gesang rein ist und nicht durch Persönliches gefärbt. Wie oft sind Revolutionen getragen von persönlichem Hass oder Leiden, das auf die Allgemeinheit übertragen wird. Der Sänger muss rein sein, aber er hat nicht die Aufgabe des Priesters oder Weisen, der das Volk von oben her belehrt. Er fasst seine Erfahrung in reine Bilder und gibt sie an die Menschen weiter, die so ebenfalls sinnlich die Erfahrung des Göttlichen nachvollziehen können. Der Systementwurf endet:

> Dann herrscht ewige Einheit unter uns. Nimmer der verachtende Blick, nimmer das blinde Zittern des Volks vor seinen Weisen und Priestern. Dann erst erwartet uns gleiche Ausbil-

dung aller Kräfte, des Einzelnen sowohl als aller Individuen. Keine Kraft wird mehr unterdrückt werden. Dann herrscht allgemeine Freiheit und Gleichheit der Geister! Ein höherer Geist, vom Himmel gesandt, muß diese neue Religion unter uns stiften, sie wird das letzte, größte Werk der Menschheit sein.

11.3 Herudaarin: akarui aosora no naka ni

Bei der Vorbereitung für ein über Hölderlins Gedicht "In lieblicher Bläue" bin ich auf eine japanische Internetseite gestoßen, die den kompletten Text des Gedichtes in der japanischen Übersetzung bringt:

> へるダアリン
> 明るい青空のなかに・・・
> Herudaarin:
> akarui aosora no naka ni kyokai no tou ga kinsoku no yana totomo ni hanakai iteiru

Ist es nun wirklich so weit gekommen, dass wir im Internet nachschauen müssen, um unsere eigenen Dichter und Denker in Japan wieder neu zu entdecken? Oder kommt endlich Hölderlin wieder heim zu uns?

Verdient hätte es der Denker unter den Dichtern.

Vielleicht liest ja doch der Eine oder der Andere den Text – wenn schon nicht auf Deutsch - dann doch wenigstens auf Japanisch. Darum möchte ich hier ein Auszug des Textes in der japanischen Übersetzung wiedergeben.

> へるダアリン (Herudarin - Hölderlin)
>
> 明るい青空のなかに教会の塔が金属の屋根とともに花開いている。
> それを燕たちの叫び声が取り巻き、この上もなく心を打つ青空が
> 取り囲む。その上高くを太陽はゆき、屋根の板金を色染めているが、風の中
> 上の方ではしかし風見鶏がしずかに音を立てている。
> もし一人が鐘の下に、あの階段を、降りてくるならば、それは

11.3 Herudaarin: akarui aosora no naka ni

静かないのちだ、なぜなら、その形姿がかくも隔たっているなら、そのときには人間の可塑性が現われ出ているからだ。鐘の音が響いてくる窓は、美への門のようなものだ。すなわち門はなおも自然に従って存在しているので、それは森の樹々に似ているのである。純粋さはまことに美でもあるのだ。異なったものの内部から一個の真剣な精神が成立してくる。しかし像たちがきわめて単純であるならば、

Inzwischen sind wir so international, dass es auf Google ein Übersetzungstool gibt, das fremdsprachige Texte übersetzt. Das muss man einfach mal ausprobieren, was da bei einem Text wie "Liebliche Bläue" herauskommt:

Mit dem Metall Dach des Kirchturms unter einem strahlend blauen Himmel. Schlucken Sie die Schreie ihrer Kumpane, sie zu beeindrucken um den Himmel in die Spitze. Sun ist auf dem Schnee hoch ist, wird der Farbstoff ein Blechdach, der Wind auf dem Weg, dass die Wetterfahne lärmend, aber friedlich. Unter der Glocke, wenn eine Person, die Treppe, wenn du nicht herunterkommen, es ist ruhig und nicht später, weil es so geschätzt wurde, dass neben der Form, die Form ist, wenn es der menschlichen Plastizität heraus entstanden. Windows erhalten, durch den Klang der Glocke Hit ist wie ein Tor, um die Schönheit. Das ist, weil das Tor noch immer gibt es nach der Natur, ist es natürlich, Wald, der den Menschen ähnlich ist. Ist auch die Reinheit der Schönheit in der Tat. Holen Sie sich ernsthaft um die Schaffung eines einheitlichen Geist, unterscheidet sich aber von innen. Wenn ihr Image ist sehr einfach, aber sie sind ein sehr heiliger. Die Menschen sind so vorsichtig, dass sie beschreiben oft es wirklich. Wenn man den Originaltext kennt, kann man den in der automatischen Rückübersetzung aus dem Japanischen immerhin noch erkennen. Hut ab vor dem Computer!? ....

Ex Oriente Lux – Das Licht kommt aus dem Osten!?

So hat man früher immer gesagt. So hat auch Hölderlin in seiner Auffassung der Geschichte gesagt: Die Kultur kam aus dem Osten, erst nach Griechenland, dann nach Rom und später über die Alpen zu uns. Hölderlin meinte, dass nun das Deutsche blühen muss.

Aber was ist geschehen? Wir suchen (müssen suchen) im Fernen Osten, weil uns unsere eignen Wurzeln dürr und trocken geworden sind.

Aber was passiert, wenn wir nach Osten gehen? Wenn wir weit genug gegangen sind, begegnen wir wieder dem Eigenen! In dem Gedicht sagt Hölderlin am Ende von Oidipus:

> Sohn Laios, armer Fremdling in Griechenland!

Oidipus war aber doch Grieche? Aber es ging ihm so wie uns allen, wir müssen erst in die Fremde gehen, um wieder heimzufinden! Und wenn wir immer weiter nach Osten gehen, dann begegnen wir oft unvermutet wieder uns selbst.

Die Erde ist halt doch rund!

11.4 Wohlgebaute Stege[1]

Lieber Herr Professor M. N.,

Danke für ihre Mail. Tagsüber hatte ich *chanoyu* (Teezeremonie) unterrichtet, dann habe ich ihre Mail gefunden. Gemeinsam mit meinen Schülern haben wir dann über Hölderlins Gedicht diskutiert, bevor wir zum Tagesabschluss in der Abenddämmerung draußen auf der Wiese, gegenüber der Kirche *Chabako Tenmae*[2] gemacht und eine Schale Tee getrunken haben.

Vielen Dank für Ihren Hinweis auf das Gedicht "Frühling"[3]. Ich hatte ihm bisher wenig Beachtung geschenkt.

---

[1] Der Text ist als Antwort auf ein Schreiben von Prof. M.N. aus Kyōto entstanden. Er hat auf seiner Webseite die oben zitierte japanische Übersetzung von Hölderlins ‚In lieblicher Bläue' veröffentlicht.

[2] Chabako Tenmae: eine besondere Form der Teezeremonie mit einem kleinen Kasten, in dem alle Utensilien enthalten sind. Diese Form ist für die Reise oder für den Aufenthalt in der Natur gedacht.

[3] Siehe oben Seite 238

11.4 Wohlgebaute Stege

Hölderlins späte Gedichte sind wie das Spiel auf der Hirtenflöte, rückwärts auf dem Ochsen reitend gespielt. Sie sind schlicht wie Kinderlieder aber sie enthalten die volle Weisheit eines Lebens.

Sie reden von einem Zustand nach der Befreiung und nach dem Erwachen, "wenn nicht der Gram an einer Seele naget". Jede Enge ist verschwunden, der Himmel ist nicht mehr verschlossen und bleiern wie zu Beginn von "Gang aufs Land", wo es die "bleierne Zeit" ist:

Wie sich der Himmel wölbt und auseinanderdehnet,
So ist die Freude dann an Ebnen und im Freien.

Es ist, als würde Bodhidharma von der Offenen Weite reden.

Das "Feld ist geräumiger und Wege sind weit hinaus, dass einer um sich schauet".

Die Wege sind weit hinaus damit einer "um sich schauet" und nicht in der Enge des gewohnten Ortes verharrt. Zwar ist am gewohnten Ort das "Heilige". Das kann man aber erst erkennen, wenn man aus der Fremde zurückkehrt, nach Hause. In "Heimkunft" begrüßt der Dichter die Heimat, in die er zurückkehrt.

Alles scheinet vertraut, der vorübereilende Gruß auch scheint
von Freunden, es scheint jegliche Miene verwandt.

Das Scheinen ist vermutlich im doppelten Sinne gebraucht: es scheint nur so, ist aber ganz anders und es scheint, weil es leuchtet und strahlt. Das scheinende Vertraut-sein ist aber ein anderes als zuvor, bevor der Dichter wieder heim-kam. Vorher schien alles vertraut, weil es das Gewohnte war, aber es war nur das Gewöhnliche, das man nicht mehr wahr-nimmt. Jetzt ist es das leuchtend Vertraute, das aufscheint als, das was Heimat gibt und birgt.

In seinem Brief an den Freund Böhlendorff hatte Hölderlin "nach manchen Erschütterungen und Rührungen der Seele" geschrieben:

dass alle heiligen Orte der Erde zusammen sind um einen Ort, und das philosophische Licht um mein Fenster ist jetzt meine Freude;

Hölderlin ist jetzt an "seinem" Ort angekommen. Aber dieser Ort ist nicht eng und bedrückend, er weitet sich derart, dass "alle heiligen Orte der Erde" hier versammelt sind. Ein wenig erinnert mich das an das

11. Anhang - Ein Gespräch über Hölderlin

Erlebnis von Daitō Kokushi, nachdem er erwacht war und das Gedicht, das Daitō danach schrieb:

> itsukai ûnkan o to kashi owari
> nanbokutôsai katsuru tsûsu
> sekisho chihō yû hinshû o botsu
> kiyaku tō kiyakutei seifû

> Ein einziges Mal die Wolken-Sperre vollständig durchdringend hinübergegangen:
> Süden Norden Osten Westen: Lebendiger Weg weitet sich
> Abends am Ort, morgens spielend:
> Verschwinden von Gast und Gastgeber
> "Fuß Kopf Fuß" – von unten bis oben reiner Wind.

Ich will damit nicht sagen, dass Hölderlin eine Art Zen-Meister war, aber seine Erfahrungen sind durchaus vergleichbar mit den Erfahrungen des Zen. Es gibt eben verschiedene Zen–Wege, nicht nur das Sa-Zen. Wir üben hier in unserem Yamazato den Cha-Zen und den Chiku-Zen der Komuso Shakuhachi. Vielleicht ist auch die Auseinandersetzung mit Hölderlins Dichtung ein neuer und moderner "Weg", der Bun-gaku-Zen?

Auch Hölderlins Idee von der "Heiligkeit" des Alltäglichen hat Ähnlichkeit mit dem Zen. Meister Jōshu sagte auf die Frage nach dem Buddha:

> Hast du Deine Reisschale schon gewaschen?

Im Gang auf Land versucht Hölderlin das gemeinsame Mahl als Erfahrung des "Heiligen" zu beschreiben, aber dieses Mahl ist nicht mehr das Abendmahl des Christentums. Es ist das gemeinsame Speisen oben auf dem Berg, wo der verständige Wirt das Gasthaus gebaut hat, um die Gäste die Früchte des Landes kosten zu lassen. Auf dem Höhepunkt des Gedankens zerbricht das Gedicht. In der Handschrift erkennt man die Zeilen:

> da, da
> sie sinds, sie haben die Masken
> Abgeworfen
> jetzt, jetzt, jetzt
> ruft
> dass es helle werde,

> weder höret noch sehen
> Ein Strom
> dass nicht zu Wasser die Freude
> werde, kommt ihr himmlischen Gratien
> und der Nahmenstag der hohen,
> der himmlischen Kinder sei dieser!

Es ist ein fast ekstatisches Rufen: "Da, da" und "jetzt, jetzt". Wer ist dort anwesend im Gasthaus, wer hat die Masken abgeworfen? Offenbar doch die Göttlichen, die jetzt die Masken abgeworfen haben und sich als das zu erkennen geben, was sie sind. Aber ein paar Zeilen später der Zweifel:

> Doch was sollen Götter im Gasthaus?

Das Gasthaus ist ein beinahe alltäglicher Ort. Nicht ganz alltäglich, denn dort versammelt man sich an den Feiertagen des Frühlings, aber es ist eben kein sakraler Ort der Feier des Gottes. Das, was dort gefeiert wird, ist die Natur in ihrer Natürlichkeit. Was sollen Götter an diesem Ort?

Sen no Rikyū antwortete auf die Frage nach dem Sinn von Chanoyu:

> Man bringt Wasser herbei, sammelt Brennholz, erhitzt das Wasser und bereitet Tee."

Das ist alles. Ganz einfache Dinge des alltäglichen Lebens, nichts "Heiliges". Aber Zenmeister Dōgen schreibt über die Jinzû, die übernatürlichen Kräfte, sie sind "wie das Teetrinken und Essen im Haus des Buddha" und er zitiert den chinesischen Laien Hō-on:

> Wasser holen und Brennholz tragen,
> welch übernatürliche Kraft
> und welch wunderbares Wirken

Die eigentlich "übernatürlichen" Kräfte des Buddhisten sind nicht Anderes, als die aller alltäglichsten Handlungen. Aber eben mit vollem Bewusstsein ganz im Augenblick ausgeführt.

Hölderlin versucht im "Gang aufs Land" etwas Ungeheures: Das Mahl ist die Feier des Lebens in seiner Natürlichkeit. Das Göttliche ist "nur noch" Maske, die dem Menschen den Anblick der Natur selbst verwehrt.

Jetzt kommt die Natur selbst zum Vorschein in natürlicher Alltäglichkeit des Tuns.

Genau so sehe ich den tieferen Sinn des Teeweges. Für mich ist es keine japanische Folklore, es ist die Feier des Lebens in ganz alltäglichen Dingen: Wasser holen, Feuer entzünden, Tee schlagen und gemeinsam trinken. Trinken in Harmonie und stiller Freude. Welch "übernatürliche" Kräfte.

Hölderlin hatte Erfahrungen gemacht, die er verzweifelt versucht, in Worte zu fassen, aber die Sprache versagt sich ihm. An den Rand der unvollendeten Verse im Gang aufs Land schreibt er quer zum Text:

> Last der Freude
> Singen wollt ich leichten Gesang, doch nimmer gelingt mirs,
> Denn es machet mein Glück nimmer die Rede mir leicht.

Hölderlin wollte "leichten Gesang singen", aber es gelingt nicht. Zu einfach und zu alltäglich ist es, was er sagen wollte. Wenn er Rikyū gekannt oder wenn er Kenntnis vom Zen gehabt hätte, würde er vielleicht geschrieben haben: "Wasser holen, Brennholz tragen, Tee schlagen und trinken, das ist alles!", aber im Abendland seiner Epoche fehlen die Worte für dieses Einfache. Zu sehr waren die Menschen auf "Höheres" gerichtet, zu sehr ging ihr Streben nach dem Göttlichen. Ihr Bestreben ging immer überwärts, so dass sie ihre eigenen Fußspuren niemals erkennen konnten, die sie auf dem Boden des alltäglichen Lebens hinterließen. Der Ochsenhirte findet den Weg zu sich selbst auch erst, als er lernt, auf den Boden zu schauen, auf den er seine Füße setzt.

Niemals hätten die Zeitgenossen des Dichters diese einfachen Worte verstanden.

Nur die ‚braunen Frauen' in den Gärten von Bordeaux gehen an Feiertagen auf ‚seidenem Boden'. Der Boden ist vielleicht deshalb seiden, weil die Frauen ihre Füße achtsamer auf die Erde setzen, auf der sie leben und sterben. Und nicht allzu sehr überwärts schauen? Ist dies deshalb, weil die "südlichen Menschen, in den Ruinen des antiken Geistes" gelernt haben, achtsamer mit den Elementen des Himmels umzugehen als wir? In "Heimkunft" setzt sich der Dichter mit ähnlichen Problemen auseinander:

> Wenn wir segnen das Mahl, wen darf ich nennen, und wenn wir
> Ruhn vom Leben des Tags, saget, wie bring ich den Dank? ...
> Schweigen müssen wir oft; es fehlen die heiligen Namen,
> Herzen schlagen und doch bleibet die Rede zurück?

Dies ist wohl das Problem des Abendländischen. Wir sind abhängig von der gültigen Rede. In Japan weiß man um die Unsagbarkeit von Erfahrungen. Vielleicht ist es jetzt an der Zeit, Brücken zu schlagen zwischen beiden Welten. Muss das Abendland neue "unsagbare" Erfahrungen gewinnen, und muss Japan lernen, Worte für das Unsagbare zu finden?

Wenn der Dichter nicht die rechten Worte finden kann, so ist das "die Last von Scheitern auf den Schultern", die der Dichter zu tragen hat, wie er in "Mnemosyne" schreibt.

Aber in Zukunft vielleicht führen über einen Bach wohlgebaute Stege, damit die Menschen hinübergehen und zurückkehren können, ohne der Gefahr des Scheiterns ausgesetzt zu sein.

Ja, die "wohlgebauten Stege" sind von Menschen gebaut, so wie das Bleibende von den Dichtern gestiftet ist. Es sind die Menschen, die sich aufgemacht haben in der Gefahr wie die Söhne der Alpen, von denen es in Patmos heißt, dass sie "furchtlos gehn über den Abgrund weg auf leichtgebaueten Brücken". Die Söhne der Alpen sind es gewohnt, sich in der Gefahr zu bewegen, deshalb genügen ihnen "leichtgebaute Brücken", aber wir anderen brauchen "sichergebaute Stege".

Vielleicht sind die Wege Japans auch solche Stege. Am Tee – Weg hat aber nicht nur Rikyû gebaut, viele Generationen von Teemeistern haben mitgebaut, damit wir heute diese Wege gehen können und eigene Erfahrungen sammeln, nämlich die Erfahrung des "Wasser Holens und Tee Schlagens".

Insofern haben sie, wie die Dichter das Bleibende gestiftet. Dichter sind ja nicht nur diejenigen, die Verse schreiben: "dichterisch wohnt der

11. Anhang - Ein Gespräch über Hölderlin

Mensch auf Erden." Dichterisch wohnt der Mensch, der aufschaut zum Himmel, Maß nimmt und sinnend an den Stegen baut.

Die Stege führen über Bäche, nicht über die großen Ströme, die Schicksalsströme der Nationen sind, wie der Rhein, der mehrfach gebrochen seine ursprüngliche Richtung nach Süden, nach Italien wohin die Sehnsucht der Deutschen geht, umkehrt und nach Norden fließt oder die Donau, die verkehrt herum zurück in den Ursprung fließt. Die Bäche fließen "wo bekannt blühende Wege mir sind" und wo der Neckar durch das Heimatliche und Gewohnte fließt.

Aber heute neigen wir dazu, die Stege auszubauen zu gewaltigen Autobahnbrücken, auf denen der Verkehr strikt geregelt ist, und jedweder Verstoß gegen die Regeln geahndet wird. Ein wenig habe ich das Gefühl, dass dies auch in den japanischen Wegen geschieht, wo die *Iemotos*[1] strikt auf die Einhaltung der Verkehrsregeln und Gesetze achten. Aber es geht um die ganz einfachen und schlichten Dinge des alltäglichen Lebens.

Heute leben wir in einer Zeit des Brückenbaus. Wir können heute weitaus besser als früher den Dialog zwischen den Völkern und Kulturen führen. Ich sitze hier in meinem fränkischen *Yamazato*[2] und kann über das Internet jederzeit auf die japanischen Klassiker zurückgreifen, ja ich finde sogar eine Übersetzung von "Lieblicher Bläue" ins Japanische.

Hölderlins Gedicht "Der Frühling" spricht von einer Zukunft, "wenn die Stunden wieder tagen", wenn es also die Zeit ist, in der das Licht wieder zunimmt nach der langen Nacht des Winters. Es ist nicht mehr Herr Hölderlin, der spricht, darum hat er sich auch geweigert, die Gedichte der späten Zeit mit seinem Namen zu kennzeichnen. Hat heute diese Zukunft begonnen?

Ich fürchte nein! Vielleicht wird es auch niemals eine reale politische Zukunft sein. Vielleicht kann es nur eine Zukunft in unseren Herzen sein. Und die kann jeden Augenblick ganz plötzlich Realität werden.

---

[1] Iemoto, wörtlich: Wurzel des Hauses; Oberhaupt einer Schule einer Kunstrichtung, in der Regel erblich

[2] Yamazato: abgeschiedenes Bergdorf

Drum, da gehäuft sind rings
Die Gipfel der Zeit, und die Liebsten
Nah wohnen, ermattend auf
Getrenntesten Bergen,
so gib unschuldig Wasser,
O Fittiche gib uns, treuesten Sinns
hinüberzugehn und wiederzukehren.

Mögen wir niemals ermatten auf den getrennten Gipfeln! Bauen wir an Stegen, die hinüber und zurückführen.

Sollte Sie Ihr Weg einmal nach Deutschland führen, so sind Sie herzlichst eingeladen, mit uns zusammen eine Schale Tee zu trinken.

Entschuldigen Sie, dass ich Ihnen so viele unfertige Gedanken schreibe, aber in Deutschland sagen wir: wenn das Herz voll ist, geht der Mund über oder wie Hölderlin sagt:

Der Mensch, der oft sein Inneres gefraget,

Spricht von dem Leben dann, aus dem die Rede gehet

Herzlichst Ihr

G. S.

PS.: Grüßen Sie mir mein geliebtes Kyōto!

11. Anhang - Ein Gespräch über Hölderlin

11.4.1 Hölderlin: Der Frühling

Wie selig ists, zu sehn, wenn Stunden wieder tagen,
wo sich vergnügt der Mensch umsieht in den Gefilden,
wenn Menschen sich um das Befinden fragen,
wenn Menschen sich zum frohen Leben bilden.
Wie sich der Himmel wölbt, und auseinander dehnet,

So ist die Freude dann an Ebnen und im Freien,
wenn sich das Herz nach neuem Leben sehnet,
Die Vögel singen, zum Gesange schreien.
Der Mensch, der oft sein Inneres gefraget,
Spricht von dem Leben dann, aus dem die Rede gehet,
Wenn nicht der Gram an einer Seele naget,
Und froh der Mann vor seinen Gütern stehet.
Wenn eine Wohnung prangt, in hoher Luft gebauet,
So hat der Mensch das Feld geräumiger und Wege
Sind weit hinaus, daß Einer um sich schauet,
Und über einen Bach gehen wohlgebaute Stege.

Friedrich Hölderlin

11.5 Danksagung

Es sind viele Menschen, die zur Entstehung dieses Buches beigetragen haben. Ich danke allen, die mich auf meinen Wegen ein Stück weit begleitet haben oder noch begleiten. Ohne den lebendigen Kontakt mit Freunden und Schülern wäre dieses Buch nicht möglich geworden.

Mein Dank gilt auch allen, die mithelfen das Myōshinan mit Leben zu füllen und die mir viele Arbeiten abnehmen, besonders Rike, Michael, Jörg und Lisa. Ich danke auch der Familie Fraas, in deren Haus ich wohnen und arbeiten kann inmitten einer stillen und wunderschönen fränkischen Landschaft. Hier ist die nötige Ruhe zum Nachdenken und ungestörten Arbeiten.

Bei Reinhard Knodt bedanke ich mich für die Widmung und für die literarisch-philosophischen Stunden im Künstlerhaus Schnackenhof. Doris Zölls, Zenmeisterin und spirituelle Leiterin des Benediktushofes danke ich für das Vorwort und für die Möglichkeit, im Beneditushof zu unterrichten. Bei Prof. Walter Gebhard bedanke ich mich für die freundliche Überlassung der Bilder von Jittoku, der mit dem Finger auf den Mond zeigt und von Zenmeister Hakuins Hotei im Boot und der Trauerweide aus seiner umfangreichen Sammlung japanischer und chinesischer Malerei. Mein Dank gilt auch Ursel Tischer für die mühsame Arbeit des Korrekturlesens und Helen Welllein für die Hilfe beim Layout.

12. Literaturverzeichnis

Friedrich Hölderlin: Sämtliche Werke; Stuttgarter Ausgabe; StA Hrsg.: Friedrich Beissner, Verlag:Kohlhammer Stuttgart

Friedrich Hölderlin: Sämtliche Werke; Frankfurter Ausgabe, 20 Bände Hrsg.: D.E. Sattler

Hölderlin: Lesarten seines Lebens, Dichtens und Denkens; Uwe Beyer, ISBN: 3-8260-1232-1

Vorträge und Aufsätze. Das Ding; Heidegger, Martin; Verlag:Neske

Martin Heidegger Gesamtausgabe; Bd. 7: Hölderlins Erde und Himmel

Martin Heidegger liest; CD; Verlag:Klett Cotta; ISBN: 978-3608910490

Heidegger und Zen; Hempel, Hans-Peter, 1992, ISBN: 3-445-04868-1

Japan und Heidegger; Gedenkschrift der Stadt Meßkirch zum 100. Geburtstag Heideggers, Hrsg.: H. Buchner, 1989

Das Denken der Hand; Japanische Techniken,van Eikels, Kai; Verlag:Peter Lang, 2004, SBN: 3-03910-435-7

Warum ich fühle, was du fühlst: Intuitive Kommunikation und das Geheimnis der Spiegelneuronen; Bauer, Joachim; Verlag:Heyne, 2006, ISBN: 978-3453615014

Shōbōgenzō; Dōgen Zenji, Schatzkammer des wahren Dharma Auges; Stanford University; Onlineausgabe mit Originaltext und engl. Übersetzung: http://scbs.stanford.edu/sztp3/translations/shobogenzo

Heike Monogatari - The tale of the Heike; Übersetzt und kommentiert: Helen Craig McCullough; Verlag:Stanford University Press, 1988, ISBN: 0-8047-1418-5; Originaltext online (japanisch): http://jti.lib.virginia.edu/japanese/heike/heike.html

The sayings of Layman P'ang, A Zen classic of China; Übersetzer: James Green, Verlag:Shambala 2009

Namboroku, Aufzeichnungen des Mönchs Nambo über seine Gespräche mit Rikyū (nur japanischer Text); ISBN: 4-473-00058-3 auszugsweise übersetzt in: Wind in the pines

Wind in the Pines; Hirota, Dennis; Classic writings of the way of Tea as a buddhist path, Verlag:Asian Humanities Press Kalifornien, 1995, ISBN: 0-87573-073-6

Im Garten der schönen Shin; Ikkyū Sōjun, Verlag:Diederichs, 1990

Ikkyu and the Crazy Cloud Anthology; Arntzen, Sonja; Verlag:University of Tokyo Press, 1987, ISBN: 0-86008-340-3

Geschichte des Zen Buddhismus; Dumoulin, Heinrich; Verlag:Francke, 2014

Die Wurzeln des Yoga; Die klassischen Lehrsprüche des Patanjali, kommentierte Übersetzung; Hrsg.: P. Y. Despande

Der Ochs und sein Hirte;Zen Geschichte aus dem alten China, mit Erläuterungen von Zenmeister D.R. Ohtsu; Hrsg.: K. Tsujimura, H. Buchner

Hanshan: Gedichte vom Kalten Berg Das Lob des Lebens im Geist des Zen, übersetzt und kommentiert von Steppahn Schumacher

Hanshan: Weißer Wolken Weg übersetzt von Chrostoph Plum
http://www.b222.de/han-shan/hanshan_2014_ch_plum.pdf

Zen Training Praxis, Methoden, Hintergründe; Sekida, Katsuki

Mumonkan, Meister Wu-men's Sammlung der 48 Kōan, Hrsg.: Heinrich Dumoulin

Verrückte Wolken Zen-Meister Zen-Rebellen; Bessermann und Steger, Verlag:Theseus

Autentisches Zen; Meister Hakuin, Hrsg.: Norman Wadell

The recorded Sayings of Zen Master Joshu ; Hrsg.: James Green, Verlag:Shambala, Boston

Zen und die Kultur Japans; Suzuki, Daisetz, 1958

Zen-Geist Anfänger-Geist; Suzuki, Shunryu, Einführung in Zen-Meditation, Verlag:Theseus

Bücher aus dem Myōshinan Chadōjō:
Wie der Donnergott einmal in den Brunnen fiel
Japanische Märchen und Mythen, nacherzählt zum Vorlesen und selber lesen.
Helllge Drachen Band 1
Alte Welt - Indien - China
Mukashi mukashi
Geschichten von Göttern, Menschen, Tieren und Geistern aus dem alten Japan

In Vorbereitung:
Heilige Drachen Bd. 2 Korea - Japan

Der WEG und das Leben, Untersuchungen zum Daodejing des Laotse

Hälfte des Lebens, Die Suche nach der Ganzheit
Gedanken zu Hölderlins Dichtung

Abendland	13, 34, 49	Augenblick	16, 55, 67, 79, 104ff, 112f, 115f, 122, 124f, 127, 131, 133, 136, 141f, 144, 146, 151, 153, 155, 161, 170, 177, 196, 236
Achtsamkeit	132, 152		
Adler	51, 54		
Affenhüter	191		
Ahnen	38	ausatmen	66, 155, 172, 201f
Aisthesis	21, 224	Außending	153
akasha	171	Avidya	112
Akropolis	36f	Aware	104, 106
Alltag	47f, 55, 82, 133f, 136, 179, 198, 202f, 210	Bachus	31
		Bailin-shi	153
alter Buddha	147	Bär in Russland	193
alter Schrein	154	Baum	55, 165
Amsel	56, 156	Begehren	111
Ananta	205	Behagen	65
Anfänger	183	Besinnung	16, 27, 58, 62ff, 67
Angst	53, 193	Besorgen	134
Antigone	60	Bewusstsein	73, 110, 129f, 172, 180, 190, 192, 194, 208
antiken Götter	83		
Apokalypse	53	Bi Yän Lu	130
apokalyptischen Reiter	54	bleierne Zeit	71, 74, 80
Apollon	82, 87	blindwütiges Handeln	67
Apriorität	19f	Blumen	36, 121, 169, 197, 221
arbeiten	28, 45, 57, 60, 62, 122, 152, 194	Blumenstecken	197
		Blüte der Jugend	104
Arbeitswelt	58	Blütenblätter	56
Archē	34	Bodhidharma	27, 90, 152ff, 231
Archipelagos	19, 28ff, 32ff, 36, 56, 59, 66, 126, 206	Bodhisattva	147f
		Bogenschießen	173
Ariadne	31	Brahma	110, 205f
Aristoteles	212	Brauch	42, 82f
Artemis	47	Brennholz	131, 169, 183
Asagao	99	bronzenes Geschlecht	39
Asche	95, 131, 173	Brot und Wein	42, 83
Ästhetik	21	Brunnen	168, 195
Athen	36, 42	Buchstabenphilosophen	21
Atlas	46, 66	Buddha	41, 55, 106, 108f, 112ff, 121ff, 138, 140, 146f, 150f, 153ff, 158, 163ff, 169f, 176ff, 188f, 201, 217, 232f
Atlasgelenk	46		
Atmung	163, 172f, 185, 212		

Buddhafigur	151	Ding	13f, 16, 21, 41, 44, 55f, 67, 90, 94f, 97, 102, 104ff, 108, 113ff, 128, 131ff, 137ff, 141f, 148ff, 158, 161ff, 169ff, 178f, 194f, 201, 212ff, 216, 233f, 236
Buddhahaltung	59		
Buddhanatur	168, 178f		
Buddhaweg	55, 162, 186		
Buddhismus	16f, 41, 94, 109, 112, 120, 125, 135, 148, 164, 166, 171, 197, 213, 216, 226		
		Dionysos	31, 45, 87
		dreijähriges Kind	188
Burg von Ōsaka	121	Duineser Elegien	54f, 61, 143
Busshō dōtai	179	Durst	68f, 168, 177
Busshō	179f	Ego	112, 172
Cha-no-yu	120	Einfalt der Welt	162
Chariten	82	Einfalt	161
Chassidim	79	einfältig	161, 221, 225
Cherub	42	ekstatische Erlebnis	85
China	13, 27, 129f, 143, 152, 188, 215ff	Ellende	187
		Emotion	85
Choreb	86	Emotionen	207
Christentum	159	Enge der Gassen	84
Da-Sein	136	Enge	52, 80, 231
DA-SEIN	132ff	Engel	54f
Daitokuji	121, 149	Ephesus	47
Dämonen	14, 38, 72	Er-Fahrung	187
Dantien	66	Erdbeben	94
Dao	170	Erde	51
Daodejing	13, 26, 148, 159, 170	Ereignen	161
das Welten	161	erfahren	5, 16, 20, 85, 139, 146, 169, 171, 181, 186, 188
Daseyn Gottes	156		
Deina	61	Erinnerung	68, 106, 128, 193
deinoteron	61	Erleiden	20, 187
Delos	82	Erleuchtete	166, 178
Delphi	42f, 126	Erleuchtung	135, 179
Delphin	29	Erntedank	82
Delphinus phocaena	33	Erwachen	19, 46f, 55, 59f, 97, 105, 107, 112f, 115, 130, 148, 151, 154, 161, 169, 176, 192, 211, 213ff, 231
Demantberg	109		
Deutung	163		
Dharma-Auge	138		
Dharma-Welt	59	Erwachten	90, 170, 178
Dharma	162f, 177, 179, 217	Erwartungen	125, 128f
		Ethik	187

Ewigkeit	52	Gegen-Stand	156
Existentialismus	160	Gegenwart	127f
Existenz	132	Gegenwärtige	129
Fächer	170, 182	Geist der Schwere	75
fallen	24ff, 56, 76, 97, 108, 116	Geist	82, 184, 186
Farbe 74, 96ff, 108, 113, 171, 197, 207		gelassen 14, 49, 56, 94, 147, 162, 171, 186	
Fechtmeister	193		
Fehler	183	gelebte Zeit	144
Feiertage	48	Gemüt	38f, 71f, 85, 142, 189
Feiertagen des Frühlings	82, 84	Genien	24
Feuer anzünden	64, 166	Genji monogatari	99
Fluss	133	Genji	99, 107
Form	146	Genjōkōan	138, 170, 176, 182
fränkischen Alp	69	Genpei Krieg	41
Freiheit	53f	Genua	52
Freundlichkeit	46	Genueser	52
Fröhliche Wissenschaft	50	Geschick	20, 43, 46, 49, 67, 107, 139
Frosch	105f, 195f	Gesellschaft der freien Männer	78
Fukushima	16, 60, 94	Gestimmtheit	100
Fülle des Landes	82	Geviert	158, 162
Fülle	155	Gewitter	156
Fünfziger Jahre	77	Gewöhnliche	45, 47, 169, 231
Gabe des Himmels	168	Gewohnte	13, 27, 45, 47, 142, 168, 178, 231, 236
gaku	186		
Gang aufs Land	71f, 77, 81, 90, 231, 233	Gibraltar	32
		Gion Shōja	108
Gartenlaterne	140, 151	Glück	134
Gast	40, 82f, 87, 89, 121f, 150, 157, 160, 185, 232f	Goldbuddha	151, 153, 164
		goldene Kette	79
Gastgeber	121, 185	goldenes Geschlecht	39
Gasthaus	82, 85	Goldleib	151
Gaukler	178	Gott	21, 25, 43ff, 47ff, 53, 58, 86, 89, 122, 156, 221f, 224ff, 233
Ge-ringe	162		
Geburt und Entstehen	55	Götter	25, 34, 36ff, 42ff, 47, 49, 53, 61, 65, 82ff, 87ff, 110, 126, 157, 194, 225f, 233
gedeutete Welt	61		
Gefahr 29, 60, 72, 117, 131, 207, 235			
Gefangene	178	Göttersprache	29, 65
Gefühl	19, 25ff, 52, 81, 85, 112, 173, 183, 186, 191, 204, 208, 222, 236	göttliche Kräfte	167
		Göttlichen	156f

Gras-Hütte	119	Hinduismus	110
Gräser-und-Baum-Geist.	193	Hinz und Kunz	165
Grausen	117	Hiragana	96
Grenzen	51ff	Hirschpark	113
Griechengesang	28	Hofmeister	72ff
Griechenland	19, 36, 42, 47, 156, 167	hohen Gipfel	147
Griechenmeer	29, 56, 65	höher Besinnen	85
griechischer Mythos	44	Höhle	130, 139, 169, 171, 178, 192
Haben und Sein	140	Höhlengleichnis	178
Haiku	97	Hölderlin	26, 42, 62, 126, 206
Hakujushi	152	Horizont	50ff, 222
Halbgötter	39	Humanismus	57
Halbmond	141	Hund	179
Hana-Goromo	98	Hunger	120, 122, 134
hana	103	Hyperion	19, 24ff, 34
HANDELN	137	Ich-anordnen	164f
Handwerk	19, 25, 189	Ich-Begleiter	172
Hauptwil	72	Idealismus	21, 223
Heian - Zeit	96	Ideologien	191
Heian Jingu	98	in-der-Welt-sein	185
Heike monogatari	107, 116	in-wendig Lernen.	188
Heike	107f	Indien	27, 108
Heimkunft	25, 89, 226, 231, 235	Individuum	20
Hekiganroku	130, 169	Innigkeit	129, 161
Hektik	134	iro	98, 104
Helden	60	Iroha	95, 113, 115
Herakles	45	Irrsal	29, 56, 63, 67
Herbstfluten	195	Isapatana	113
Heroen	39	Ivan Iljich	134
Herz-Geist	153, 186, 190, 192	Ja-und-Amen-Lied	53
Herz	85, 186, 189	Jetavana	108, 112f
Herzgeist	189	JETZT	133
Herzschlag	185	JHWH	79, 86
Herzsutra	148, 171	Jinzū	166f
Hesperos	145	Jōshū	125, 152
Heute-Hütte	122	Kabuki	107
Hexameter	35, 84	Kairos	136f
Himmel	156, 171	Kalbs Haut	156
Himmlischen	42, 158	Kalender	125

Kali-Yuga	41	Laotse	148, 159
Kalpa	109f, 112	Lärm des Machens	63
Kami	38	Last	46, 64, 66, 71, 75, 90, 184, 202, 234f
Karma	137		
Kata	146	Lebensenergie Ki	172
Katharsis	22f	Lebensgestaltung	135
Kekka fuza	198	Lebensrhythmen	144
Ketten	58	Leere	46, 58, 72, 104, 155, 158f, 171ff, 198
Kiefer	100		
Kinder	39, 47, 73, 78, 88, 144, 158	leerer Himmel	140, 165, 170
Kirschblüte	97, 102f	leerer Raum	50
knorrichten Baum	68	Leib	13, 184ff
KO KU	155, 171, 173	Leiden	60, 170
Koan KAN	149	Leidenschaft	99
Kōan	179	Lernen	186ff
Kokin Wakashū	99	Lessing	41
kokoro	100	Licht	179
Konfuzius	13	lîdan	187
Konnichi wa!	122	Lider	48
Konnichi-An	118, 121	Lied der Freude	55
Konstantinopel	36	Lingam	110
Konzept	125, 129, 133, 147, 155	Linji	214
Korea	129	Los-lassen	27, 59
Korinth	42	Lotossitz	198
Körper	184	Lumbini	114
Körperhaltung	185	Machen-Müssen	63
Kosmimata	48	Magnetberg	53
kosmos	48, 110	Maha-parinibbana Sutta	114
Kraniche	29, 33	Mailicht	83, 85
Kreuzzug	30	mappo	41
Krieg	157	Marionettentheater	41, 193
Krug	158	Marktplatz	50
Kunstwege	146	Maschinenwelt	60
Kykladen	30	Maschinenzeit	143
Kyōto Schule	138, 160	Maske	87f, 232f
Kyōto	97, 149	Meditation	26, 56f, 59, 64, 69, 121, 131, 133, 137, 146, 155, 171ff, 176, 198, 206, 208f, 211f, 216
Labyrinth	31		
Lakshmi	205		
Langeweile	134, 139	Meeresgrund	140, 147f, 150, 166

Meergott	29, 58	Goethe	35
Menelaos	35	Gontard Susette	73
Menschheit	62	Gonzenbach	72
Miko	106	Grimm Brüder	71, 109
Mit-Leiden	148	Hakuin Zenji	175f
Mittags	68f	Heidegger	57, 61, 132, 138, 155f, 159, 161, 187
Mond	141, 154, 176f, 207, 214		
mono no aware	104	Heraklit	114f
Morgenröte	128	Hesiod	37ff
Moses	86	Hideyoshi	118
Mühe	46, 75	Hölderlin	34, 62, 156, 162, 206
mujō	94, 108, 113f, 116	Homer	35, 186
Musen	82	Hotei	176
Mut	53, 71f	Hōtetsu	170, 182
Myōshinan	16	Hoūnsai	181
Myōzen	216	Husserl	187
Nacht	53	Ikkyū	196
Nachtstunde	143	Izumo no Okuni	106
Nähe	162	Johannes, Apostel	53
Nähern	162	Jōshū	123f, 135, 137, 152, 179f
Nambōroku	145	Kaiser Wilhelm	31
Namen		Kant	20
Aharon	86	Kleist, Heinrich von	35, 193
Aristoteles	126, 159, 212	Kolumbus	52
Ariwa no Narihira	101	Kukai	213
Augustinus	126f	Kuki Shūzō	160
Ausatmen	173	Lafcadio Hearn	99
Bai Juyi	188	Landauer Christian	73
Bashō	105	Lichtenberg	28
Baso	180f	Linji	191, 202, 214
Bauer, Joachim	185	Lou von Salomé	52
Benediktushof	173	Marco Sanudo	30
Boehlendorff	77	Martin Heidegger	155
Böhlendorff	231	Murasaki	99
Chandler, Richard	32	Musashi	173
Daitō Kokushi	149	Myōzen	216
Dandario	30	Nagarjuna	171
Elberfeld, Rolf	139, 211	Nambō	120
Fichte, Johann Gottlieb	78	Nangaku	180

Napoleon	29	Nazareth	45
Niao Ke	188	nenbutsu odori	106
Nichts	48, 53, 57, 62, 127	Nichts	50
Niethammer	73	Nihilismus	49
Nietzsche	49, 52, 67, 69, 75	Nirvana, Nibbana	112
Ōbaku	213	Novize	124
Ōhashi	139, 173	Nüchternheit	85
Ono no Komachi	102	Ōbaku	213
Orion pelōrion	34	Ödipus	35
Ôshikôchi no Mitsune	99	Odyssee	35
Pang	166, 183	Offenbarung des Johannes	53
Patanjali	112, 190, 212	offene Weite	52
Platon	21, 178, 212f, 223	Offene	63, 74
Richard Wilhelm	149	Oidipus	22
Rikyū	64, 118f, 121, 145	Okeanos	51
Rilke	54, 142f, 209, 214	Olymp	82
Rinzai	191, 202, 213f, 218	Orakel	42, 126
Sappho	145	Organ	189
Sartre	160	Orion pelōrion	34
Sattler, D.E.	19, 33	Orkus	57, 60
Schopenhauer	65, 116f	Ostgermanisch	71
Sophokles	60	Pali Kanon	114
Sōshitsu	181	Paradies	41f, 60, 76, 79, 106, 128f
Sōtan	118f, 121f	Patanjali	212
Takuan	173	Patmos	60
Tolstoi	134	Peirata	51
Trotta, Margrete von	77	Pelagos	34
Tsujimura	138, 159, 173	Philosophie des Geistes	85
Uchiyama Rōshi	203	Philosophie	17, 21, 34, 46, 136, 138, 160, 169, 178, 187f, 210ff, 215, 224
Uisang	129, 192		
Wonhyo	129f, 192		
Yakusan Igen	147	Piraten	51
Yakusan Kōdō	59	Platon	213
Zazen	176	principium individuationis	116
Zenmeditation	176	Prophet	80
Zhaozhou	152	Psyche	186
Zhuangzi	102, 172, 191, 195f	rasendes Machen	58
Natur	49, 85	Rastlosigkeit	61
Naxos	30	Raum	66

Rausch	82, 84f, 115f	Selbstzweifel	55
Reflexion	137	Seppuku	118
Reigen	162	Sesamsaat	167
Reinecke Fuchs	35	Shakyamuni	179
Reisschale	135	Shavasana	204
reißende Zeit	29, 56	shikantaza	146
Rettende	60	shiki	98
Revolution	29	Shin	186, 189
Revolutionäre	80	Shingon	213
Rhapsoden	82	Shinjin	184, 186, 190
Richtfest	83	Shittashin	190
Richtungslosigkeit	50	Shiva	110
Rikyū	64, 118	Shōbōgenzō	138f, 166, 184, 213
Rilke	26, 209, 214	sich selbst erlernen.	162
Rinzai	202, 213f, 218	Sieben Siegel	53
Rōshi	152	Silbenschrift	96
Rückzug	137	silbernes Geschlecht	39
Sabaññu-Buddha	109	Simplizissimus	35
Sala-Blüte	113	Sinnlosigkeit	76
Salabaum	114	Sitz im Leben	146
Samadhi	59	Sitzkissen	146
samsāra	111	sō-moku-shin	192
Samurai	103, 194	Soma	186
Sattler	33	Sonne	179
Satya-Yuga	40	Sonnenaufgang	132
Schamanin	106	Sonnenuhr	143
Scheitern	46	Sora	171
Schicksal	26, 46	Sorge	134, 136
Schlaf	43, 47, 60, 68f, 83, 130, 192	Sōtan	121
Schlange	129	Sparta	42
Schmerz	47	Spiegel-Spiel	157, 161
Schrei	55	Spiegel	131, 157, 181
Schritt zurück	58, 63, 67, 137	spiegeln	156f, 161, 208
Schwalben	79	Spiegelneuronen	22, 185
Schwärmer	81	Spiel	163
Seele	185	Stabreim	84
Sein und Zeit"	138	Sterben und Vergehen	55
Selbsttäuschung	131	Sterblichen	56, 82, 156f
Selbstvergessenheit	164	Sterblichkeit	81

Stille	56f, 59	üben	142, 148, 183
Stimmungen	129	übernatürliche Kräfte	166, 169
Stress	134	Übung	142f, 146
Strohhunde	13	Übungswege	197
Stunde des Tigers	145	Ukiyo-e	107
Sultan	37	Ukiyo	107
sunyata	171	Ungeheuer	130
Sutra	167	Ūnkan	150
Tagesstunde	143ff, 150	Unsterblichen	82
Tanz	44, 65, 68, 72, 81ff, 106f, 110, 161, 177, 182, 227	Unwetter	130
		Unwissenheit	111
Täuschung	178f	Urasenke	118
Tautropfen	144, 154	Urklang	205
Teehütte	118	Veränderung	13f, 16, 26f, 29, 34, 53, 56, 77, 80f, 94, 102, 115ff, 126, 141
Teeraum	119		
Teeweg	131, 146, 149, 163, 166, 168, 172, 181, 197		
		Vergangenheit	128
Teezeremonie	133, 185	Vergeblichkeit	76
Ten-ki,	142	Versammlung	158
Tenmae	64	verwirklichen	166, 170, 182f, 189
Theben	39	Verzicht	121
Theravada	112	Verzweiflung	55
Theseus	31	Vierung	161
Thora	79	Vishnu	110
Titan	46	Vogelnest	188
Tod	62, 157	Vorausentwurf	136
tolle Mensch	50	Vorüberfließen	127
Totenschädel	130, 192	Wach-Werden	60
Tradition	83	Wächtergott	140, 150, 153
Trauben	69	Wahr-nehmen	65
Trauer	97	Wahrnehmung	129, 133
Traum	115	Waka	97, 102
Trinkwasser	168	Wasser holen	64, 166
trojanischer Krieg	39	Wasser	168, 183
Trunkenheit	69	wechseln und werden	138
Tsunami	94	Wechseln	29
Tuschemalerei	197	Weinstock	68, 84, 136
Tushita	113	weltend	162
Ū-JI	142	Werte	47, 49f

Wesen des Handelns	57
Wiedergeburten	112
Wigalois	35
Winterstürme	61
Wirklichkeit	133
Wolkentor-Berg	150
Wunsch	67, 74, 77f, 149
Wüste	80
Yakusan Kōdō	59
Yoga	
citta	190
Erinnerung	190
Schlaf	190
Verblendung	190f
vermeintliches Wissen	191
Wissen	190
Yoga Sutra	190
Yogasutra	112, 190
Yugao	99
Zarathustra	53f, 67ff, 75f
Zazen	181
Zeitlichkeit	134
Zenmeister	147
Zenmönch	121
Zentempel	135
Ziegelstein	181
Ziehbrunnen	168
Zukunft	128, 136
Zwerg	76
zwölf Stunden	143
Zypresse	152f, 164, 194

Myōshin An Cha-Dōjō 妙心庵 :
Zentrum für den japanischen Teeweg, Meditation und japanische Kultur in der Fränkischen Schweiz. Unterricht im japanischen Teeweg, Zen-Shakuhachi, Zen Meditation. Gesprächskreise über abendländische und asiatische Philosophie und Kultur. Im Zentrum wird intensiv der Dialog zwischen dem Abendland und Ostasien gepflegt.

Webseite: http://teeweg.de/de

Der Autor ist Gründer und Leiter des Myōshinan Dōjō und unterrichtet Philosophie, Literatur und Zen-Künste und leitet Studienreisen nach Japan und Griechenland. Nach Forschungstätigkeit in der Plasmaphysik Studium der Philosophie und Altphilologie. Neben der Tätigkeit in der Erwachsenenbildung langjähriges Studium und Praxis der ostasiatischen Zen-Kultur.